Guide pratique du financement de l'innovation

Groupe Eyrolles
61, bd Saint-Germain
75240 Paris cedex 05
www.editions-eyrolles.com

OSEO est né du regroupement puis de la fusion de l'ANVAR et de la BDPME et de sa filiale SOFARIS, et exerce trois métiers complémentaires : soutien de l'innovation, garantie des prêts bancaires et des interventions en fonds propres et financement, aux côtés des banques, des investissements, de l'immatériel et de la trésorerie des entreprises. OSEO accompagne ainsi le développement des entreprises, particulièrement lors des phases les plus risquées de leur existence, en partageant le risque lié aux financements de ces phases clés avec la banque ou avec les fonds d'investissements qui interviennent dans l'entreprise. Ce partenariat avec les banques et ce positionnement très particulier d'OSEO présentent des avantages qui bénéficient directement à l'entreprise : son projet est expertisé, mieux financé et sécurisé.

ACIES Consulting Group a été créé en 1990. La société a réalisé en 2011 un chiffre d'affaires de 17 millions d'euros, avec 130 collaborateurs. Elle dispose d'un portefeuille clients diversifié parmi les entreprises innovantes, grands groupes, laboratoires de Recherche et universités, en France et à l'international.

ACIES Consulting Group est Grand partenaire du Salon Financium DFCG, le grand rendez-vous de la profession finance depuis 5 ans, partenaire du Congrès annuel du Réseau C.U.R.I.E. depuis 4 ans et membre fondateur de la Fondation INSA de Lyon.

Franck DEBAUGE est Directeur Associé d'ACIES Consulting Group. Il participe régulièrement à de nombreux partenariats, publications, conférences, commentaires de référence de l'actualité, tels que :
- Publication : *Guide pratique du Crédit d'Impôt Recherche*, 2ᵉ édition. Paru aux éditions Eyrolles en novembre 2011, ce guide est l'ouvrage de référence à destination des entreprises, des experts comptables, des commissaires aux comptes et de tous les conseils en entreprise.
- Conférence : OSEO – *L'accompagnement et le financement des projets collaboratifs*, Financium DFCG, décembre 2011.

Franck DEBAUGE est également le créateur du « Blog du Crédit d'Impôt Recherche » : http://creditimpotrecherche.blog.lemonde.fr/

© Groupe Eyrolles, 2012
ISBN : 978-2-212-55403-8

(DFCG)

Franck Debauge

Directeur associé ACIES
Avec la participation d'OSEO

Guide pratique du financement de l'innovation

EYROLLES

Préface

L'innovation entre dans une nouvelle ère, dont la réussite pour l'entreprise repose sur deux grands axes stratégiques : d'abord, la juste estimation de l'intérêt que son projet va susciter sur le marché ; ensuite, la nécessité de conjuguer les efforts de l'ensemble de ses équipes en interne avec ceux des partenaires externes les plus à même de contribuer à faire aboutir son projet. Que l'innovation soit un processus qui implique l'entreprise dans toutes ses composantes et ses dimensions est une réalité intégrée depuis un certain temps déjà ; en effet, tout projet d'innovation pose nécessairement la question du financement en amont et de la commercialisation en aval. Le fait nouveau tient à l'augmentation très sensible, ces dernières années, du recours au projet en mode collaboratif. Mutualisation des savoirs, des compétences et des moyens entre PME et grands groupes, entre entreprises et laboratoires, entre partenaires de différents pays… L'innovation est de plus en plus un phénomène collectif, qui s'inscrit dans un véritable écosystème composé d'une palette d'acteurs publics et privés.

Si l'innovation implique un si grand nombre d'intervenants, c'est qu'elle est par essence complexe et risquée, et que son financement par le marché peut s'avérer ardu, voire impossible. L'incitation publique est donc indispensable. Les politiques déployées par les pouvoirs publics en Europe ces dernières années témoignent de la prise de conscience du rôle moteur de l'innovation dans la compétitivité de nos économies, ainsi que de la nécessité de mettre en place des dispositifs forts de soutien et d'entraînement de la sphère privée.

Il me semble néanmoins possible d'aller encore plus loin, par exemple en équilibrant mieux la balance des aides publiques. En France, notre modèle de valorisation de la recherche repose encore trop sur une démarche *« technology push »* (dans laquelle les chercheurs travaillent à partir de financements publics alloués selon des logiques sectorielles, sans aucune garantie de commercialisation à la clé), et pas assez sur une démarche de *« market pull »* (dans laquelle ce sont les entrepreneurs qui sélectionnent les idées les plus porteuses produites par la recherche pour les porter sur le marché). Il est urgent de placer davantage le marché – c'est-à-dire le client ! – au cœur de notre approche de l'innovation et de son financement. Ma conviction est que les ressources publiques doivent prioritairement servir deux objectifs distincts, mais complémentaires : la stimulation des efforts de R&D au sein des entreprises innovantes – efforts aboutissant directement à une commercialisation, selon la logique de toute entreprise – et l'incitation à une plus grande collaboration des sphères publique et privée, permettant une optimisation de l'effet de levier provoqué par les financements de l'État. Car, en des temps de raréfaction de la ressource publique, il est indispensable que les entreprises trouvent rapidement des relais de financements sur le marché.

C'est pourquoi OSEO se positionne non pas en concurrent, mais en partenaire des établissements financiers. Nous collaborons ainsi avec l'ensemble des acteurs de l'écosystème de l'innovation, publics comme privés : Régions, pôles de compétitivité, incubateurs, établissements bancaires, capitaux-risqueurs… C'est ce qui nous permet de proposer aux entreprises innovantes un véritable continuum de financements et de les accompagner ainsi à chaque étape du processus d'innovation : subventions, avances remboursables ou prêts à taux zéro pour les phases les plus en amont des projets d'innovation (les phases les plus risquées), garantie des financements bancaires et des interventions des fonds de capital-risque ainsi que prêts long moyen-long terme en cofinancement avec les banques pour les investissements ultérieurs. Par ailleurs, OSEO propose toute une palette de services aux entreprises innovantes, notamment un service Web de mise en relation d'entreprises à la recherche de capitaux et d'investisseurs : OSEO Capital PME, appelé à devenir Euroquity dans le cadre d'un accord avec KfW Bankengruppe.

OSEO se montre aussi particulièrement actif dans le financement de l'immatériel. La propriété intellectuelle, les brevets en particulier, constitue un atout majeur pour permettre à l'entreprise innovante de nouer des partenariats ou de se développer à l'étranger. Ce sont pourtant des investissements difficiles à financer, car ils offrent peu de valeur de gage ou de prise de garantie. Cette dimension du « patrimoine » de l'entreprise, OSEO la prend systématiquement en compte dans ses études d'analyse financière et incite ses partenaires financiers à faire de même dans le cadre d'un cofinancement. Il s'agit là de puissants accélérateurs de croissance et de compétitivité, que les partenaires des entreprises innovantes doivent apprendre à mieux appréhender.

Au premier trimestre 2012, une étape importante va être franchie avec la création d'OSEO Industrie, filiale à 100 % d'OSEO. Cette banque de l'industrie aura vocation à financer, aux côtés des banques et des investisseurs, les projets de développement des PME et des ETI industrielles et à renforcer leur structure financière.

L'innovation est portée par des entreprises dynamiques et courageuses, qui prennent des risques et qui ont besoin des accompagnements, des soutiens et des financements nécessaires. Ce cahier technique de la DFCG entend apporter aux directeurs financiers des conseils pratiques pour mettre à profit les outils et les dispositifs de financement de l'innovation existants. Je forme le vœu qu'ils y trouvent des éclairages utiles pour mener à bien leur mission.

François Drouin, PDG d'OSEO

Sommaire

Avant-propos

Les pouvoirs publics ont entrepris ces dernières années une transformation en profondeur du système français de la recherche et de l'innovation pour augmenter notre potentiel de croissance grâce à l'innovation. De nouveaux écosystèmes de la recherche et de l'innovation performants se construisent ainsi peu à peu, aussi bien à l'échelle nationale et régionale qu'européenne. Ils mettent en réseaux l'enseignement supérieur, la recherche publique et les entreprises de toutes tailles, introduisant de nouvelles pratiques, méthodes et organisations de travail.

Les pôles de compétitivité, créés en 2005, en sont un exemple concret. Ils structurent désormais, à l'échelle régionale, une grande partie du potentiel français de R&I autour de thématiques communes. Ils ont permis à l'ensemble des acteurs d'un même territoire de mieux se connaître et de tisser des liens de confiance pour travailler ensemble.

Dans un même temps, la France a accompli un effort sans précédent, notamment à destination des entreprises, pour renforcer les financements publics de la R&I. Ces derniers ont connu une augmentation de plus de 63 % entre 2006 et 2010, en particulier suite à la réforme du crédit d'impôt recherche en 2008, mais aussi grâce à la mise en place de nouveaux programmes de financements. En diminuant ainsi le coût des activités de R&I, ces nouveaux dispositifs ont considérablement renforcé l'attractivité de la France pour les investissements dans ce domaine. Le programme des investissements d'avenir (PIA) a encore largement accéléré cette dynamique afin de préparer les conditions d'une compétitivité et d'une croissance durables à moyen et long terme.

L'ensemble de ces réformes commence aujourd'hui à porter ses fruits. Les dépenses de R&D ramenées au PIB ont augmenté de nouveau depuis 2007, et ce malgré la crise. Ces investissements ont été plus importants que chez la plupart de nos partenaires européens, où ils stagnaient voire régressaient fortement.

Plus encore, c'est surtout la dynamique collaborative induite qui a rencontré un franc succès. Plus de 6 500 sociétés sont aujourd'hui membres d'un pôle de compétitivité, dont près de trois quarts sont des PME et 15 % des ETI. Elles ont lancé en commun plus de 3 000 projets de R&D permettant ainsi l'introduction sur le marché de nouveaux produits ou la mise en œuvre de nouveaux procédés de fabrication. Le programme des investissements d'avenir a également suscité une très forte mobilisation commune de la recherche académique et des entreprises. Fin août 2011, à mi-parcours, plus de 1 600 projets avaient ainsi été déposés pour répondre à 72 appels à projets.

Cette effervescence et l'effort massif engagé par les pouvoirs publics ont toutefois contribué à faire cohabiter un grand nombre de dispositifs régionaux, nationaux et européens d'aides à la R&D accessibles aux entreprises, générant parfois une certaine difficulté à se repérer dans cette complexité.

Ce guide pratique, destiné principalement aux petites et moyennes entreprises (PME) et aux entreprises de taille intermédiaire (ETI), résulte ainsi de plusieurs constats.

Si de nombreuses sources d'information existent sur le financement de l'entreprise ou sur certaines mesures spécifiques d'aides à l'innovation (financements européens, mesures destinées aux PME, aides régionales...), aucune d'entre elles ne propose une véritable approche globale et méthodologique des différents dispositifs de soutien.

Par ailleurs, il suffit d'utiliser les quelques moteurs de recherche à disposition des PME en matière d'aides pour se rendre compte de la nécessité d'élaborer une méthodologie permettant aux entreprises de mieux s'orienter. En effet, certains sites proposent parfois une centaine de financements différents, sous forme d'inventaire à la Prévert, sans aucune hiérarchie ou mise en perspective pour guider les PME.

Enfin, en tant qu'acteur majeur dans le domaine du conseil en management de la recherche et de l'innovation, ACIES souhaitait faire bénéficier les PME et les ETI de son expertise acquise auprès des grands groupes. Nous avons aussi jugé indispensable de nous rapprocher d'OSEO, bras armé de l'État en matière de financement de l'innovation et de la croissance des PME comme des entreprises de taille intermédiaire.

Dans ce cadre, nous avons voulu proposer un certain nombre de conseils méthodologiques et d'outils pratiques destinés à permettre aux entreprises d'optimiser leur recours aux financements. La maîtrise de ces outils leur permettra alors de piloter plus efficacement leurs activités de R&I.

Cet ouvrage n'a pas vocation à constituer un guide exhaustif des différents dispositifs de soutien à la recherche et à l'innovation (R&I). Il perdrait en lisibilité ce qu'il gagnerait en niveau de détail, compte tenu de la multiplicité des mesures existantes, du niveau régional, voire local, au niveau européen. Il fournit en revanche un panorama des principaux dispositifs au travers de fiches simples, concises et volontairement opérationnelles.

Pour une meilleure compréhension et une nécessaire mise en perspective, nous avons souhaité, dans la première partie de l'ouvrage, revenir sur les principales caractéristiques du processus de R&I et de son financement. La deuxième partie, quant à elle, s'attache à faire état de l'ensemble des notions et concepts à maîtriser, de la définition des activités de R&I à la nature des différents instruments financiers, en passant par des aspects méthodologiques. La troisième partie décrit, dans le détail, plus d'une vingtaine de dispositifs parmi les plus représentatifs. Enfin, en guise de conclusion, la quatrième partie lève le voile sur le 8e programme-cadre de la recherche et du développement technologique (« Horizon 2020 »), dont les éléments juridiques viennent d'être rendus publics par la Commission européenne.

Nous formons donc le vœu que cet ouvrage permette aux PME et ETI de se familiariser encore davantage avec les différents instruments du financement de la R&I et, surtout, de gagner en autonomie dans leurs déploiements.

Franck Debauge

REMERCIEMENTS

Je tiens à remercier les différents contributeurs de cet ouvrage, en particulier Benjamin Frugier (expert management et financement de l'innovation d'ACIES Consulting Group), ainsi que Sylvic Cogneau (responsable innovation de la direction du développement et du marketing d'OSEO), Florent Gerbaud (responsable veille et intelligence stratégique d'ACIES Consulting Group), Loïc Courtot (expert de Novamen), André Morice-Chauveau (expert fiscaliste d'ACIES Consulting Group) et Pierre Malthet (Animation marché entreprises CIC – Lyonnaise de Banque).

Chapitre 1

Recherche, développement et innovation

Innover. Aujourd'hui, toute entreprise ambitieuse sur ses marchés ou souhaitant assurer simplement sa pérennité doit intégrer l'innovation comme moteur de son développement. D'après l'INSEE, 43 % des sociétés françaises de plus de 10 salariés et 77 % des sociétés de plus de 250 salariés ont ainsi innové entre 2006[1] et 2008.

L'innovation est donc au cœur du développement de nos économies, et plus que jamais – la crise financière et économique nous l'a rappelé –, aucune situation n'est acquise. La mondialisation et le développement des économies émergentes (Chine, Inde, Brésil…) nous ont fait prendre conscience que seule notre capacité d'innovation nous permettra de garder une longueur d'avance sur ces nouveaux compétiteurs. Les gouvernements des pays occidentaux l'ont bien compris et tant les États-Unis que le Japon, par exemple, ont développé depuis longtemps des politiques et des programmes forts de soutien à l'innovation. Les pays européens, également conscients des enjeux, ont mis en place des politiques actives et structurantes de soutien à l'innovation, que ce soit nationalement ou au niveau de la Commission européenne.

C'est le cas de la France, qui fait aujourd'hui de l'innovation sa priorité, avec des outils nombreux et variés à disposition des entreprises. Encore faut-il les connaître et bien appréhender leurs tenants et aboutissants pour profiter au mieux de leur potentiel, et trouver le ou les outils pertinents, en adéquation avec l'entreprise, son projet, son stade de développement et ses perspectives.

Dans ce contexte, les entreprises n'ont pas toujours pris la pleine mesure des enjeux du financement de l'innovation comme un véritable processus clé. Ainsi, les acteurs de la R&D, la direction financière ou la direction générale ne communiquent pas toujours suffisamment autour de décisions pourtant stratégiques. Or, seule la formalisation et le déploiement structurés d'un tel processus peuvent créer

---

1. *INSEE Première*, n° 1314, octobre 2010. Les chiffres cités dans le texte sur la pratique de l'innovation en France sont tirés de cette enquête.

un nécessaire effet de levier sur la performance de l'innovation dans son ensemble. Le responsable financement de l'innovation se doit donc d'être moteur pour lancer et coordonner la dynamique de ce processus, de sa phase stratégique, en amont, à la phase opérationnelle, en aval, en sécurisant les financements.

1.   INNOVATION : DE QUOI PARLONS-NOUS ?

1.1.   Qu'est-ce que l'innovation ?

L'OCDE et la Commission européenne définissent l'innovation comme « *la mise en œuvre d'un produit – bien ou service – ou d'un procédé nouveau ou sensiblement amélioré, d'une nouvelle méthode de commercialisation, ou d'une nouvelle méthode organisationnelle dans les pratiques de l'entreprise, l'organisation du travail ou des relations extérieures*[1] ».

L'innovation est ainsi un terme extrêmement large qui désigne l'adoption de toute idée nouvelle par le marché ou l'entreprise, généralement afin de résoudre un problème. Elle reste également souvent assimilée par les dirigeants d'entreprises à une démarche ou une mentalité. Ainsi, le directeur scientifique d'un grand groupe français déclare : « *La technologie est un capital, la R&D est un service, tandis que l'innovation est une culture*[2]. »

Plus communément, l'innovation s'inscrit dans une approche « marché » et constitue la valorisation économique ou commerciale d'une idée ou d'un concept. Elle est synonyme de création de valeur pour la compétitivité de l'entreprise par une amélioration de processus ou de procédé, un enrichissement, une différenciation ou un élargissement de l'offre existante.

L'innovation peut porter sur une offre de services ou de produits, sur des procédés, sur des méthodes organisationnelles ou sur des modèles économiques, marketing ou commerciaux. Elle est fondée sur la technologie mais aussi sur des usages ou une combinaison des deux. Elle connaît des amplitudes variables. L'innovation incrémentale est la plus fréquente (amélioration pas à pas de produits ou procédés existants). L'innovation de rupture qui ouvre des champs d'application (souvent technologiques) totalement nouveaux est en revanche beaucoup plus longue et difficile à mettre en œuvre, même si elle est aujourd'hui beaucoup plus recherchée par un marché en attente de produits et services très innovants.

---

1. OCDE, Commission européenne, *Manuel d'Oslo : principes directeurs pour le recueil et l'interprétation des données sur l'Innovation*, 3ᵉ édition, Eurostat, 2005, 188 p.
2. MORAND Pascal, MANCEAU Delphine, *Pour une nouvelle vision de l'Innovation*, avril 2009, 102 p.

Ainsi, si l'innovation est encore souvent associée à des activités de recherche et développement (R&D), elle recouvre un caractère polymorphe beaucoup plus large et intègre plusieurs axes et dimensions, comme l'illustre le tableau ci-après.

Typologie de l'innovation[1]

	Usage	Technologie	Usage + Technologie
Innovation produits (nouvelle offre de bien ou de service)	Rôle essentiel du marketing et du management de la création Ex. : L'Occitane et son cosmétique à préparer soi-même, smoking en mode féminine Yves Saint Laurent, compotes à boire Materne	Importance de la R&D Ex. : biscuits Mikado de Lu, vélo électrique Matra, chaussures Geox	Importance du design pour rendre la technologie plus intuitive à utiliser, rôle du marketing pour analyser les usages Ex. : Nintendo Wii Fit, collant hydratant Dim, livre électronique Sony
Innovation de procédés	Nouvelle organisation des procédés de production et du travail... Ex. : restaurant Relais de l'entrecôte	Nouveaux processus fondés sur des nouvelles technologies Ex. : montres Swatch (nombre réduit de pièces constituant la montre), lavage de voiture sans eau Sineo	Création de nouveaux métiers et développement de nouvelles compétences Ex. : agence de voyage BtoB Egencia et sa nouvelle pratique du voyage d'affaires fondée sur la technologie, produits personnalisés
Innovation d'organisation	Nouvelle organisation des processus du travail et de logistique Ex. : Zara (raccourcissement du circuit de production et de logistique)	Redéfinition du rôle des acteurs Ex. : Airbus A380 (développement des capacités en ingénierie simultanée grâce à l'outil numérique)	Nouvelle organisation du travail (ex. : collaborative) fondée sur les nouvelles technologies de l'information (ex. : *Knowledge Management*)
Innovation marketing (ou de modèle économique)	Nouvelle structure de tarification Ex. : classes affaires low cost l'Avion, journal *20 minutes*, Velib'	Redéfinition du rôle des acteurs et de la répartition des sources de revenus Ex. : iPod d'Apple	Réinvention et convergence sectorielle Ex. : Google, iPhone d'Apple, vidéo à la demande, appareil photo numérique

---

1. Tableau réalisé à partir de MORAND Pascal, MANCEAU Delphine, *op. cit.*

IL NE FAUT PAS CONFONDRE INNOVATION ET RECHERCHE ET DÉVELOPPEMENT !
L'innovation est l'application réussie d'une invention ou d'une idée novatrice dans le domaine économique et commercial. Plus qu'un processus, c'est un aboutissement.
L'innovation ne repose pas toujours sur des activités de R&D.
La R&D est un processus qui combine des moyens en personnel et en matériel pour réaliser des progrès techniques et aboutir à des innovations, comme la mise en œuvre de nouveaux procédés ou la création de nouveaux produits. C'est un moyen.
La R&D est une composante de l'innovation (en tant que donnée d'entrée et en termes d'investissement), au même titre que la création, le design ou le marketing.
Cependant, des activités de R&D sont généralement à la base de l'innovation technologique.
Et de fait, le soutien public à l'innovation consiste essentiellement en des mesures encourageant le développement d'activités de R&D. Pour plus de précisions sur ces différents concepts, voir les définitions données dans le chapitre 2.

43 % des entreprises françaises innovent, tous types d'innovation confondus ! C'est le résultat de l'enquête nationale conduite par l'INSEE auprès de l'ensemble des entreprises françaises de plus de 10 salariés pour la période 2006 à 2008[1]. L'innovation d'organisation est le type d'innovation le plus répandu, indépendamment des secteurs ou de la taille des entreprises. Cependant, nombreuses sont, parmi les plus grandes entreprises, celles qui innovent également en produits ou en procédés, contrairement aux sociétés de taille plus modeste. Ainsi, une entreprise sur deux parmi celles de plus de 250 salariés innove en produits, dont un tiers pour des produits nouveaux sur le marché. Ces innovations ont généré respectivement 14,5 % et 7,3 % de leur chiffre d'affaires entre 2006 et 2008.

Afin d'assurer leur impact sur le marché ou d'optimiser leur capacité à innover, de nombreuses sociétés combinent plusieurs types d'innovation. C'est notamment le cas des plus grandes (plus de 250 salariés) qui, pour 40 %, conjuguent innovations de produits, de procédés et d'organisation (avec ou sans marketing).

Enfin, l'innovation technologique[2] – celle qui nous concerne le plus ici puisque c'est elle qui est principalement encouragée par les financements publics – ne serait que l'apanage d'une minorité d'entreprises (27 % des entre-

---

1. *INSEE Première*, n° 1314, octobre 2010.
2. L'INSEE définit une société technologiquement innovante comme une société « innovante en produits, ou en procédés, ou entreprenant des activités d'innovation dans ces domaines, que celles-ci aient conduit ou non à une innovation ». Source : *INSEE Première*, n° 1314, octobre 2010. Cette définition de l'innovation technologique ne mentionne pas nommément la réalisation d'activités de R&D. Dans la pratique, on peut toutefois convenir que l'innovation technologique repose souvent sur des activités de R&D internes ou externes visant à lever des incertitudes techniques.

prises françaises). L'image est cependant trompeuse et doit être fortement corrigée à la hausse si l'on considère les entreprises de plus de 50 salariés. Ainsi, celles employant entre 50 et 249 salariés sont pour 42 % technologiquement innovantes. Celles de plus de 250 salariés le sont même pour 62,3 %.

Les sociétés innovantes en France entre 2006 et 2008

Types d'innovation par effectif de salariés

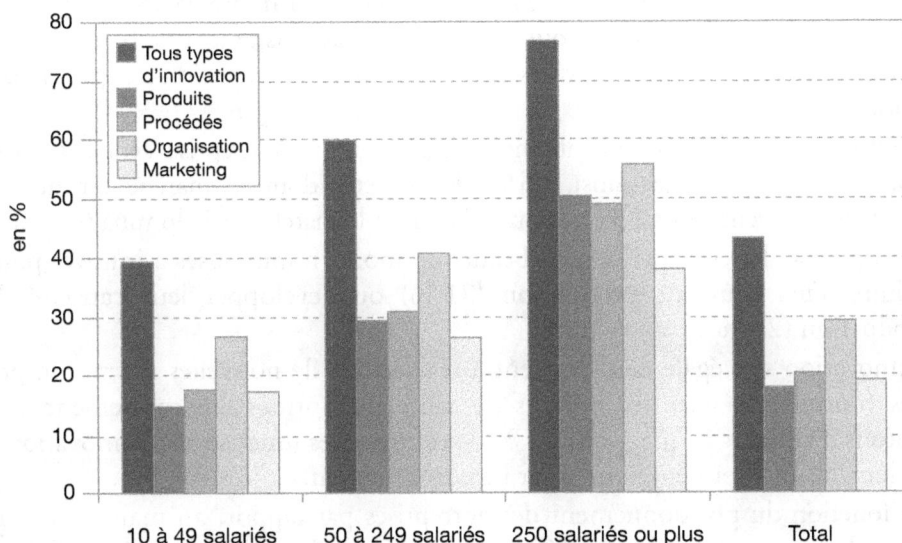

Innovations technologiques et produits nouveaux pour le marché

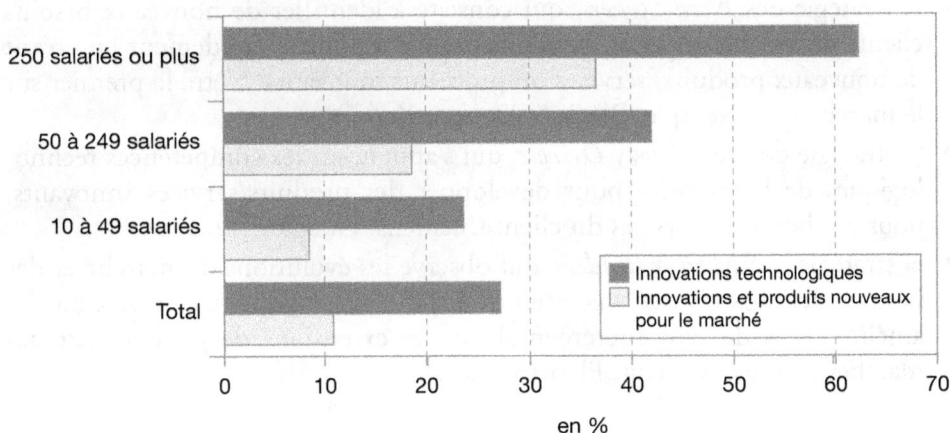

Source : **INSEE Première, n° 1314, octobre 2010.**

1.2. Pourquoi innover ?

Sans revenir sur les objectifs génériques déjà abordés dans la définition de l'innovation, attachons-nous ici à définir les finalités et les stratégies de l'innovation des sociétés technologiquement innovantes.

Pour la majorité de ces entreprises, l'innovation vise d'une part à élargir la gamme de leurs produits et d'autre part à en améliorer la qualité. Elle s'inscrit dans ce cadre pour 36 %[1] dans une stratégie de conquête de nouveaux marchés (produits nouveaux ou positionnement de produits existants ou de nouvelles applications sur des marchés nouveaux) et pour 44 % dans un accroissement de leurs parts de marché (produits nouveaux sur des marchés connus ou extension de gamme par innovation).

L'importance de l'innovation augmente également si l'entreprise évolue sur des marchés internationaux. Ainsi, 66 % des sociétés dont le marché est situé à l'étranger innovent, contre 37 % pour celles dont le marché est à dominante locale.

En revanche, les entreprises sont beaucoup moins nombreuses à innover pour réduire leurs coûts de production (21 %) ou développer leur capacité de production (27 %).

L'innovation sert également souvent à répondre à de nouvelles normes imposées (normes de sécurité, normes de santé ou normes environnementales). Notons d'ailleurs ici que, pour 62 % des entreprises innovantes, l'innovation a également un effet bénéfique pour l'environnement.

En fonction du positionnement des entreprises par rapport au marché ou aux technologies, il est possible de définir plusieurs grands types de stratégies d'innovation. Le cabinet de conseil en stratégie Booz and Cie, qui publie chaque année un panorama mondial de l'innovation[2], en identifie trois principales :

- la stratégie des *Need Seekers*, qui consiste à identifier de nouveaux besoins clients ou des besoins non satisfaits pour y répondre rapidement en créant de nouveaux produits, services ou processus innovants et être le premier sur le marché (par exemple, Black & Decker, Xerox) ;
- la stratégie des *Technology Drivers*, qui s'appuie sur les compétences technologiques de l'entreprise pour développer des produits/services innovants, pour des besoins supposés du client (Siemens, Google…) ;
- la stratégie des *Market Readers*, qui observe les évolutions du marché et des besoins de leurs clients avec attention, pour créer de la valeur grâce à des améliorations de type incrémental ou des extensions de gammes sur des marchés connus (Visteon, Plantronics…).

---

1. *INSEE Première*, n° 1314, octobre 2010.
2. Booz & Cie, *Global Innovation 1000 : The Customer Connection*, 2007, 18 p.

L'INNOVATION EN FRANCE

43 % des entreprises françaises innovent, tous types d'innovation confondus.

27 % sont technologiquement innovantes.

11 % innovent en produits nouveaux sur le marché.

66 % des entreprises à l'international innovent.

L'innovation vise d'abord à élargir la gamme de produits de l'entreprise et d'autre part à en améliorer la qualité. Elle répond aussi souvent à des nouvelles normes imposées (sécurité, santé, environnement).

1.3. Comment innover ?

Par définition, l'innovation se fonde sur une idée originale. Elle réside alors principalement dans la capacité de transformer cette idée en succès commercial ou économique. Le succès de l'innovation ne dépend pas seulement de la performance technologique de l'entreprise, mais met à contribution, comme facteurs-clés de réussite, l'ensemble de ses ressources internes (humaines, techniques, financières), mais aussi des ressources externes.

1.3.1. L'innovation est le fruit d'un processus global collaboratif et transversal à l'entreprise allant au-delà de la R&D

L'innovation est le fruit d'une démarche collective et transversale, qui doit être intégrée dans un processus global impliquant toutes les parties prenantes, internes et externes, de l'entreprise.

La formalisation d'un véritable processus d'innovation au sein de l'entreprise nécessite en premier lieu un engagement inconditionnel de la direction générale de l'entreprise. La communication institutionnelle des entreprises présente presque systématiquement l'innovation comme un élément clé de leur stratégie. Pour autant, seules quelques-unes ont développé une véritable politique d'innovation clairement définie et matérialisée par un process formalisé. La définition d'une politique d'innovation implique d'abord d'avoir une vision prospective des enjeux cruciaux pour l'avenir de l'entreprise, définis par un travail coopératif interne faisant intervenir tous les acteurs de l'innovation. La direction générale de l'entreprise doit aussi propager une culture de l'innovation encourageant la prise de risque et, par conséquent, tolérant l'échec. La culture de « l'apprentissage par l'échec » reste à ce titre beaucoup moins développée en France que dans nombre de pays anglo-saxons.

Cette approche doit être accompagnée par une politique favorisant une plus grande implication des acteurs (par exemple grâce au maintien d'une petite partie d'activités non planifiées) et une valorisation de leurs efforts suivant des méthodes classiques (valorisation des meilleures idées par des incitations financières ou promotions hiérarchiques) ou plus innovantes (systèmes de reconnaissance à l'intention des innovateurs : forums de l'innovation, publications, prix, trophées de l'innovation…).

Il faut ensuite organiser l'innovation de façon transverse à l'entreprise. Dans le cas d'une entreprise technologiquement innovante, la fonction R&D est souvent un élément principal du processus. Néanmoins, outre son décloisonnement pour éviter des fonctionnements en silo et un isolement des tendances du marché, le principal défi sera de construire de véritables interactions avec les autres fonctions pour rendre l'entreprise effectivement innovante : le marketing, la fonction achats, la logistique, la production, le service commercial, le service financier, le contrôle de gestion ou encore la gestion des ressources humaines… Aujourd'hui, la tendance est au rapprochement des fonctions R&D et marketing. En revanche, les autres fonctions, en particulier les fonctions achats, services clients et, encore plus, finance et contrôle de gestion, restent beaucoup trop en retrait. Or, l'un des enjeux clés pour améliorer le processus de développement produits au centre de l'innovation est, par exemple, d'impliquer l'ensemble de ces différents acteurs pour une meilleure gestion des portefeuilles projets.

Si, dans le passé, le succès d'une entreprise et un environnement économique porteur pouvaient permettre à certaines inefficacités organisationnelles mineures de passer inaperçues, aujourd'hui ce n'est plus le cas. Traiter ces déficiences rapidement et efficacement est devenu une priorité.

Pour y remédier, de nombreuses entreprises ont aujourd'hui entrepris des transformations concrètes touchant aux structures de l'entreprise. Ainsi, on observe des rapprochements organisationnels généralement structurels, tels que le regroupement des directions marketing et R&D au sein d'une direction innovation. Ces regroupements sont parfois aussi physiques, quand les équipes intervenant sur un même process innovation sont réunies au sein d'un bâtiment unique, où l'architecture et l'ergonomie ont été pensées pour favoriser la communication et la circulation des idées[1].

---

1. C'est notamment le cas en France du technocentre d'Orange, souvent cité en exemple, qui réunit en un même lieu une partie des équipes marketing et R&D, ainsi que les techniciens chargés de l'implémentation des projets. Ce concept est également souvent utilisé dans une optique d'innovation ouverte, pour faire travailler ensemble au quotidien, dans un même lieu, des équipes provenant de structures et d'horizons disciplinaires divers, afin de favoriser l'échange d'idées, le transfert de technologie et l'accélération de l'innovation. Citons par exemple le MIT Boston Medialab, le Holst Center aux Pays-Bas ou l'ITRI Creativity Lab à Taiwan.

Dans un même temps, de nouvelles fonctions apparaissent. Certaines entreprises ont mis en place des directeurs innovation[1] ou des cellules innovation dédiées. Elles restent cependant minoritaires. De plus, la fonction, qui est stratégique, est récente (moins d'une dizaine d'années) et peine à se positionner au sein de l'entreprise. Elle recouvre des réalités variées (positionnement prospectif, d'interface ou hiérarchique...) et ne dispose que rarement des pouvoirs nécessaires (de niveau direction générale) pour être pleinement efficace.

Ces changements organisationnels et structurels s'accompagnent d'une évolution dans les processus de gestion de projets. La pression sur le *time-to-market* induit une réponse organisationnelle qui favorise l'agilité et la rapidité. L'organisation traditionnelle de la R&D par fonctions migre vers une organisation matricielle avec des niveaux de coordination de projets divers (légère en restant dans le cadre des directions existantes ; lourde en créant des entités dédiées au projet). Cette tendance n'est pas nouvelle en soi, mais elle se renforce, voire évolue toujours plus vers une organisation par projets en réseaux, ouverts vers l'extérieur en intégrant l'écosystème de l'entreprise.

1.3.2. Un poids croissant de l'innovation ouverte

Autre défi que nous venons d'entrevoir : ouvrir le processus d'innovation aux influences et aux apports extérieurs par une approche d'« innovation ouverte[2] » maîtrisée. L'écosystème de l'entreprise ou l'entreprise élargie (clients, fournisseurs, partenaires de recherche, industriels, concurrents...) est aujourd'hui une source potentielle d'idées, de ressources et de technologies nouvelles que l'on peut s'approprier et exploiter pour renforcer sa démarche innovation. Dans un même temps, l'entreprise peut mettre à disposition de cet écosystème ses propres idées, ressources et technologies, pour les valoriser et en retirer le plus grand bénéfice.

« L'innovation ouverte » permet ainsi d'améliorer le *time-to-market*, d'accéder à des compétences que l'entreprise n'a pas en interne pour se focaliser sur son cœur de métier tout en maîtrisant ses coûts de R&D. Elle permet aussi d'augmenter en influence sur son marché. Mais, dans un même temps, elle

---

1. Outre les directeurs innovation, de nombreuses fonctions plus orientées vers une optique « innovation ouverte » ou partenariale sont également apparues ces dernières années : directeur *Open Innovation*, directeur des partenariats de R&D, directeur des relations universitaires...
2. Bien que déjà abordé sous certains aspects dès la fin des années 1960, le concept d'innovation ouverte (*Open Innovation*) s'est particulièrement diffusé au début des années 2000 sous l'impulsion de Henry Chesborough, professeur à l'université de Berkeley en Californie. L'innovation ouverte postule qu'il est plus efficace et rapide – dans un esprit de travail collaboratif – de ne plus se baser principalement sur sa seule et propre recherche pour innover.

recèle des risques en termes de capital immatériel, de confidentialité, de capitalisation du savoir et de pilotage de la performance.

Dans la pratique, l'approche d'innovation ouverte se concrétise à travers divers dispositifs intervenant à différents niveaux du cycle de l'innovation. Des approches dites *outside-In* permettent de mobiliser des ressources externes vers l'entreprise. Citons ici :

- le *Technology Scouting*, ou réseaux de compétences autour de technologies émergentes et stratégiques ;
- des plateformes d'innovation communes avec les fournisseurs *Supplier Innovation* particulièrement développées dans les filières industrielles faisant intervenir des sous-traitants de plusieurs rangs (automobile, aéronautique…) ;
- l'incubation (ou développement en interne d'une idée externe) ;
- le développement de projets en partenariat, qui peut prendre des formes variées (projet de recherche collaborative limité dans le temps, mise en place de coentreprises autonomes sur la longue durée [joint-ventures], coopération avec des concurrents [coopétition] sur une thématique spécifique) ;
- l'acquisition de licences de brevet ;
- la « co-conception » ou l'innovation avec les utilisateurs.

A contrario, les approches *inside-out* permettent de valoriser en externe des idées ou un potentiel non utilisés en interne parce que non stratégiques pour l'entreprise ou, tout simplement, faute de ressources. C'est le cas :

- de l'essaimage de projets de R&D (des projets développés en externe dans le cadre de structures autonomes) ;
- de l'ouverture (ou mise à disposition) de ressources de R&D à des communautés de chercheurs ;
- d'une valorisation systématique de la propriété intellectuelle de l'entreprise, une approche encore rare, le dépôt de brevets étant souvent d'abord à vocation défensive. La valorisation systématique d'un portefeuille de brevets peut pourtant s'avérer être une source de revenus financiers non négligeables, comme l'a montré l'entreprise Technicolor ;
- d'une mise en réseau de l'écosystème de l'innovation pour favoriser le développement de produits connexes (cas de SAP, Apple…).

Aujourd'hui, une part croissante d'entreprises innove en impliquant des partenaires externes nationaux ou internationaux. 41 % des entreprises françaises dites innovantes concluent des accords de partenariat dans ce cadre. D'après l'OCDE, les entreprises françaises seraient d'ailleurs très impliquées dans ce type d'approche[1]. De fait, de nombreux outils ont été mis en place par les

---

1. OCDE 2011, *in* rapport WIPO.

pouvoirs publics pour favoriser la recherche et l'innovation collaborative, souvent d'ailleurs dans un cadre public-privé (pôles de compétitivité, programmes d'aides à la R&D nationaux ou européens, programme des investissements d'avenir – PIA – ou encore crédit d'impôt recherche – CIR).

Néanmoins, nombreux sont les dirigeants qui hésitent encore à ouvrir leur entreprise vers l'extérieur. D'après une étude de l'INSEAD[1], seuls un tiers des dirigeants d'entreprises européens considèrent que les projets d'innovation menés avec des partenaires externes connaissent plus de réussite. De nombreux freins restent ainsi à lever. Une condition préalable est de développer une véritable stratégie d'entreprise d'innovation ouverte, définissant des objectifs clairs et précis. Il s'agit aussi d'améliorer la communication et la compréhension entre les partenaires, notamment avec la recherche publique, de mieux gérer les questions primordiales de propriété intellectuelle et de transfert des connaissances, de favoriser l'acceptation en interne des apports extérieurs (syndrome du « *not invented here* ») et, surtout, de piloter et mesurer la valeur ajoutée de cette approche. La formalisation d'un processus innovation intégrant également les collaborations externes permettrait vraisemblablement d'y remédier.

1.3.3. L'innovation : un processus souvent mal maîtrisé et pouvant être amélioré

Bien que cruciale, l'innovation reste aussi un processus complexe pour l'entreprise, un processus souvent mal formalisé, mal maîtrisé ou qui, pour le moins, peut être amélioré. De nombreux déficits sont encore souvent reportés en matière de partage, d'échange et de capitalisation des connaissances et de l'information. Des progrès se dessinent, en partie grâce à la mise en place d'outils collaboratifs (forums, blogs, wiki, *knowledge management*...). D'autres entreprises développent également des politiques de mobilité de leurs ressources au sein de leur organisation, la mixité culturelle, professionnelle et disciplinaire stimulant l'innovation.

La mesure et le pilotage de l'innovation s'avèrent encore plus délicats ! Si de nombreuses entreprises ont développé des outils et des process pour améliorer la mesure et le pilotage de leurs portefeuilles de projets R&I et réduire le *time-to-market*, toutes constatent que le pilotage de la performance de l'innovation, dans son ensemble, reste complexe et imparfait, quand il n'est pas inexistant. Il l'est d'autant plus pour un pilotage dynamique qui favorise réactivité et agilité et intègre les processus d'« innovation ouverte ».

---

1. Logica, INSEAD, *Êtes-vous prêt pour l'innovation ?*, 2009, 48 p.

Et qu'en est-il, dans ce cadre, du processus de financement de l'innovation qui nous intéresse ici, un processus pourtant stratégique pour l'entreprise ? Il apparaît qu'il est souvent informel et mériterait une plus grande attention en intégrant l'ensemble des parties prenantes.

L'INNOVATION : UN PROCESSUS STRATÉGIQUE À FORMALISER

La conceptualisation de l'innovation en tant que processus est relativement nouvelle au sein de l'entreprise.

Cette démarche nécessite un fort engagement de la direction générale pour être formalisée dans le cadre d'une véritable politique d'innovation clairement définie.

De la collecte des idées au lancement des produits sur le marché, le processus d'innovation doit être global et transversal et intégrer l'ensemble des parties prenantes internes et externes de l'entreprise.

Sa mesure et son pilotage de nature complexe doivent faire l'objet d'une attention soutenue pour en améliorer la performance.

Le financement de l'innovation est, dans ce cadre, un processus stratégique qui doit faire intervenir les acteurs de la R&D, la direction financière ou la direction générale, ainsi que les fonctions supports concernées.

---

2.   LES POLITIQUES PUBLIQUES D'AIDES À L'INNOVATION

2.1.   L'innovation, facteur clé de la compétitivité européenne...

2.1.1.   L'Union européenne et la France en position de faiblesse

Plus que jamais, l'innovation constitue un facteur essentiel à la compétitivité et à la croissance économique d'un pays. Ainsi, l'Union européenne (UE) a fait de l'innovation et du développement de l'économie de la connaissance sa priorité dans le cadre de la stratégie de Lisbonne lancée en 2000 et de la stratégie « Europe 2020 » qui lui succède. L'Europe fait aujourd'hui face à la montée en puissance non seulement de ses concurrents traditionnels, mais aussi des économies émergentes. Pour rester compétitive, elle doit consacrer davantage de moyens à la R&D, considérée comme le moteur principal de l'innovation, comme le font ses principaux concurrents, et notamment les États-Unis, le Japon, mais aussi la Chine. Or, avec un peu moins de 2 % du PIB consacré à la R&D, l'UE est encore loin de l'objectif fixé de 3 %. Avec un taux de PIB estimé à 2,26 % en 2010, la France fait mieux que la moyenne européenne, mais est loin derrière les leaders européens que sont les pays nordiques et l'Allemagne.

Évolution de l'intensité de R&D, 1992-2009

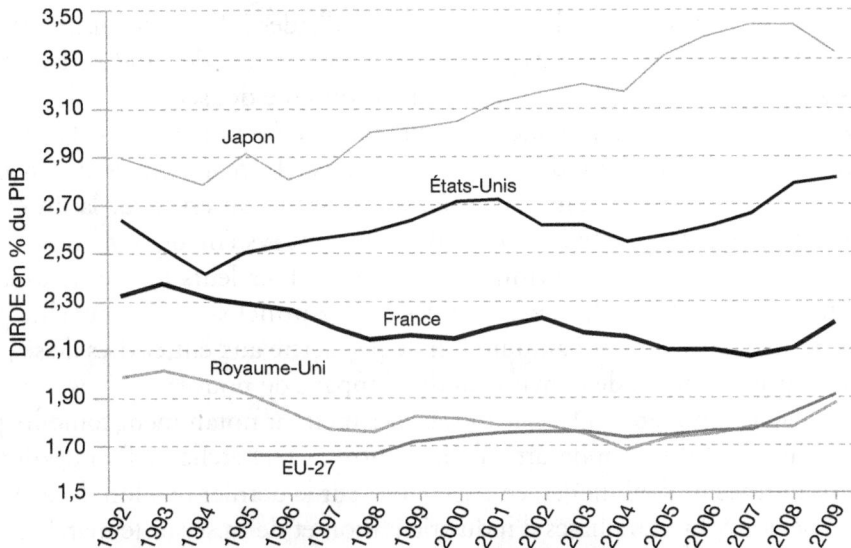

Source : OCDE, Main Science and Technology Indicators, *février 2011.*

L'un des principaux handicaps de l'Union européenne, et en particulier de la France, est le sous-investissement en R&D des entreprises privées. En 2008, la part de la R&D issue du privé dans le PIB est ainsi de 1,32 % en France et de 1,86 % en Allemagne, alors qu'elle est de 2,02 % aux États-Unis et même de 2,54 % en Corée du Sud ou de 2,70 % au Japon.

Cette faible performance de la France est en grande partie structurelle. Elle doit être mise en rapport avec la forte vague de désindustrialisation qui a frappé le pays ces vingt dernières années. Or, la très grande majorité des dépenses de R&D privée est le fait de l'industrie. Cela reste le cas de près de 85 % en France alors que, dans un même temps, l'industrie manufacturière ne représente plus que 12,5 % du PIB français en 2009 (18,4 % en 1998). À titre de comparaison, ce ratio est de 22,4 % en Allemagne (25,3 % en 1998)[1]. Dans la pratique, les entreprises innovantes françaises investissent en moyenne autant voire plus que les entreprises allemandes[2]. En revanche, elles sont beaucoup moins nombreuses à le faire. La France dispose de grands leaders industriels mondiaux mais souffre d'un trop faible tissu de PME innovantes et, bien plus encore, d'entreprises de taille intermédiaire (ETI).

---

1. Sources : Eurostat 2011. Données pour 2009. La France est aujourd'hui, avec Chypre et le Luxembourg, le pays européen le moins industrialisé.
2. *Cf.* Étude de COE-REXECODE, 2010.

2.1.2. La R&I au cœur de nouvelles politiques industrielles et d'innovation

Partant de ce constat, les politiques publiques d'aides à l'innovation ne cessent d'évoluer vers une réflexion plus globale sur des politiques de réindustrialisation. Après avoir misé pendant vingt ans sur une économie des services et de l'intelligence, il apparaît aujourd'hui que les activités de production et de R&I sont intimement liées, notamment dans une perspective de maintien et de création d'emplois. La France et l'Europe ne peuvent espérer conserver sur la durée des activités de R&I, si les activités de production sont systématiquement délocalisées. *A contrario*, elles ne pourront pas réindustrialiser leurs territoires sans un soutien fort aux activités de R&I. L'un des enjeux principaux des nouvelles politiques d'innovation est ainsi aujourd'hui de permettre aux entreprises de se positionner sur les marchés de demain, en développant de nouveaux biens, services, procédés ou technologies. Dans ce cadre, elles mettent notamment toujours plus l'accent sur une plus grande articulation entre la recherche et l'innovation (y compris non technologique) et, en particulier, sur le dernier maillon de la chaîne en aval de la R&D : les phases d'industrialisation et de mise sur le marché. Cela se traduit par un changement de paradigme : de la R&D à la R&I.

« L'Union de l'innovation », la nouvelle initiative phare de la stratégie « Europe 2020 », présentée en 2010 par la Commission européenne, s'inscrit dans cette nouvelle approche :

- en réorientant une partie des financements de la R&D vers l'innovation dans le cadre du prochain programme-cadre pour la R&D (2014-2020). D'ailleurs, il ne s'intitulera pas « 8e PCRD », mais sera plus large et prendra le nom de « cadre stratégique commun horizon 2020 » ;
- en utilisant mieux les marchés publics pour stimuler l'innovation privée, notamment de la part des PME ;
- en diminuant de façon drastique le coût du brevet européen grâce à un brevet unique ;
- enfin, en simplifiant et en modernisant les procédures de normalisation pour développer des normes européennes qui, à terme, devraient devenir des normes internationales : un enjeu de compétitivité majeur à l'échelle mondiale.

2.1.3. Une profonde réforme du système français de recherche et innovation (SFRI)…

Consciente de son retard – sixième puissance économique mondiale, elle est seulement au 13e rang pour son effort de R&D[1] –, la France a entrepris ces

---

1. Calculé en % du PIB, dans : OECD, *Science, Technology and Industry Scoreboard 2011.*

dernières années une profonde réforme de son système de recherche et innovation. Elle a notamment lancé une nouvelle Stratégie nationale de recherche et d'innovation (SNRI) pour coordonner et allouer au mieux les ressources publiques en faveur de l'innovation et de la recherche. Les nouveaux axes stratégiques consacrent une mutation en profondeur des structures institutionnelles d'enseignement supérieur et de recherche qui vise :

- d'une part, à décloisonner les grands organismes publics de recherche (CNRS, INSERM, CEA…) pour évoluer d'une logique de recherche disciplinaire vers une logique thématique, tout en rapprochant la recherche des universités et de l'enseignement supérieur ;
- d'autre part, à augmenter les partenariats et les synergies entre la recherche publique et la recherche privée.

La France s'est ainsi dotée de quelques outils phares pour favoriser une approche de la R&I en réseaux, permettant l'amélioration des synergies entre tous les acteurs de la recherche (enseignement supérieur, recherche publique, entreprises) et la mise en place de masses critiques visibles dans le paysage international : pôle de recherche et d'enseignement supérieur (PRES) (2006), alliances thématiques (2009), réseaux thématiques de recherche avancée (RTRA, RTRS/CTRS) (2006), pôles de compétitivité (2005), programme des investissements d'avenir né du « Grand Emprunt » (2010) (*cf.* encadré ci-après). L'objectif est également d'attirer les talents et les investissements internationaux en offrant des structures de R&D d'excellence.

PRINCIPAUX OUTILS DE STRUCTURATION DE LA RECHERCHE FRANÇAISE

Pôle de recherche et d'enseignement supérieur (PRES) : regroupement d'établissements d'enseignement supérieur et de recherche sur un même territoire, qui mutualisent leurs activités et leurs moyens, notamment dans le but de créer des entités plus visibles au plan international.

Alliance thématique : structure visant à coordonner l'activité des principaux acteurs de R&D (essentiellement les organismes publics de recherche) dans quelques domaines stratégiques (santé, énergie, numérique, environnement, sciences humaines et sociales). Les alliances thématiques agissent au niveau des phases de programmation de la recherche.

RTRA/CTRS (Réseau, thématique de recherche avancée / Centre thématique de recherche et de soins) : réseau thématique de recherche collaborative sur des phases amont regroupant, autour d'un noyau dur géographique, recherche publique et entreprises. Ces structures ont un statut de fondation de coopération scientifique.

…/…

Pôle de compétitivité : clusters reconnus individuellement par l'État, les pôles de compétitivité regroupent sur un même territoire autour d'une thématique commune des entreprises, des établissements d'enseignement supérieur et des organismes de recherche publics ou privés qui ont vocation à travailler en synergie pour mettre en œuvre des projets de développement économique pour l'innovation. L'un des objectifs principaux des pôles est aussi d'accompagner le développement de PME innovantes (*cf.* fiche n° 3.3).

Programme d'investissements d'avenir (PIA) : programme d'investissements dans la recherche et l'innovation devant accélérer la transformation du SFRI et créer les structures de R&I de demain, tels les **instituts de recherche technologique (IRT)**, les **instituts d'excellence en énergie décarbonée (IEED)**, les **instituts hospitalo-universitaires (IHU)** ou encore les **sociétés d'accélération de transfert technologique (SATT)**... Le PIA totalise 35 actions très diverses, axées non seulement sur le financement de nouvelles structures de R&I et de valorisation de la recherche, mais aussi sur le financement d'équipements de R&I et d'infrastructures technologiques ainsi que les financements de projets de R&D (*cf.* annexe programme d'investissements d'avenir).

2.1.4.   ... s'appuyant sur une refonte des aides à la recherche privée

Cette réforme s'appuie par ailleurs sur une profonde refonte du dispositif de soutien à la recherche privée. Elle a vu l'avènement du crédit d'impôt recherche (CIR) en 2008, avec une multiplication par trois de son volume. Totalisant près de 5 milliards d'euros, le CIR a largement abondé les montants consacrés au soutien de la R&I privée, qui ont augmenté de 63 % entre 2006 et 2010. Le CIR représente aujourd'hui 45 % de l'ensemble des financements publics à la R&I des entreprises contre 13,5 % en 2006[1].

En tant que mesure générique, simple et facile d'accès, le CIR contribue à stimuler les capacités des entreprises à innover en développant les avantages concurrentiels nécessaires à leur compétitivité future. Il favorise également le décloisonnement entre la recherche publique et les entreprises, en accordant un traitement privilégié aux travaux de recherche confiés à des laboratoires publics. Enfin, c'est un formidable outil pour la compétitivité de nos territoires[2]. En réduisant d'un tiers le coût d'un chercheur, le CIR fait de la France le pays le plus compétitif sur ce point, loin devant l'Amérique du Nord et le Japon, tout en réduisant significativement l'écart avec les pays émergents asiatiques (Chine et Inde). Il s'avère être, dans ce cadre, un instrument de tout premier ordre à l'échelle mondiale.

---

1. En euros constants 2010, *in* FUTURIS 2010, *La Recherche et l'innovation en France*, sous la direction de Jacques LESOUNE et Denis RANDET, 2010.
2. ANRT, « Comparaison internationale sur le cours du chercheur comptabilisé par les groupes bénéficiaires du CIR (2010) : Crédit d'impôt recherche : la France redevient compétitive », novembre 2011, 5 p.

2.2.   … nécessitant le soutien des pouvoirs publics pour les entreprises

2.2.1.   Une panoplie complexe d'outils ciblant encore majoritairement les activités de R&D

S'il est vrai que l'innovation n'est pas toujours technologique, de nombreuses enquêtes menées, entre autres par le MESR ou le ministère de l'Industrie, montrent que la principale source d'innovation reste de loin la R&D interne des entreprises.

De fait, le soutien public à l'innovation consiste essentiellement en mesures d'encouragement ciblant les activités de R&D. Le débat pour un soutien plus extensif de l'innovation a lieu, mais il n'a pas complètement abouti à ce jour, à l'image du CIR dont la transformation en crédit d'impôt innovation a été réguliè-rement rejetée par les pouvoirs publics, par peur de dérapages budgétaires. Cette revendication n'en reste pas moins très présente. L'absence d'incitations aux dépenses préalables à la commercialisation (démonstrateur, prototypes de préin-dustrialisation, installations pilotes…) semble en effet constituer un frein à la mise sur le marché des innovations, en particulier pour les PME. Le futur programme-cadre européen « Horizon 2020 » prévoit ainsi un renforcement des financements sur ces phases en aval de la R&D. Quant à la transformation du CIR en crédit d'impôt innovation, ne serait-ce que pour les PME et ETI, elle renferme égale-ment le risque de déstabiliser l'ensemble du dispositif actuel, réduisant par là même son efficacité en termes de compétitivité du territoire et d'attractivité pour les investissements de R&I. Elle doit donc être envisagée avec prudence.

Sur un plan économique plus théorique, le soutien public à la R&D privée des entreprises est justifié par les fortes externalités (ou retombées existantes pour d'autres entreprises, secteurs ou pays) liées au processus de recherche. En effet, le taux de rendement privé de la recherche pour l'entreprise (ou rendement « propre ») est inférieur à son taux de rendement social, qui inclut les effets externes pour d'autres entreprises, d'autres secteurs ou d'autres pays. L'écart entre les deux – mesurant précisément l'externalité – induit pour l'entreprise une sous-optimisation de ses dépenses en R&D, alors même qu'elle porte le risque du projet (l'incertitude technique). Celui-ci doit être compensé par l'interven-tion publique. Ces externalités sont en revanche plus faibles pour l'innovation non technologique[1] ou les phases d'innovation proches du marché.

---

1. Certains programmes européens mettent cependant toujours plus l'accent sur des innovations qui ne sont pas nécessairement technologiques, comme les éco-innovations. Notons aussi, en France, le crédit d'impôt en faveur des métiers d'art ou le crédit d'impôt collection même s'ils n'ont qu'un faible impact.

Évolution des financements publics de la R&D des entreprises en France

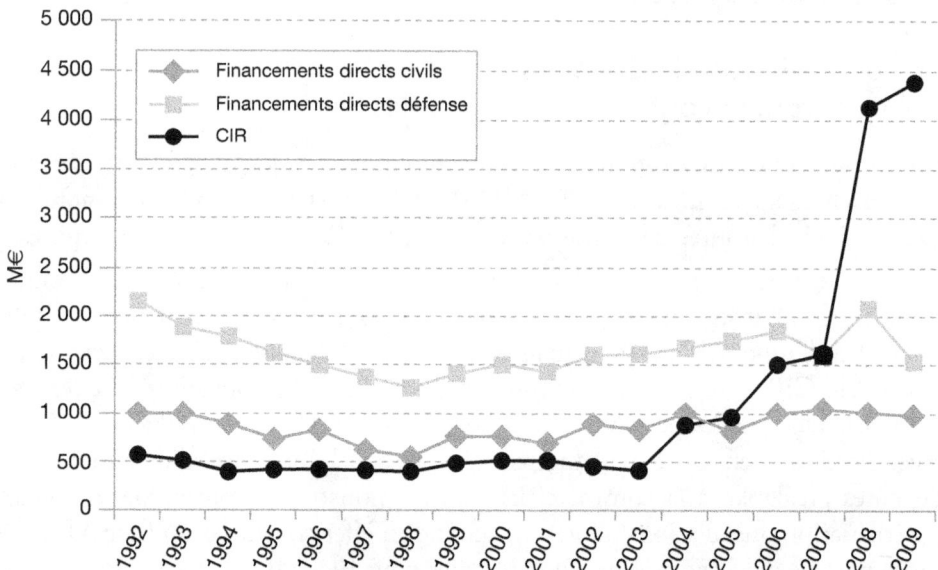

Source : MESR DGESIP-DGRI SIES, 2011. Chiffres semi-définitifs pour 2009.
Les financements directs civils incluent la commande publique civile
et les « crédits incitatifs », y compris régionaux. CIR : créance fiscale.

Pour remédier à ces externalités, la R&D des entreprises bénéficie en France, comme presque partout dans le monde, de nombreuses aides publiques. Elles sont directes et indirectes, régionales, nationales et européennes. Elles sont de nature budgétaire (commandes publiques, subventions, avances remboursables) et fiscale (CIR, JEI...). Elles visent globalement à :

- augmenter les dépenses de R&D des entreprises privées en encourageant, entre autres, les projets innovants des PME-ETI (essentiellement via OSEO) et en renforçant l'attractivité du territoire pour les activités de recherche via le CIR ;

- encourager le transfert de technologie et la recherche collaborative entre PME, grandes entreprises et laboratoires de recherche publics, essentiellement via les pôles de compétitivité, le programme d'investissements d'avenir (*cf.* annexe) à l'échelle nationale et le 7e programme-cadre européen de R&D à l'échelle européenne (*cf.* fiche n° 4) ;

- créer un véritable Espace européen de la recherche pour bénéficier au mieux, par des synergies, de la richesse et de la diversité européenne.

Structures du financement public français de la recherche des entreprises

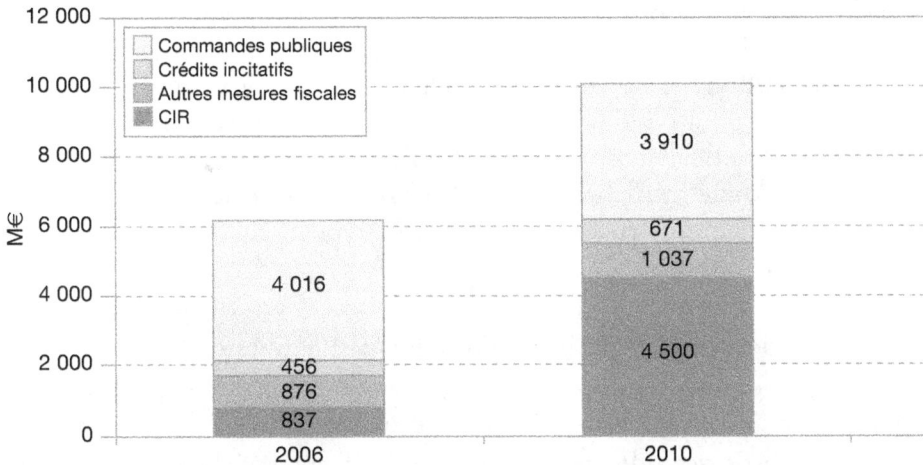

Source : Futuris 2010, La Recherche et l'innovation en France (en euros constants 2010).
Estimations pour 2010.
Autres mesures fiscales : JEI, FCPI, Taxation à taux réduit
des cessions et concessions de brevets...

2.2.2. Les aides directes

Les aides directes sont de deux types :
- les crédits incitatifs (subventions, avances remboursables, prêts incitatifs…) ;
- la commande publique militaire et civile (recherche sur contrat).

Les aides directes ont pour objectif d'influer sur la recherche sur le long terme et la structure productive d'une économie en ciblant certaines thématiques stratégiques, certains projets à fort rendement social ou économique (développement durable…), certains types de recherche (collaborative, public-privé, transnationale) ou certains types d'entreprises (PME, PME innovantes…), sur lesquels les entreprises n'iraient pas naturellement du fait de risques élevés, de l'éloignement du marché ou d'une rentabilité économique moins importante à court terme. Elles peuvent être régionales, nationales ou européennes.

De fait, elles sont souvent sectorisées dans le cadre de la commande publique ou d'appels à projets thématiques (ANR, FUI, ADEME, PCRD, ITC[1]…).

---

1. Initiative technologique conjointe *(Joint Technology Initiative – JTI ou Joint Undertaking – JU)* : partenariats public-privé mis en place à l'échelon européen pour aborder les secteurs stratégiques dans lesquels la recherche et l'innovation sont essentielles à la compétitivité européenne. Les ITC soutiennent des activités de recherche au même titre que le 7e PCRDT. Il en existe cinq aujourd'hui *(cf.* fiche PCRDT n° 4.1).

Elles bénéficient avant tout à des secteurs industriels stratégiques pour la France et l'Europe, comme la construction aéronautique et spatiale, l'énergie, les sciences de la vie ou les TIC. Les financements nationaux de la R&D privée sont d'ailleurs pour une part importante liés à la défense (2 milliards d'euros en 2008 via le ministère de la Défense et le CEA militaire). Malgré quelques efforts pour ouvrir ces crédits aux PME dans le cadre de programmes de recherche dite duale (applications conjointes défense et civil), notamment les dispositifs Astrid (*cf.* fiche n° 1 ANR) et Rapid (*cf.* fiche n° 10), ces financements continuent de bénéficier très majoritairement aux grandes entreprises du secteur de la défense.

Les crédits incitatifs ont également deux autres visées principales :

• soutenir le développement, jugé prioritaire, de PME innovantes ;

• encourager les projets de recherche partenariale public-privé, grandes entreprises-PME, notamment dans le cadre européen.

Une grande partie des aides gérées par OSEO (*cf.* fiche n° 3) est ainsi destinée aux PME et aux ETI. Certaines de ces aides permettent en particulier de financer des projets individuels de R&I, contrairement à la plupart des autres dispositifs incitatifs qui ciblent des projets collaboratifs. Certaines aides d'OSEO interviennent même très en amont, lors de la création de l'entreprise, dans le cadre d'études de faisabilité de l'innovation ou de l'acquisition de technologies du public.

Les PME bénéficient également de programmes dédiés au niveau européen, tels que le programme EUROSTARS (*cf.* fiche n° 6) (une déclinaison du programme EURÊKA réservée aux PME innovantes), le programme Innovation et Compétitivité (CIP) (*cf.* fiche n° 8), le sous-programme Recherche pour les PME du volet « CAPACITÉS » du 7e PCRD (*cf.* fiche n° 4.2), ou encore les programmes FEDER (*cf.* fiche n° 7) gérés au niveau des Régions.

Tous les dispositifs encourageant la recherche collaborative sont également ouverts aux PME. Néanmoins, certains (FUI, EURÊKA, OSEO-ISI) leur seront plus facilement accessibles que d'autres (ANR ou 7e PCRD).

Au contraire des PME, les financements directs accessibles aux grandes entreprises et aux ETI, autres que la commande publique, sont exclusivement réservés à des projets de type collaboratif ou partenarial. Ces derniers se positionnent néanmoins de façon variable sur la chaîne de la R&I, en fonction des outils.

Les crédits de l'Agence nationale de la recherche (ANR) (*cf.* fiche n° 1), dans le cadre d'appels à projets thématiques ou de programmes « blancs » (sans thématique imposée), s'adressent ainsi principalement à des projets de recherche en phase amont (recherche fondamentale ou industrielle). De même, le volet « COOPÉRATION » du 7ᵉ programme-cadre de R&D européen a un spectre suffisamment large pour balayer l'ensemble du process de recherche, de la recherche fondamentale jusqu'aux phases de développement expérimental, proches du marché.

À l'inverse, la majorité des dispositifs ciblent prioritairement les phases de développement expérimental et la recherche proche du marché. C'est le cas du Fonds unique interministériel (OSEO-FUI) dédié aux projets de R&D des pôles de compétitivité pour des résultats sur le marché à cinq ans (*cf.* fiche n° 3.3), des programmes OSEO-ISI (anciennement AII) (*cf.* fiche n° 3.2), des programmes développés dans le cadre des investissements d'avenir PSPC (projets de R&D structurants des pôles de compétitivité) (*cf.* fiche n° 3.6) ou des plateformes mutualisées d'innovation également réservées aux pôles de compétitivité, des programmes de l'ADEME (*cf.* fiche n° 2) qui financent entre autres des démonstrateurs, ainsi qu'au niveau européen des programmes EURÊKA (*cf.* fiche n° 5) et des initiatives technologiques conjointes.

2.2.3. Les aides indirectes

Les aides indirectes sont nationales et constituées de dispositifs fiscaux dérogatoires. Contrairement aux aides directes, elles sont sectoriellement neutres et laissent à l'entreprise le choix thématique de ses investissements, considérant que celle-ci est mieux à même de les effectuer. En revanche, elles n'agissent que peu sur les structures, car l'essentiel de la R&D des entreprises est orienté sur le court terme. Elles peuvent néanmoins être modulées pour encourager les partenariats public-privé ou l'embauche de jeunes chercheurs, comme dans le cas du CIR.

Il existe en France quatre principaux dispositifs d'aides indirectes à la R&D, du point de vue de la puissance publique :

- le crédit d'impôt recherche (une mesure générique par excellence sans ciblage thématique ou de catégories d'entreprises, qui a notablement renforcé l'attractivité du territoire français pour les activités de R&D en en diminuant le coût) (*cf.* fiche n° 11) ;
- les dispositifs dérogatoires mis en place pour soutenir les jeunes entreprises innovantes (JEI) (*cf.* fiche n° 12) et les jeunes entreprises universitaires (JEU) ;
- le soutien fiscal au capital-risque, notamment dans le cadre des fonds communs de placement innovation (FCPI) (*cf.* fiche n° 15) ;
- le dispositif de taxation à taux réduit des concessions et cessions des brevets (*cf.* fiche « licences et brevets » n° 18).

Les entreprises implantées dans un pôle de compétitivité bénéficient également d'avantages fiscaux, mais ils sont toutefois peu mobilisés à ce jour.

Indicateurs des principaux outils de financement de la recherche privée

Montants annuels des financements bénéficiant aux entreprises françaises
(moyenne 2009-2010)

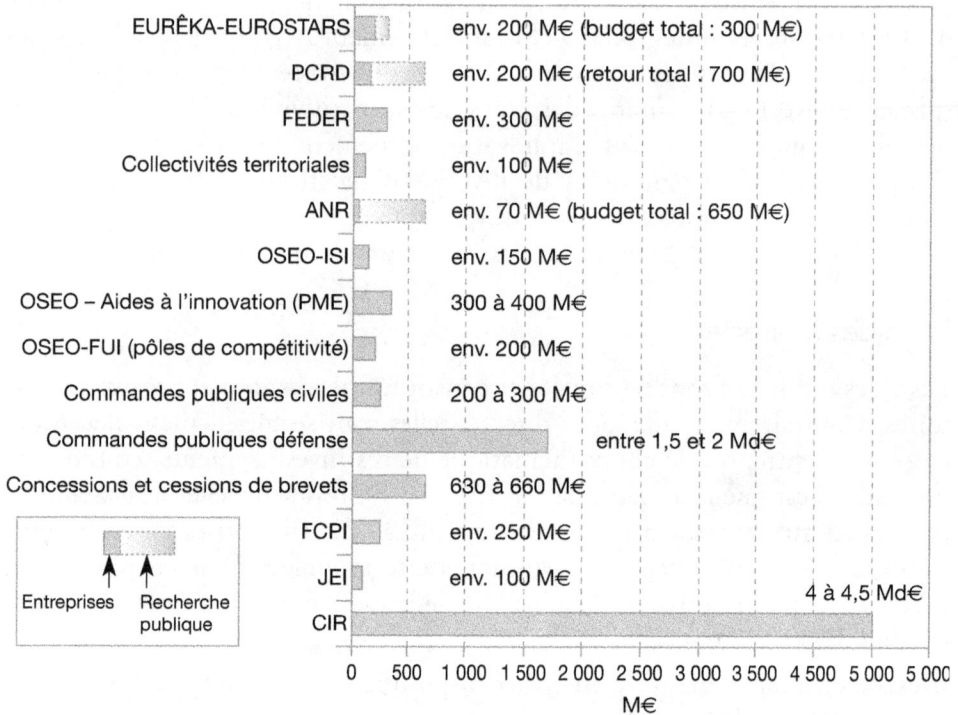

EURÊKA-EUROSTARS	env. 200 M€ (budget total : 300 M€)
PCRD	env. 200 M€ (retour total : 700 M€)
FEDER	env. 300 M€
Collectivités territoriales	env. 100 M€
ANR	env. 70 M€ (budget total : 650 M€)
OSEO-ISI	env. 150 M€
OSEO – Aides à l'innovation (PME)	300 à 400 M€
OSEO-FUI (pôles de compétitivité)	env. 200 M€
Commandes publiques civiles	200 à 300 M€
Commandes publiques défense	entre 1,5 et 2 Md€
Concessions et cessions de brevets	630 à 660 M€
FCPI	env. 250 M€
JEI	env. 100 M€
CIR	4 à 4,5 Md€

Entreprises   Recherche publique

0   500   1 000   1 500   2 000   2 500   3 000   3 500   4 500   5 000   5 00C
M€

3. CONCLUSION

Comme le précise le rapport dirigé par Michel Godet sur la « Créativité et l'Innovation dans les territoires »[1], du 17 mai 2010, « l'avenir n'est jamais écrit d'avance, il reste à construire ». Malgré des difficultés actuelles liées à la crise que nous subissons, M. Godet conclut cependant qu'il y a trois bonnes nouvelles à annoncer :

---

1. GODET Michel (rapport présidé par), *La Créativité et l'Innovation dans les territoires*, Conseil d'analyse économique, 2010, 92 p.

- « *Un monde nouveau se prépare.* » Néanmoins, ceux qui ne sauront s'y préparer régresseront, voire disparaîtront !
- « *Il va falloir tout changer : nos habitudes, nos comportements, nos organisations… mais aussi relocaliser les productions parties au loin à la recherche de bas coûts de production.* » Ceci sous-entend d'ailleurs également les centres de R&D plus performants quand ils sont proches de la production. La nouvelle donne du développement durable et de la Responsabilité sociale et environnementale des entreprises (RSE), sans oublier les conditions de marché, va dans le sens de cette production de proximité.
- Après celles de la Renaissance et de la révolution industrielle du XIXᵉ siècle, « *nous sommes à l'aube d'une troisième vague d'innovations majeures* ». Elle peut être source d'opportunités. À nous de savoir saisir notre chance !

C'est pourquoi, conscients de cela, l'Europe et l'État français, pour pousser les entreprises à innover, ont mis en place nombre de dispositifs d'aides permettant, directement ou indirectement, d'alléger les coûts des services de R&D et de favoriser l'innovation.

Cette démarche est intimement liée au fait que les pouvoirs publics sont convaincus que la compétitivité des entreprises et la performance de notre économie passent par leur capacité à innover, et plus généralement à créer de la valeur. En effet, le maintien de l'Europe sur un plan économique et social dans le concert des grandes puissances industrialisées ne se fera qu'en gagnant le combat de l'innovation et de la création !

Cependant, ces dispositifs, plus ou moins attrayants selon le contexte de l'entreprise, sont souvent complexes à mettre en œuvre et à gérer et nécessitent de plus en plus la mobilisation de nombreux acteurs souvent extérieurs à la R&D. En effet, chaque acteur de l'entreprise doit être concerné par cette obligation vitale et stratégique d'innover pour pérenniser l'activité de l'entreprise.

Aussi un responsable financement de l'innovation est-il recommandé pour les entreprises car, par sa fonction transverse, il jouera un rôle actif de coordinateur et de facilitateur dans la recherche des aides et dans l'assistance à la gestion des projets et programmes de développement innovants. Rôle important en amont, bien sûr, pour faciliter l'adéquation des modes de financement des investissements R&D retenus, mais également en aval pour garantir le bon déroulement du processus et le déblocage des aides sollicitées.

Au travers des différents dispositifs d'aide, c'est également une opportunité formidable de créer une plus grande interaction entre les services de la R&D et ceux de la finance : mise en œuvre d'outils de suivi commun, pilotage de la performance de l'innovation à travers des indicateurs répondant aux enjeux R&D et financiers… La direction financière doit apporter tout son savoir-faire dans ce domaine pour accompagner les équipes R&D et leur permettre d'optimiser leurs performances.

Par ailleurs, pour qu'une entreprise soit et demeure innovante, de nombreux éléments fonctionnels et facteurs organisationnels doivent intervenir. Pas de développements utiles et innovants à mettre sur les marchés sans créativité et sans l'apport du marketing et du design. L'innovation destinée aux marchés est le fruit d'un processus global dans lequel la R&D tient une part primordiale, mais qui ne peut aboutir que si ce processus se comprend dans une démarche collective et collaborative qui intègre aussi l'écosystème de l'entreprise.

Pour nombre d'entreprises, l'implication de l'ensemble des fonctions supports, et plus particulièrement du pôle finance, devient stratégique dans le processus d'innovation. La R&D n'est plus perçue comme un centre de coûts, mais comme un des facteurs essentiels de la compétitivité future et de son développement.

CHAPITRE 2

Ingénierie du financement

1. ASPECTS GÉNÉRAUX

1.1. Définition des activités de R&I

Les différentes activités de R&I doivent être clairement définies. En effet, les financeurs ont des objectifs différents en matière de recherche. Certains s'intéressent à la recherche de type académique (recherche fondamentale ou industrielle), alors que d'autres ont vocation à financer des activités plus proches de la mise sur le marché (développement expérimental ou innovation).

D'autres notions ont été spécifiquement précisé par l'auteur pour les besoins de cet ouvrage et figurent ci-après. C'est notamment le cas pour la recherche collaborative et la recherche en interne.

1.1.1. Référentiels existants

En termes de définitions, l'encadrement communautaire des aides d'État à la recherche, au développement et à l'innovation[1] (ci-après l'encadrement) fournit un référentiel utile en la matière.

En pratique, trois activités distinctes de R&D sont reconnues :
- la recherche fondamentale ;
- la recherche industrielle ;
- le développement expérimental.

Néanmoins, l'ensemble des financeurs ne se base pas forcément intégralement sur ces définitions. Par exemple, l'Agence de l'environnement et de la maîtrise de l'énergie (ADEME) utilise les concepts de « démonstrateur de recherche » et d'« expérimentation préindustrielle ». Certains appels d'offres communautaires (7ᵉ programme-cadre de la recherche et du développement technologique) utilisent l'échelle TRL (*Technology Readiness Level*, ou niveau de maturité technologique).

---

1. Communication de la Commission européenne (JOUE 2006/C 321/01).

Il existe un autre référentiel en termes de définitions : le Manuel de Frascati. Ce Manuel est publié sous l'égide de l'Organisation de coopération et de développement économique (OCDE). La première version a vu le jour en 1963. Ce document s'intéresse principalement à la collecte de données statistiques dans le domaine de la recherche et du développement. La dernière version date de 2002.

De façon générale, la R&D « *englobe les travaux de création entrepris de façon systématique en vue d'accroître la somme des connaissances, y compris la connaissance de l'homme, de la culture et de la société, ainsi que l'utilisation de cette somme de connaissances pour de nouvelles applications* ». En pratique, trois activités distinctes de R&D sont reconnues : recherche fondamentale, recherche appliquée et développement expérimental.

Il est à noter que ces concepts sont repris dans le Code général des impôts, dans le cadre du crédit d'impôt recherche (*cf.* fiche n° 11).

En ce qui concerne l'innovation, là encore l'OCDE fournit un référentiel utile : le Manuel d'Oslo[1]. Selon ce Manuel, la définition de l'innovation est la suivante : « *Une innovation est la mise en œuvre d'un produit (bien ou service) ou d'un procédé nouveau ou sensiblement amélioré, d'une nouvelle méthode de commercialisation ou d'une nouvelle méthode organisationnelle dans les pratiques de l'entreprise, l'organisation du lieu de travail ou les relations extérieures.* »

1.1.2. Recherche fondamentale

Pour l'encadrement, la recherche fondamentale consiste en « *des travaux expérimentaux ou théoriques entrepris essentiellement en vue d'acquérir de nouvelles connaissances sur les fondements de phénomènes ou de faits observables, sans qu'aucune application ou utilisation pratique ne soit directement prévue* ».

Le plus souvent, les résultats de la recherche fondamentale sont divulgués au travers de publications dans des revues scientifiques, sauf dans le cas où ils doivent être soigneusement conservés secrets s'ils ont trait à des secteurs sensibles, comme la défense.

Ce type de recherche est fréquemment le fait d'universités ou d'organismes de recherche, avec une orientation vers les questions d'intérêt général.

Le Manuel de Frascati indique quant à lui que la recherche fondamentale consiste « *en des travaux expérimentaux ou théoriques entrepris principalement en vue d'acquérir de nouvelles connaissances sur les fondements des phénomènes et des faits observables, sans envisager une application ou une utilisation particulière* ».

---

1. OCDE, Manuel d'Oslo, 2005.

1.1.3. Recherche industrielle

L'encadrement définit la recherche industrielle comme « *la recherche planifiée ou des enquêtes critiques visant à acquérir de nouvelles connaissances et aptitudes en vue de mettre au point de nouveaux produits, procédés ou services, ou d'entraîner une amélioration notable de produits, procédés ou services existants. Elle comprend la création de composants de systèmes complexes, nécessaire à la recherche industrielle, notamment pour la validation de technologies génériques, à l'exclusion des prototypes* ».

Le Manuel de Frascati définit un concept proche, celui de recherche appliquée : celle-ci consiste « *en des travaux originaux entrepris en vue d'acquérir des connaissances nouvelles. Cependant, elle est surtout dirigée vers un but ou un objectif pratique déterminé* ».

Les activités de recherche appliquée sont celles qui visent à discerner les applications possibles des résultats d'une recherche fondamentale ou à trouver des solutions nouvelles permettant à l'entreprise d'atteindre un objectif déterminé choisi à l'avance.

Le résultat d'une recherche appliquée consiste en un modèle probatoire de produit, d'opération ou de méthode. Il permet de vérifier expérimentalement les hypothèses de départ de cette recherche. Il se distingue notamment du prototype par le fait qu'il ne s'intéresse qu'à la levée de doutes scientifiques ou techniques, sans se préoccuper de représenter le produit dans son état final.

Il semble que le champ ainsi défini par l'encadrement soit plus large que la recherche appliquée au sens de Frascati et déborde sur le développement expérimental, notamment du fait de la référence explicite à des produits et à des procédés. Néanmoins, il n'est pas possible de qualifier le différentiel. Les deux définitions seront donc considérées comme équivalentes.

1.1.4. Développement expérimental

L'encadrement définit le développement expérimental comme « *l'acquisition, l'association, la mise en forme et l'utilisation de connaissances et de techniques scientifiques, technologiques, commerciales [...] en vue de produire des projets, des dispositifs ou des dessins pour la conception de produits, de procédés ou de services nouveaux, modifiés ou améliorés* ».

Les activités de développement expérimental sont celles effectuées au moyen de prototypes ou d'installations pilotes, dans le but de réunir toutes les informations nécessaires pour fournir les éléments techniques des décisions, en vue de la production de nouveaux matériaux, dispositifs, produits, procédés, systèmes, services, ou en vue de leur amélioration substantielle.

Dans ce contexte, un prototype est un modèle original qui possède toutes les qualités techniques et toutes les caractéristiques de fonctionnement du nouveau produit. Il ne revêt pas nécessairement la forme ou l'aspect du produit final, mais permet de dissiper les dernières incertitudes afin d'améliorer le produit concerné et d'en fixer les caractéristiques. Une installation pilote est un ensemble d'équipements permettant de tester un procédé à une échelle proche de la réalité industrielle.

Le Manuel de Frascati indique, quant à lui, que le développement expérimental consiste « *en des travaux systématiques fondés sur des connaissances existantes obtenues par la recherche et/ou l'expérience pratique, en vue de lancer la fabrication de nouveaux matériaux, produits ou dispositifs, d'établir de nouveaux procédés, systèmes et services ou d'améliorer considérablement ceux qui existent déjà* ».

1.1.5. Démonstrateur de recherche[1]

Le stade de démonstrateur de recherche vise à expérimenter une option technologique dans des conditions réelles de fonctionnement. Le choix de l'échelle du démonstrateur permet de passer du stade du laboratoire à une taille permettant de valider les technologies à l'échelle prévue pour l'industrialisation. La commercialisation de la technologie est souvent envisagée à une échéance encore lointaine.

Les activités ainsi définies relèvent de la recherche industrielle.

1.1.6. Expérimentation préindustrielle[1]

L'expérimentation de technologies à l'échelle de pré-séries précédant l'industrialisation se positionne en aval du démonstrateur de recherche. Il peut s'agir d'opérations de démonstration préindustrielles pour un équipement ayant atteint un stade de développement suffisant, les verrous technologiques étant levés, mais dont le lancement de la fabrication en série suppose d'en démontrer la viabilité technico-économique.

Cette définition s'applique notamment pour les domaines où le développement de nouvelles technologies correspond à des cycles longs et où certaines exigences (fiabilité, durabilité…) sont particulièrement élevées et induisent des facteurs de risques importants, y compris dans des activités en aval du développement expérimental.

---

1. Voir par exemple la convention du 8 décembre 2010 entre l'État et l'ADEME relative au programme d'investissements d'avenir (programme « véhicule du futur »).

1.1.7. Échelle des TRL

Cette échelle a toute sa place dans cet ouvrage dans la mesure où elle est parfois utilisée en lieu et place des définitions usuelles de la R&D (recherche fondamentale/recherche appliquée/développement expérimental) afin de spécifier le champ scientifique de certains appels d'offres, notamment dans le domaine aéronautique.

Cette échelle TRL représente une façon de mesurer le niveau de maturité (ou de validation) d'une technologie. Elle a été développée dans les années 1980 par la NASA afin d'objectiver les processus de décision concernant l'utilisation et le transfert de technologies en développement et de gérer ainsi le risque technologique dans ses programmes spatiaux.

Cette méthodologie est aujourd'hui largement appliquée dans les domaines de l'aéronautique, de l'aérospatiale et plus généralement de la défense. Elle commence à apparaître dans d'autres secteurs, par exemple dans les sciences de la vie où une échelle similaire a été élaborée sur la base des phases précliniques et cliniques[1].

Pour plus de renseignements, voir annexe I.

1.1.8. Innovation technologique

Selon le Manuel d'Oslo, la définition de l'innovation technologique est la suivante : « *Les innovations technologiques de produit et de procédé (TPP) couvrent les produits et procédés technologiquement nouveaux ainsi que les améliorations technologiques importantes de produits et de procédés qui ont été accomplis. Une innovation TPP a été accomplie dès lors qu'elle a été introduite sur le marché (innovation de produit) ou utilisée dans un procédé de production (innovation de procédé). Les innovations TPP font intervenir toutes sortes d'activités scientifiques, technologiques, organisationnelles, financières et commerciales. La firme innovante TPP est une firme qui a accompli des produits ou des procédés technologiquement nouveaux ou sensiblement améliorés au cours de la période considérée.* »

Cette définition englobe *de facto* les activités de R&D définies ci-dessus.

L'encadrement donne une définition similaire mais elle n'est pas reprise en l'état par les financeurs. En effet, dans le cadre des outils de financement, la notion d'innovation est employée dans un sens plus restrictif : elle se positionne entre les activités de R&D (*cf.* notamment fiche n° 8 sur le programme CIP) et la mise sur le marché. Les termes d'expérimentation industrielle et d'industrialisation sont utilisés.

---

1. Voir https ://www.medicalcountermeasures.gov/Integrated_TRLs.aspx

1.1.9. Mise en perspective des définitions de la R&I

Le tableau suivant présente une synthèse des définitions et concepts rencontrés chez les différents financeurs.

Chaîne de la R&I	Encadrement	ANR	OSEO	ADEME	Manuel de Frascati	TRL (à titre indicatif)
Amont	Recherche fondamentale		–	–	Recherche fondamentale	1 à 2
	Recherche industrielle			Recherche industrielle/ Démonstrateur industriel	Recherche appliquée	3 à 5
	Développement expérimental					6 à 7
	–	–		Expérimentation préindustrielle	–	–
	–	–	Industriali-sation		–	8
Aval	–	–	–	–	–	9 (retour d'expé-rience)

Le tableau suivant présente le positionnement de l'innovation, en fonction de la pratique retenue par les financeurs et de la définition donnée par le Manuel d'Oslo.

	Champ de l'innovation selon le Manuel d'Oslo			Champ de l'innovation selon les financeurs (en pratique)
Activités	Recherche fondamentale	Recherche industrielle	Développement expérimental	Activités avant la mise sur le marché (par exemple industrialisation)

1.1.10. Recherche collaborative

Un projet de recherche est dit collaboratif lorsqu'il associe au moins deux partenaires. Cette association se formalise en général dans un contrat (ou un contrat de consortium) qui doit notamment préciser comment les résultats de la recherche sont partagés entre les partenaires.

1.1.11. Recherche en interne

Un projet de recherche est dit mené en interne lorsque l'entreprise choisit de ne mobiliser que des ressources propres (projet individuel) et éventuellement d'avoir recours à la sous-traitance pour certaines activités (essais, conseils...). En tout état de cause, la propriété des résultats de la recherche est entièrement dévolue à l'entreprise.

1.1.12. Aide directe[1]

L'aide directe consiste à mettre à disposition des entreprises des moyens financiers ayant une conséquence comptable dans ses comptes. Elle se présente généralement sous forme de subventions bénéficiant à des projets précis, y compris en matière de recherche contractuelle ou bien couvrant un type précis de dépenses, de primes, d'avances remboursables, de prêts bonifiés, de garanties, mais aussi au travers de la commande publique.

1.1.13. Aide indirecte[1]

L'aide indirecte recouvre toutes les autres formes d'aide consistant à améliorer l'environnement économique des entreprises et à faciliter l'implantation ou la création d'activités. En pratique, elle se présente sous la forme d'allègements d'impôts ou de charges sociales.

> **NOTRE CONSEIL**
> Les différentes définitions de la R&I ne sont pas complètement homogènes, notamment en ce qui concerne l'innovation. Il est donc recommandé de bien positionner le projet de l'entreprise dans la chaîne de la R&I et de s'assurer qu'il rentre dans le champ prévu par le dispositif de financement.

1.2. Nature des financements

Les aides à la R&I mobilisent différents instruments financiers, sous forme directe ou indirecte. En fonction de l'objectif recherché et du stade de maturité du projet, les différents opérateurs de financement doivent effectuer des arbitrages permettant d'optimiser l'efficacité de l'aide et de pallier les déficiences du marché.

---

1. Sources : Rémi Lallement, « L'aide publique aux entreprises en matière de R&D et d'innovation : quelle efficacité ? », Centre d'analyse stratégique, janvier 2011 ; « Les aides des collectivités territoriales au développement économique », Rapport public thématique de la Cour des comptes, 2007.

1.2.1. Subvention

La subvention a plutôt vocation à intervenir lors de phases amont de la chaîne de la R&I, car les risques techniques sont importants pour les entreprises. Ainsi, les aides aux projets ISI (innovation stratégique industrielle) d'OSEO sont accordées sous forme de subvention pour les travaux de recherche industrielle, alors que les travaux relevant du développement expérimental sont financés sous forme d'avance remboursable.

La subvention peut également être accordée pour soutenir la démonstration de la faisabilité d'un projet innovant, qui sera ensuite financé en avance remboursable pour la phase de développement et de réalisation technique.

La subvention est définitivement acquise à l'entreprise qui la reçoit, sous réserve de réaliser les dépenses et le projet en contrepartie desquels elle a été versée.

La subvention finançant des dépenses de R&I doit être comptabilisée en produit (compte 74). Elle est ainsi soumise à l'impôt sur les sociétés.

1.2.2. Avance remboursable

L'avance remboursable est une aide en faveur d'un projet, versée en une ou plusieurs tranches, dont les conditions de remboursement dépendent de l'issue du projet.

Cette aide est particulièrement adaptée lorsque les travaux de R&D conduisent à la commercialisation d'un produit ou d'un service, comme c'est le cas pour les stades d'expérimentation préindustrielle financés par l'ADEME ou pour certaines aides OSEO.

D'un point de vue fiscal et comptable, l'avance remboursable est considérée comme un prêt, à comptabiliser au compte 167 « emprunts et dettes assortis de conditions particulières », sous-compte 1674 « avances conditionnées ».

Dans le cas où l'entreprise bénéficie d'une avance remboursable et déclare des dépenses ouvrant droit au crédit d'impôt recherche (CIR), l'avance remboursable est considérée, au sens du CIR, comme une subvention[1]. Pour plus de détails, voir le chapitre 2 (section 1.4., « Complémentarité des dispositifs »).

Il est à noter que le règlement 800/2008/CE de la Commission du 6 août 2008 déclarant certaines catégories d'aide compatibles avec le marché commun (RGEC) définit quant à lui l'avance remboursable (récupérable) comme un *« prêt en faveur d'un projet, qui est versé en une ou plusieurs tranches et dont les conditions de remboursement dépendent de l'issue du projet de recherche, de développement et d'innovation »*.

---

1. Voir Instruction fiscale 4 A-10-08 n° 108 du 26 décembre 2008, paragraphe 33.

L'avance remboursable est notamment caractérisée par son taux et par les modalités de son remboursement. Le taux de l'avance remboursable représente le ratio entre le montant de l'avance et le montant de l'assiette des dépenses éligibles. Ce taux est modulé en fonction de la nature des projets (par exemple : innovation de procédé et d'organisation, activités de développement expérimental, activités de recherche industrielle), des caractéristiques de l'entreprises (taille, structure financière) et du caractère collaboratif du projet (cf. le régime d'intervention d'OSEO en faveur de la R&I[1]).

Les modalités de remboursement de l'avance tiennent compte du succès du projet mais, même en cas d'échec, un remboursement forfaitaire est prévu. Par exemple, OSEO prévoit un remboursement forfaitaire minimum entre 10 % et 50 %.

Les modalités de remboursement de l'aide accordée dans le cadre d'un projet donné tiennent compte des spécificités sectorielles de ce projet. Par exemple, un projet dans le domaine des TIC, dont le coût et les délais d'accès au marché sont relativement courts, aura un échéancier de remboursement positionné plus rapidement après la fin de la réalisation du projet. En revanche, un projet dans le domaine des biotechnologies, plus coûteux et plus long à réaliser, aura un échéancier de remboursement plus long et plus différé entre la fin de la réalisation du projet et le début des remboursements.

Le montant des remboursements effectifs tient compte du succès du projet. Le projet achevé fait l'objet d'une évaluation objective de succès ou d'échec sur la base d'indicateurs définis par le financeur et le financé, dans le cadre du contrat signé entre les deux parties. Plusieurs cas de figures sont prévus :

• si le projet est un succès, l'entreprise doit rembourser l'avance, comme prévu initialement ;

• si le projet est un succès partiel, le montant des remboursements est adapté en fonction des réalisations techniques et commerciales résultant du projet ;

• si le projet est un échec, l'entreprise est tenue de reverser le remboursement forfaitaire minimum fixé contractuellement. Le reste doit être réintégré en subvention.

L'avance remboursable peut être accordée sans aucun intérêt ou être assortie d'un taux d'actualisation (taux de référence communautaire) qui s'applique aux versements de l'aide et aux remboursements.

---

1. Aide d'État n° N 408/2007 – France. Régime d'intervention d'OSEO Innovation en faveur de la recherche, du développement et de l'innovation (JOCE C(2008)279).

1.2.3. Prêts et garantie

Le prêt est défini comme étant l'opération par laquelle un agent économique remet à un tiers une somme d'argent, contre versement futur par ce dernier d'intérêts et remboursement de la somme prêtée.

La garantie, quant à elle, vise à protéger un créancier contre le risque de non-remboursement de sa créance. De façon générale, les garanties se basent soit sur une perspective de l'entreprise emprunteuse, donc sur sa solidité financière, soit sur une opération particulière.

OSEO accompagne le développement des entreprises par le financement des investissements et du cycle d'exploitation via des prêts aux côtés des établissements bancaires et financiers et par la garantie des financements bancaires et des interventions en fonds propres.

Les prêts pour l'innovation d'OSEO constituent une gamme de financements mezzanine dont les caractéristiques les distinguent très nettement des prêts classiques :

- aucune garantie n'est prise sur les actifs de l'entreprise ni sur le patrimoine du dirigeant ;
- le remboursement du capital est différé ;
- la durée du prêt est généralement plus longue que celle des actifs concernés et financés ;
- l'objet financé n'est généralement pas couvert par des prêts classiques (exemple : actifs immatériels).

Certains des prêts accordés par OSEO sont des prêts participatifs assimilables à des fonds propres au sens de la loi (*cf.* fiche n° 3.5).

Ces prêts viennent toujours en complément de financements bancaires ou d'interventions en fonds propres en faveur des entreprises. Ils ont pour finalité de financer les investissements immatériels, la croissance externe, le besoin de fonds de roulement, les dépenses liées à l'innovation et au développement à l'international.

En règle générale, le cofinancement des projets par OSEO avec les établissements bancaires se traduit par un partage en risque et en trésorerie. Il peut également se limiter à une participation en risque de la banque.

Ce partenariat avec les banques et ce positionnement très particulier d'OSEO présentent des avantages qui bénéficient directement à l'entreprise : son projet est expertisé, mieux financé et sécurisé.

La garantie apportée par OSEO permet aux banques de financer des projets dans lesquels les investissements ne génèrent pas de garantie (sûretés réelles ou personnelles) ou lorsque celle-ci est aléatoire et difficile à évaluer, par exemple dans le cas des investissements immatériels ou des investissements à faible valeur de gage. Le risque de la banque se trouve alors réduit grâce à la garantie d'OSEO.

La garantie d'OSEO se révèle donc être très utile dans les phases risquées de la vie de l'entreprise comme la création, l'innovation, l'investissement immatériel, le développement à l'international, la transmission... Les bénéficiaires sont les PME et TPE immatriculées en France, la durée de la garantie est celle du prêt et les quotités de garantie varient de 40 % à 80 % en fonction de la nature du risque.

La BEI, quant à elle, utilise différents produits financiers.

Prêts individuels

Il s'agit de prêts accordés en faveur de projets et de programmes dont le coût est supérieur à 25 M€.

Prêts avec intermédiation bancaire

Il s'agit de lignes de crédit accordées à des banques et à des institutions financières, pour les aider à octroyer des financements à des PME désireuses de réaliser des programmes d'investissement ou des projets admissibles dont le coût est inférieur à 25 millions d'euros.

Garanties pour des prêts privilégiés et subordonnés

Il peut s'agir de garanties classiques ou de garanties du service de la dette, fonctionnant de la même manière que les couvertures offertes par des sociétés d'assurance financière. En fonction de la structure de financement sous-jacente de l'opération concernée, une garantie de la BEI peut s'avérer plus avantageuse qu'un prêt de la BEI. Elle est en effet susceptible :
• d'apporter une valeur ajoutée plus élevée ;
• de réduire les charges en capital (en vertu de l'accord de Bâle II, les garanties de la BEI confèrent aux obligations qu'elles couvrent une pondération pour risques égale à zéro).

1.2.4. Intervention en fonds propres

Les fonds propres sont le total des actifs possédés par une entreprise moins l'ensemble de ses dettes. C'est la même chose que les capitaux propres d'une entreprise.

En ce qui concerne les quasi-fonds propres, il s'agit de ressources financières n'ayant pas la nature comptable de fonds propres. Les quasi-fonds propres sont réputés stables et peuvent pour certains être transformés en fonds propres. Ils regroupent notamment les comptes courants d'associés, les obligations convertibles ou bien encore les emprunts participatifs.

1.2.5. Crédit d'impôt / Exonération de charges

Le crédit d'impôt est une créance sur l'État déduite au moment du paiement de l'impôt sur les sociétés et pouvant faire l'objet d'une restitution si elle excède l'impôt dû.

Certains dispositifs accordent des exonérations d'impôt sur les bénéfices, des exonérations d'impôt sur les plus-values de cession de titres (cas des associés d'une JEI) ou encore des allégements de charges sociales patronales sur les salaires versés aux salariés participant à la recherche.

1.2.6. Commande publique (marché public)

Les marchés publics sont les contrats conclus à titre onéreux entre les pouvoirs adjudicateurs et des opérateurs économiques publics ou privés, pour répondre à leurs besoins en matière de travaux, de fournitures ou de services.

L'article 35 du Code des marchés publics prévoit la possibilité de passer des marchés négociés :

- **après publicité préalable et mise en concurrence :** les marchés et les accords-cadres de travaux qui sont conclus uniquement à des fins de recherche, d'essai, d'expérimentation ou de mise au point sans finalité commerciale immédiate ;
- **sans publicité préalable et mise en concurrence :** les marchés et les accords-cadres de fournitures concernant des produits fabriqués uniquement à des fins de recherche, d'essai, d'expérimentation, d'étude ou de développement, sans objectif de rentabilité ou de récupération des coûts de recherche et de développement.

Par ailleurs, l'article 26 de la loi de modernisation de l'économie (LME) encourage les acheteurs publics à réserver aux PME innovantes 15 % du montant de leurs marchés de haute technologie, de R&D et d'études technologiques (*cf.* fiche n° 3.4 Qualification entreprise innovante).

Dans la grande majorité des cas, il s'agit de programmes militaires.

Le tableau ci-après classe les différents dispositifs par nature d'aide.

1.2.7 Dispositifs par nature d'aide

Nature de l'aide	Nom du dispositif (nom du financeur)	N° de la fiche
Aides directes (subventions, avances remboursables…)	Appel à projets (Agence nationale de la recherche – ANR)	Fiche n° 1
	Appel à manifestations d'intérêt (Agence de l'environnement et de la maîtrise de l'énergie - ADEME)	Fiche n° 2
	Aide pour le développement de l'innovation aux PME (OSEO)	Fiche n° 3.1
	Aide aux projets d'innovation stratégique industrielle (OSEO)	Fiche n° 3.2
	Aide aux projets collaboratifs des pôles de compétitivité du Fonds unique interministériel (OSEO)	Fiche n° 3.3
	Aide aux projets de recherche et développement structurants des pôles de compétitivité (PSPC)	Fiche n° 3.6
	Appel à projets (7e programme-cadre de recherche et développement technologique – programme CAPACITÉS)	Fiche n° 4.1
	Appel à projets (7e programme-cadre de la recherche et développement technologique – programme COOPÉRATION)	Fiche n° 4.2
	Label EURÊKA (OSEO)	Fiche n° 5
	Appel à projets (EUROSTARS)	Fiche n° 6
	Aide (FEDER)	Fiche n° 7
	Appel à propositions (CIP – programme TIC)	Fiche n° 8.2
	Appel à propositions (CIP – programme EIE)	Fiche n° 8.3
	Appel à projets (LIFE+)	Fiche n° 9
	Dispositif RAPID (DGA)	Fiche n° 10
Aides indirectes	Avantage fiscal (crédit d'impôt recherche – CIR)	Fiche n° 11
	Avantages fiscaux et sociaux résultant de la qualification de jeune entreprise innovante (JEI)	Fiche n° 12
	Licences et cessions de brevets	Fiche n° 18

…/…

Nature de l'aide	Nom du dispositif (nom du financeur)	N° de la fiche
Apports en fonds propres	Mécanisme en faveur des PME innovantes (CIP – programme PIE/MIC)	Fiche n° 8.1
	Business angels	Fiche n° 13
	Capital investissement	Fiche n° 14
	Fonds d'investissement FCPI	Fiche n° 15
	Qualification « entreprise innovante au titre des FCPI » (OSEO)	Fiche n° 3.4
	Marchés financiers	Fiche n° 16
Prêts	Mécanisme de financement avec partage des risques (BEI)	Fiche n° 17.1
	Mécanisme européen pour des transports propres (BEI)	Fiche n° 17.2
	Mécanisme de garantie pour les PME (CIP – programme PIE/GPME)	Fiche n° 8.1
	Garantie et prêts pour l'innovation (OSEO)	Fiche n° 3.5
	Financements bancaires	Fiche n° 19

NOTRE CONSEIL

Les aides à la R&I mobilisent différents instruments financiers, sous forme directe ou indirecte, adaptés à l'objectif recherché par le financeur. L'entreprise doit dans ce cadre déterminer, en fonction de la stratégie, les instruments appropriés.

1.3. Encadrement des aides d'état et règlement *de minimis*

1.3.1. Aspects juridiques

L'article 107, paragraphe 1, du Traité sur le fonctionnement de l'Union européenne (TFUE) énonce le principe selon lequel les aides d'État sont interdites. Dans certains cas cependant, les aides à la R&I peuvent être compatibles avec le marché commun en vertu de l'article 107, paragraphe 3, points b) et c), à condition de répondre favorablement aux questions suivantes :

• La mesure d'aide vise-t-elle un objectif d'intérêt commun bien défini (par exemple : croissance, emploi, cohésion, environnement) ?

- L'aide est-elle correctement conçue pour réaliser l'objectif d'intérêt commun, c'est-à-dire : le projet d'aide vise-t-il à remédier à la défaillance du marché ou à atteindre un autre objectif ?
  - Une aide d'État constitue-t-elle un moyen d'action adapté ?
  - L'aide a-t-elle un effet d'incitation, c'est-à-dire : modifie-t-elle le comportement des entreprises ?
  - La mesure d'aide est-elle proportionnelle, c'est-à-dire : le même changement de comportement pourrait-il être obtenu avec moins d'aides de l'État ?
- Les distorsions de concurrence et l'effet sur les échanges sont-ils limités, de sorte que le bilan global soit positif ?

Lorsqu'un État membre souhaite mettre en place un régime d'aide, il doit, de façon générale, le notifier à la Commission (article 108 du TFUE). La Commission instruit la demande et se prononce sur la légalité du dispositif. Ainsi, les aides accordées au niveau national (OSEO, ADEME, ANR, pôles de compétitivité…) se placent toutes dans un contexte juridique précis et relèvent, pour les aspects pratiques, de l'encadrement déjà cité.

La Commission a, par ailleurs, élaboré un règlement d'exemption par catégorie *de minimis* (terme latin signifiant « d'importance minimale ») visant à déterminer un montant d'aide maximal réputé ne pas avoir d'influence sur le marché. Ce règlement 1998/2006/CE de la Commission date du 15 décembre 2006.

Dans ce cadre, ce règlement autorise les États membres à accorder des aides « dont les montants sont à considérer comme étant d'importance mineure ». Les aides d'État qui entrent dans le champ de ce règlement sont donc exemptées de notification.

Le plafond *de minimis* est établi à 200 000 euros d'aides publiques accordées à une même entreprise sur une période de trois exercices fiscaux consécutifs. Ce plafond s'applique indépendamment de la nature, de l'objectif et de la provenance des aides.

1.3.2. Justification du financement de la R&I

Le financement public de la R&I vise à accroître l'efficience économique, en remédiant à des défaillances du marché qui empêchent l'économie d'atteindre le niveau de R&I optimal.

En effet, la R&I prend la forme d'une série d'activités exercées en amont du marché et qui, par nature, sont risquées dans la mesure où la totalité des projets n'aboutit pas à :

- l'émergence d'une technologie ;
- la commercialisation de produits.

Il est considéré, sur la base de travaux en macroéconomie, que ces défaillances du marché empêchent celui-ci d'atteindre le volume optimal en matière de financement, notamment du fait des raisons suivantes.

Effets externes positifs

La R&I génère un stock de connaissances diffusées dans la société. Cela se traduit par des externalités positives qui font que le taux de rendement privé est inférieur au taux de rendement social. Par ailleurs, la structure des coûts de la recherche implique une forte composante de coûts fixes non recouvrables (*sunk costs*). En pratique, les investissements privés en R&I seront inférieurs à la quantité socialement nécessaire.

Biens publics/diffusion des connaissances

Les connaissances créées par la recherche ont vocation à être publiées et à devenir ainsi un bien public. Dans ce cadre, les entreprises sont amenées à utiliser sans contrepartie des connaissances générales créées par d'autres et dont le coût d'acquisition est faible. Le corollaire est qu'elles deviennent réticentes à en créer elles-mêmes. Le marché peut être inefficient du fait de ces freins. Les pouvoirs publics ont donc intérêt à encourager la création de connaissances par les entreprises. Dans le cas de la recherche fondamentale, dont les coûts d'acquisition sont élevés du fait du risque associé, ils sont amenés à devoir supporter la totalité des efforts déployés par les entreprises.

Information imparfaite et asymétrique

La R&I est soumise à un mécanisme d'information imparfaite et/ou asymétrique. En effet, le client potentiel d'une technologie ou d'un produit innovant n'a pas le même niveau d'information que le fournisseur de cette technologie ou de ce produit. Ce dernier maîtrise les risques associés à la mise sur le marché : fiabilité, performances... Dans ce cadre, devant l'absence d'informations supplémentaires, le client potentiel peut s'abstenir d'investir dans cette innovation et attendre qu'un concurrent prenne le risque à sa place.

Ainsi, les aides en faveur de projets de recherche fondamentale, de recherche industrielle ou de développement expérimental ciblent essentiellement la défaillance du marché liée aux effets externes positifs et à la diffusion de connaissances. Par ailleurs, l'existence d'intensités d'aide variables prend en compte l'importance de la défaillance du marché et la proximité de l'activité avec le stade de la commercialisation. Enfin, le mécanisme de commande publique (marché public) vise la défaillance provenant de l'information imparfaite et asymétrique.

1.3.3. Coûts admissibles (ou éligibles)

Les coûts suivants sont considérés comme en général éligibles et, à ce titre, peuvent bénéficier d'une aide :

- **les dépenses de personnel** (chercheurs, techniciens et autres personnels d'appui dans la mesure où ils sont employés pour le projet de recherche) ;
- **les coûts des instruments et du matériel**, dans la mesure où et aussi longtemps qu'ils sont utilisés pour le projet de recherche. Si ces instruments et ce matériel ne sont pas utilisés pendant toute leur durée de vie pour le projet, seuls les coûts d'amortissement correspondant à la durée du projet, calculés conformément aux bonnes pratiques comptables, sont jugés éligibles ;
- **les coûts des bâtiments et des terrains** dans la mesure où et aussi longtemps qu'ils sont utilisés pour le projet de recherche. En ce qui concerne les bâtiments, seuls les coûts d'amortissement correspondant à la durée du projet, calculés conformément aux bonnes pratiques comptables, sont jugés admissibles ;
- **les coûts de la recherche contractuelle**, des connaissances techniques et des brevets, achetés ou faisant l'objet de licences auprès de sources extérieures au prix du marché, lorsque la transaction est effectuée dans les conditions normales de la concurrence, ainsi que les coûts des services de consultants et des services équivalents utilisés exclusivement pour l'activité de recherche ;
- **les frais généraux additionnels** supportés directement du fait du projet de recherche ;
- **les autres frais d'exploitation**, notamment les coûts des matériaux, fournitures et produits similaires, supportés directement du fait de l'activité de recherche.

1.3.4. Définition d'une PME au sens communautaire

Les définitions proviennent, à l'origine, d'une recommandation de 2003 de la Commission européenne (2003/361/CE) qui vise à établir des statistiques.

Il est nécessaire de documenter deux critères : les effectifs et le chiffre d'affaires (ou total du bilan).

En ce qui concerne les effectifs, il faut calculer les unités de travail par an, une UTA (ou équivalent temps plein, ETP) correspondant à un salarié à temps plein pendant une année. On ne compte pas :

- les apprentis ;
- les étudiants en formation professionnelle ;
- les personnes en congé maternité ou en congé parental.

Les seuils sont les suivants (conditions cumulatives) :.

Catégorie	Effectifs (UTA par an)	CA (ou total de bilan)
Entreprise moyenne	< 250	≤ 50 M€ (ou ≤ 43 M€)
Petite entreprise	< 50	≤ 10 M€ (ou ≤ 10 M€)

Les modalités de prise en compte de ces seuils dépendent des conditions de détention du capital des PME. L'entreprise peut être soit liée, soit partenaire, soit autonome.

Entreprises liées

Sont des entreprises liées, les entreprises qui entretiennent entre elles, l'une ou l'autre des relations suivantes :

- une entreprise a la majorité des droits de vote des actionnaires ou associés d'une autre entreprise (contrôle capitalistique) ;
- une entreprise a le droit de nommer ou de révoquer la majorité des membres de l'organe d'administration, de direction ou de surveillance d'une autre entreprise (contrôle de fait) ;
- une entreprise a le droit d'exercer une influence dominante sur une autre entreprise en vertu d'un contrat conclu avec celle-ci ou en vertu d'une clause contenue dans les statuts de celle-ci (contrôle contractuel) ;
- une entreprise actionnaire ou associée d'une entreprise contrôle seule, en vertu d'un accord conclu avec d'autres actionnaires ou associés de cette entreprise, la majorité des droits de vote des actionnaires ou associés de celle-ci (pacte d'actionnaires).

Exemple : une entreprise A détient 51 % du capital ou des droits de vote de la société B.

	Entreprise A	Entreprise B	Total
Effectifs	100	40	140
Chiffre d'affaires	25 M€	10 M€	35 M€
Total bilan	30 M€	20 M€	50 M€

Les entreprises A et B sont des entreprises liées. L'entreprise A détient 51 % du capital de B. Les seuils doivent être appréciés en cumulant les données de A et de B. Les entreprises A et B ne sont pas des PME au sens communautaire, car le seuil de bilan est supérieur à 43 millions d'euros.

Entreprises partenaires

Sont des entreprises partenaires, les entreprises qui entretiennent entre elles la relation suivante : une entreprise détient, seule ou conjointement avec une ou plusieurs entreprises liées, au moins 25 % et moins de 50 % du capital ou des droits de vote d'une autre entreprise ou est elle-même détenue à au moins 25 % et moins de 50 % du capital ou des droits de vote d'une autre entreprise. Les effectifs et les montants financiers à prendre en compte sont ceux de l'entreprise et des entreprises partenaires, proportionnellement au pourcentage de détention.

Exemple : une entreprise A détient 30 % du capital d'une société B.

	Entreprise A	Entreprise B	Total
Effectifs	100	40	**112** *100 + (40 x 30 %)*
Chiffre d'affaires	25 M€	10 M€	**28 M€** *25 + (10 x 30 %)*
Total bilan	5 M€	6 M€	**6,8 M€** *5 + (6 x 30 %)*

Les entreprises A et B sont des entreprises partenaires. L'entreprise A détient plus de 25 % et moins de 50 % du capital de B. Les seuils doivent être appréciés en appliquant le pourcentage de détention de B par A. Les entreprises A et B sont des PME au sens communautaire, car elles respectent les seuils d'effectif et financiers.

Entreprises autonomes

Une PME est considérée comme une entreprise autonome, lorsqu'elle détient directement ou indirectement moins de 25 % du capital ou des droits de vote d'une autre entreprise ou est elle-même détenue à moins de 25 % par une autre entreprise. Certains investisseurs ne sont pas pris en compte pour la détermination de la qualité d'entreprises partenaires, même si le seuil de 25 % est dépassé, à la condition qu'elles ne se comportent pas individuellement ou conjointement comme des entreprises liées :

- sociétés publiques de participation, sociétés de capital-risque, *business angels* (dans ce cas, l'investissement doit être inférieur à 1,25 million d'euros) ;
- universités ou centres de recherche à but non lucratif ;
- investisseurs institutionnels (par exemple les FCP, les fonds de pension) ;
- collectivités locales ayant un budget annuel inférieur à 10 millions d'euros et au moins 5 000 habitants.

Les effectifs et les montants financiers à prendre en compte sont uniquement ceux de l'entreprise autonome.

Exemple : une entreprise A détient 20 % du capital de l'entreprise B, qui elle-même détient une autre entreprise.

	Entreprise A	Entreprise B
Effectifs	250	50
Chiffre d'affaires	55 M€	10 M€
Total bilan	10 M€	20 M€

Les entreprises A et B sont des entreprises autonomes. L'entreprise A détient moins de 25 % du capital de B. Les seuils doivent être appréciés séparément. L'entreprise A n'est pas une PME au sens communautaire car son chiffre d'affaires est supérieur à 50 millions d'euros. L'entreprise B est une PME au sens communautaire car elle respecte les différents seuils.

1.3.5. Définition des entreprises de taille intermédiaire (ETI) et des grandes entreprises (GE)[1]

Il est à noter que l'encadrement ne fait pas la distinction entre les ETI et les grandes entreprises. Néanmoins, dans la mesure où certains financeurs nationaux utilisent la notion d'ETI, il a été jugé utile d'introduire ce concept.

La catégorie des entreprises de taille intermédiaire (ETI) est constituée des entreprises qui n'appartiennent pas à la catégorie des petites et moyennes entreprises, qui ont un effectif inférieur à 5 000 personnes et qui réalisent un chiffre d'affaires annuel inférieur à 1,5 milliard d'euros (ou un total de bilan inférieur à 2 milliards d'euros).

La catégorie des grandes entreprises (GE) est constituée des entreprises qui ne sont pas classées dans les catégories précédentes.

1.3.6. Intensité maximale des aides

L'encadrement définit les intensités maximales des aides directes (et donc de leur cumul), en fonction de la nature du projet de R&I considéré et des participants.

---

1. Voir le décret 2008-1354 du 18 décembre 2008 relatif aux critères permettant de déterminer la catégorie d'appartenance d'une entreprise pour les besoins de l'analyse statistique et économique.

	Petites entreprises	Entreprises moyennes	ETI et Grandes entreprises
Recherche fondamentale	100 %	100 %	100 %
Recherche industrielle	70 %	60 %	50 %
Recherche industrielle dans le cas : – d'une coopération entre différentes entreprises, avec au moins une PME, ou d'une coopération transfrontalière ; – d'une coopération entre une entreprise et un organisme de recherche ; – d'une large diffusion des résultats (conférences, publications…)	80 %	75 %	65 %
Développement expérimental	45 %	35 %	25 %
Développement expérimental dans le cas : – d'une coopération entre différentes entreprises, avec au moins une PME, ou d'une coopération transfrontalière ; – d'une coopération entre une entreprise et un organisme de recherche	60 %	50 %	40 %

1.3.7. Articulation entre l'encadrement et le règlement *de minimis*

Les aides à la R&I ne sont pas cumulables avec des aides *de minimis* pour les mêmes dépenses admissibles en vue de contourner les intensités maximales prévues dans l'encadrement.

La circulaire du 26 janvier 2006 concernant l'application au plan local des règles communautaires de concurrence relatives aux aides publiques aux entreprises précise, à son annexe II, la liste des différents dispositifs d'aides nationaux relevant du règlement *de minimis*.

1.3.8. Déclaration des aides

En tout état de cause, lorsqu'une entreprise réalise une demande d'aide publique, elle est tenue de déclarer l'ensemble des aides reçues ou sollicitées pour le projet qu'elle présente et l'ensemble des aides publiques qu'elle a perçues durant les trois dernières années.

Les aides allouées dans le cadre du règlement *de minimis* font l'objet d'une comptabilisation séparée, sauf si elles couvrent les mêmes dépenses éligibles que les aides allouées.

> **NOTRE CONSEIL**
>
> Les intensités d'aides directes accordées au niveau national à la R&I sont limitées et dépendent de la nature des activités de R&I, de la taille de l'entreprise et de l'existence ou non de coopération avec des tiers (entreprises ou organismes de recherche). L'entreprise doit ainsi déterminer sa taille, selon les critères d'effectif et de chiffre d'affaires, afin de connaître son positionnement dans les diverses intensités d'aides.

1.4. Complémentarité des dispositifs

1.4.1. Cas du cumul d'une aide directe avec le CIR

Le III de l'article 244 quater B du Code général des impôts dispose que « *les subventions publiques reçues par les entreprises à raison des opérations ouvrant droit au crédit d'impôt sont déduites des bases de calcul de ce crédit, qu'elles soient définitivement acquises par elles ou remboursables [...]. Lorsque ces subventions sont remboursables, elles sont ajoutées aux bases de calcul du crédit d'impôt de l'année au cours de laquelle elles sont remboursées à l'organisme qui les a versées* ».

Autrement dit, les aides, remboursables ou non, doivent être déduites de l'assiette des dépenses. Le montant de ces aides doit ainsi apparaître à la ligne 21 du formulaire de la déclaration 2069 A (crédit d'impôt en faveur de la recherche).

Néanmoins, dans la mesure où la subvention est déduite des bases de calcul du crédit, la somme de la subvention et du crédit, même diminué, reste toujours supérieure au crédit sans subvention. Il est donc intéressant de bénéficier en même temps du crédit d'impôt et d'une subvention.

Exemple : une entreprise mobilise 100 000 euros de dépense de R&D. Deux cas de figure sont présentés : dans le premier cas, elle ne bénéficie que du CIR. Dans l'autre, elle bénéficie d'une subvention de 40 000 euros en plus du CIR.

	Calcul	Cas sans subvention (en k€)	Cas avec subvention (en k€)
Dépenses de R&D	A	100	100
Subvention	B	–	40
CIR	C = 30 % de (A − B)	30	18 *30 % de (100 k€ − 40 k€)*
Impôt sur la subvention	D = 1/3 de B	–	13,33 *1/3 de 40 k€*
			.../...

	Calcul	Cas sans subvention (en k€)	Cas avec subvention (en k€)
Aide globale nette (aide directe + indirecte)	E = C + B − D	30	44,66 *18 k€ + 40 k€ − 13,33 k€*
Solde de l'avantage net	$E_{\text{sans subvention}}$ − $E_{\text{avec subvention}}$		14,66 *44,66 k€ − 30 k€*

L'impact de la subvention de 40 000 euros est ramené à 14 660 euros du fait de la règle de non-cumul et du caractère imposable de la subvention.

1.4.2. Cas du cumul d'aides directes

Le cumul d'aides directes est licite, à condition de ne pas dépasser les intensités maximales définies dans l'encadrement.

Dans le cas d'une avance remboursable, d'un prêt, d'une aide rentrant dans le champ d'application du règlement 1998/2006/CE (voir ci-après « Aides *de minimis* ») ou d'une garantie, il est nécessaire de calculer l'équivalent subvention brut (ESB), afin de déterminer l'intensité des aides cumulées.

Dans ce cadre, La Délégation interministérielle à l'aménagement du territoire et à l'attractivité régionale (DATAR) a mis à disposition un logiciel permettant de calculer l'ESB[1].

Exemple : Une entreprise mobilise 100 000 euros de dépense de R&D et a droit à une intensité d'aide maximale de 40 %. Elle bénéficie d'une subvention de 25 000 euros et d'une avance remboursable de 20 000 euros sur deux ans et versée en deux fois (taux de référence = 2 % et taux de non-remboursement = 60 %). Dépasse-t-elle l'intensité d'aide maximale ? Pour répondre à cette question, il faut utiliser la méthode OSEO Innovation N408/2007 (voir encadré).

Dans ce cas, l'ESB de l'avance remboursable est de 11 800 euros. Le cumul de la subvention et de l'ESB ne représente que 36,8 % de la dépense, ce qui est inférieur à 40 %. Dans ce cas, le cumul est licite.

CAS DES AVANCES REMBOURSABLES ET PRÊTS

L'ESB est calculé soit selon la méthode de calcul notifiée N 677/a/2007 autorisée par la Commission européenne le 16 juillet 2008, soit selon la méthode de calcul notifiée par OSEO Innovation N 408/2007 autorisée par la Commission européenne le 17 janvier 2008.

.../...

---

1. Voir http://territoires.gouv.fr/calculs-d-equivalent-subvention-brut-esb

Méthode OSEO Innovation N 408/2007

$ESB = T_p \times \Sigma V_n * 1/(1+i_{ref})^n + (1-T_p) \times (\Sigma V_n * 1/(1+i_{ref})^n - \Sigma R_n * 1/(1+i_{ref})^n)$

Où :

ESB = équivalent-subvention brut

V_n = montant du versement réalisé en année n (n = 0 étant l'année de décision)

R_n = montant du remboursement réalisé en année n

T_p = taux de non-remboursement

i_{ref} = taux de référence en vigueur à la date de décision[1]

Cas des garanties

L'ESB est calculé selon la méthode de calcul notifiée N 677/b/2007 autorisée par la Commission européenne le 29 avril 2009.

> **NOTRE CONSEIL**
>
> Le cumul de différentes aides directes est licite, à condition de ne pas dépasser les intensités d'aide maximales définies dans l'encadrement. En ce qui concerne le cumul entre une aide directe et le CIR, il apparaît que le dispositif CIR limite la portée des aides directes. Si l'entreprise bénéficie du CIR, il est recommandé de bien évaluer l'impact net des financements directs.

1.5. Modalités pratiques d'obtention des financements directs

Ce chapitre donne les grandes lignes des modalités pratiques d'obtention des financements directs. Il s'applique ainsi aux dispositifs suivants :

- Agence nationale de la recherche (fiche n° 1) ;
- Agence de l'environnement et de la maîtrise de l'énergie (fiche n° 2) ;
- OSEO Aide pour le développement de l'innovation (fiche n° 3.1) ;
- OSEO ISI (fiche n° 3.2) ;
- OSEO FUI (fiche n° 3.3) ;
- OSEO PSPC (fiche n° 3.6) ;
- PCRD – Programme COOPÉRATION (fiche n° 4.1) ;
- PCRD – Programme CAPACITÉS (fiche n° 4.2) ;
- EUROSTAR (fiche n° 6) ;
- FEDER (fiche n° 7) ;
- CIP – TIC (fiche n° 8.2) ;
- CIP – EIE (fiche n° 8.3) ;
- LIFE + (fiche n° 9) ;
- RAPID (fiche n° 10).

---

1. Voir http://ec.europa.eu/competition/state_aid/legislation/reference_rates.html

Le financeur doit définir un cadre précisant les contours de son intervention ainsi que les modalités que le financé doit suivre. Ces modalités doivent permettre au financeur de s'assurer que les projets candidats sont finançables. Le montage de ce type de dossier, bien que généralement perçu comme chronophage, voire bureaucratique, est une phase indispensable de formalisation du projet de l'entreprise.

1.5.1. Modalités et conditions d'accès au financement

Les opérateurs du financement utilisent deux moyens :
- appel à projets (ou appel à propositions ou appel à manifestations d'intérêts) ;
- financement permanent, « au fil de l'eau » (ou appel à propositions « ouvert »).

Dans le premier cas, l'appel est publié selon un calendrier, en général rendu à l'avance, public et est ouvert pour une période définie. Dans le second cas, il est possible de contacter en permanence le financeur afin que celui-ci instruise le dossier « au fil de l'eau ».

Dans ce cadre, le financeur détaille ses exigences en termes :
- d'objectifs scientifiques (le cas échéant) ;
- d'impacts et effets attendus ;
- de nombre minimum de partenaires (le cas échéant) ;
- de nature des partenaires (le cas échéant) ;
- de coûts éligibles ;
- de taux de financement ;
- de budget maximum ;
- de durée maximale du projet ;
- de conditions financières (échéancier de versements, contrôle…) ;
- de cadre général du traitement de la propriété industrielle (le cas échéant) ;
- de critères de sélection. Dans le cadre d'un dispositif régional ou national, les taux de financement respectent nécessairement les taux maximum définis dans l'encadrement communautaire des aides d'État à la recherche, au développement et à l'innovation ;
- etc.

1.5.2. Domaines scientifiques/techniques financés

Il est apparu que la puissance publique a défini plusieurs instruments financiers répondant à des problématiques distinctes, notamment en matière de positionnement des activités de R&I (recherche fondamentale/recherche appliquée/développement expérimental/innovation). Il en va de même pour le contenu des activités financées. Deux philosophies cohabitent : d'un côté l'approche *bottom-up* et de l'autre l'approche *top-down*.

Dans le premier cas, c'est le financé qui doit déterminer les contours scientifiques ou techniques de son projet de R&I. C'est le cas par exemple des dispositifs OSEO ou du programme CAPACITÉS du 7e PCRD. Il faut néanmoins préciser que certains appels d'offres de cette nature, s'ils n'imposent pas de sujet, se placent néanmoins dans un cadre thématique particulier (voir dispositif RAPID de la DGA, fiche n° 10 ou programme FEDER, fiche n° 7).

Dans le second cas, c'est le financeur qui détermine un cadre parfois très précis des champs qu'il souhaite financer. C'est le cas par exemple du programme COOPÉRATION du 7e PCRD. Il est à noter ici que la structuration des appels d'offres est plus liée à des technologies qu'à des produits.

Dans ce cadre, l'entreprise doit :
- positionner son projet par rapport à des thématiques scientifiques ;
- déterminer si son projet peut rentrer dans un appel d'offres thématique *top-down* ou, à défaut, *bottom-up*.

1.5.3. Soumission d'un dossier de demande d'aide, négociation et suivi du projet financé

L'accès à des financements nécessite de répondre à un appel à projets, à un appel à propositions ou à un appel à manifestations d'intérêts émis par un financeur. Dans tous les cas, il existe cinq phases principales, dont trois au cours desquelles le porteur du projet et ses partenaires sont actifs :
- l'élaboration du cahier des charges ou programme de travail ;
- l'élaboration de la proposition et la soumission du dossier de proposition ;
- l'évaluation de la proposition ;
- la négociation du projet ;
- l'exécution du projet.

Planning type pour un projet collaboratif financé

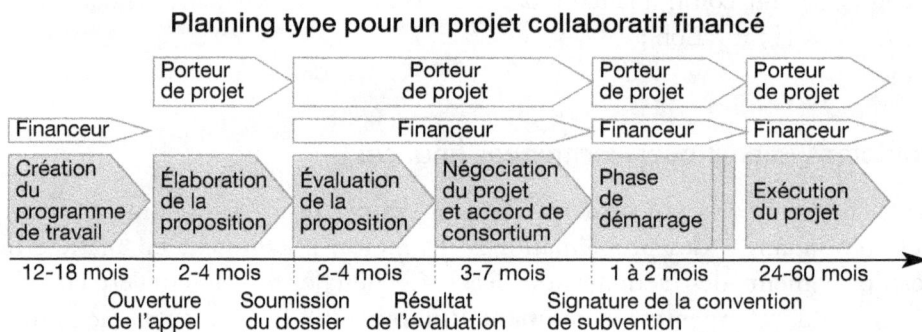

Création du programme de travail

Le financeur prépare l'appel à projets, en prenant en compte sa stratégie en matière d'aides, ses priorités scientifiques et son budget. Cette phase, malgré un caractère confidentiel, peut faire l'objet de publications. Par exemple, l'ANR publie un programme de travail basé sur un cycle triennal. Il est par ailleurs possible d'avoir accès aux projets d'appel à propositions du 7e PCRDT, au travers des groupes techniques nationaux (*cf.* fiche n° 4).

Élaboration de la proposition

Le montage et la soumission du dossier consistent à réaliser le dossier de soumission selon les formats imposés par le financeur. Il va sans dire que l'entreprise souhaitant déposer un projet doit lire attentivement le contenu de l'appel d'offres, y compris la partie réservée au contexte et les différents documents afférents.

Sur la base du cahier des charges, il est recommandé, à partir du projet défini en commun avec les partenaires, de créer une proposition qui sera décrite dans le dossier soumis.

Il est nécessaire que le projet de recherche, ou l'idée de projet, défini par les partenaires, soit en adéquation avec les attentes et les exigences du financeur. Si les écarts sont trop grands, il est préférable de ne pas soumettre un dossier. Dans tous les cas, il convient d'analyser à quelles conditions les adaptations sont envisageables et notamment de s'assurer que les adaptations ne bouleversent pas la structure du projet.

Une fois ce premier travail d'analyse réalisé, il reste à décrire le projet selon le format imposé et en fournissant les réponses à toutes les questions posées par le financeur.

La proposition devra être conforme aux critères sur lesquels les projets seront évalués. La plupart des financeurs demandent, en plus de l'identification des problèmes à résoudre et de la description des tâches à accomplir, des détails sur les effets du projet pour les partenaires et plus largement pour la société.

De façon générale, la proposition contient un descriptif technique/scientifique du projet (objectifs recherchés, programme détaillé, répartition des tâches entre bénéficiaires, impacts attendus…) ainsi qu'une annexe financière (budget de l'opération, dépenses spécifiques de R&I de l'opération, répartition des activités de R&I entre les différents partenaires…).

Évaluation de la proposition

Les dossiers soumis sont évalués par des experts indépendants mandatés par le financeur. Les experts analysent et notent les propositions au regard des critères définis par le financeur. Seules les meilleures propositions seront financées.

Négociation

Suite à l'évaluation, débute une phase de négociation ou d'instruction. La négociation avec l'organisme financeur permet :

- de réviser le budget de la proposition (assiette retenue par le financeur) ;
- d'approfondir et de formaliser les engagements techniques sur la base des évaluations des experts mandatés par le financeur ;
- de mettre en place les éléments administratifs préparatoires à la convention de subvention.

Cette phase se termine par la signature d'une convention de subvention entre le financeur et les partenaires du projet. Très souvent, le financeur verse une avance à la signature du contrat.

En parallèle, les partenaires finalisent la négociation de l'accord de partenariat.

Exécution du projet

L'exécution du projet nécessite de réaliser les tâches sur lesquelles les partenaires se sont engagés. Le suivi de l'avancée des travaux ainsi que du budget est une nécessité afin de s'assurer que les résultats attendus seront obtenus en temps et en heure. Dans le cadre d'un financement, le financeur demandera des rapports d'avancement et des rapports financiers réguliers. Il est impératif de se conformer au format imposé. L'exécution du projet comporte également la mise en place d'actions de transfert technologique en interne (implication du marketing, des équipes d'industrialisation) ou en externe (*licensing-out* ou autres…) et de communication sur le projet. Le but est de démontrer que les financements reçus ont été utiles.

1.5.4. Facilité d'accès au financement

Les modalités détaillées ci-dessus, lorsqu'elles sont mises en œuvre par les différents financeurs, ne sont pas équivalentes en termes de facilité d'accès au financement.

Par exemple, monter un projet collaboratif au niveau européen n'est pas aisé. Il est nécessaire de rechercher des partenaires dans différents États membres, de constituer un accord de consortium et de répondre aux nombreux critères requis dans l'appel d'offres (qualité scientifique notamment). Même en cas de préparation satisfaisante, il faut considérer que la sélection s'apparente à un véritable concours. Il y a beaucoup de candidats et peu d'élus (de l'ordre de 10 % de taux de succès environ pour le 7e PCRD). Il est ainsi recommandé de ne pas se lancer dans ce type de projet sans expérience préalable, à moins d'être accompagné par un conseil.

À l'inverse, obtenir un financement national pour la réalisation d'un projet d'innovation mené en interne est nettement plus aisé.

1.5.5. Recherche collaborative

Généralités

À l'exception de certains dispositifs (par exemple l'Aide pour le développement de l'innovation d'OSEO), l'essentiel des financements directs privilégient la recherche collaborative, notamment parce que cela améliore la qualité de la recherche produite.

Une recherche est dite collaborative lorsqu'elle associe au moins deux partenaires autour d'un projet de R&I ciblé. Les objectifs de la recherche collaborative sont d'améliorer le *time-to-market* et l'innovation des produits développés par la ou les entreprises qui participent au projet.

L'association de compétences et d'expertise variées permet d'aller plus loin et plus vite que si la recherche était effectuée en interne. La multiplication des disciplines ou l'association de technologies a de fortes chances de conduire à de l'innovation à l'interface des filières. La recherche collaborative apporte :

- une confrontation des disciplines et des technologies ;
- un élargissement des compétences ;
- un approfondissement des expertises ;
- un partage des risques ;
- un partage des approches scientifiques ;
- un échange autour de visions différentes d'une même problématique.

La recherche collaborative est bénéfique à partir du moment où chaque partenaire va s'investir dans le projet pour en retirer un avantage qui lui est propre. En cas de financement du projet, le financeur fournit un co-investissement à chacun des partenaires du projet.

L'association des partenaires dans la recherche d'un objectif commun qui sert les intérêts individuels des partenaires, en leur fournissant plus que ce qu'ils pourraient faire seuls, distingue la recherche collaborative de la sous-traitance de recherche, qui est une modalité d'exécution d'une recherche interne. Dans la sous-traitance, le donneur d'ordre paye le sous-traitant afin qu'il exécute une recherche dans son intérêt propre. L'intérêt du sous-traitant est de se faire rémunérer. Les résultats issus du contrat de sous-traitance deviennent la propriété du donneur d'ordre qui les a achetés. Dans une recherche collaborative, il est indispensable d'organiser la répartition des droits et le partage de la propriété industrielle des résultats du projet.

Si la recherche collaborative nécessite de définir en commun un projet de R&I et impose de savoir gérer la propriété intellectuelle et les aspects contractuels, elle ouvre les portes à de nombreux financements.

Définition commune d'un projet de recherche

Par nature, la définition en commun du projet de R&I est une étape essentielle du projet collaboratif. Ce projet sera soutenu par un porteur de projet à l'origine de ce dernier et qui doit associer les compétences et expertises nécessaires à sa réalisation.

Les partenaires du projet jouent un rôle important. Ils fournissent les compétences nécessaires, mais surtout, ils contribuent fortement à la définition du projet et à sa structuration. Ils apportent leur vision technique du projet et une définition des résultats attendus en fonction de leurs propres besoins.

Cette définition commune du projet est l'une des clés de la réussite du projet. En effet, si les résultats attendus ne permettent pas à l'un des partenaires d'en tirer des bénéfices, financiers ou autres, ce partenaire ne sera pas efficace dans les phases de réalisation du projet.

La définition du projet repose sur un questionnement itératif :

- Que veulent faire les partenaires ? Quels sont les problèmes communs que l'on souhaite résoudre ?
- Quels sont les résultats attendus ? Comment le résultat sera-t-il exploité ? Quels seront les bénéfices financiers ou autres ?
- Qui seront les partenaires du projet ? De quelles expertises a-t-on besoin ? Quelles expertises sont superflues ? Quel est le modèle économique de partage des résultats ?
- Quel est le budget du projet ?

Le porteur de projet soulève ces questions lorsqu'il développe son idée. Ces questions sont à nouveau posées avec le premier cercle de partenaires puis avec l'ensemble du consortium. Elles servent à affiner le projet et à cibler le travail à réaliser.

Recherche de partenaires

Deux finalités peuvent motiver la recherche de partenaires :

- la recherche de partenaire pour réaliser un projet collaboratif spécifique ;
- l'identification de partenaires pour des collaborations et partenariats de long terme.

La première finalité concerne directement le projet. Il convient d'identifier qui seront les partenaires du projet en cours de création. Les partenaires clés du projet seront approchés en premier, puis, dans un second temps, les partenaires porteurs des compétences complémentaires. Les partenaires doivent apporter des expertises complémentaires à celles qui existent en interne chez le porteur du projet. La complémentarité peut d'abord se rechercher en cas d'absence d'une expertise clé pour le projet en interne.

La complémentarité peut également se rechercher par une approche différenciée sur le même domaine. Ainsi, un industriel qui utilise régulièrement des polymères va s'associer avec un laboratoire public, lequel apporte une vision plus théorique pour améliorer la formulation du polymère.

La seconde finalité est plus stratégique et structurante pour l'entreprise. Il s'agit de trouver des partenaires qui vont travailler avec l'entreprise dans une démarche de long terme ou qui seront retenus par l'entreprise pour participer à de futurs projets collaboratifs. La participation à des projets collaboratifs, notamment financés par la puissance publique, est un moyen d'identifier les partenaires. Par ailleurs, le projet permet de qualifier les équipes de recherche et leur institution de rattachement (par exemple : organismes et établissements publics de recherche, grandes entreprises, ETI, PME) sur des critères pertinents, tels que :

- compétences scientifiques et technologiques ;
- capacité à respecter les délais ;
- capacité à négocier l'exploitation des résultats de la recherche.

Au-delà de la constitution d'une base de données de partenaires pertinents, il est possible de s'engager plus avant avec certaines équipes de recherche pour travailler de manière collaborative sur des axes de recherche définis en commun. Cette approche, complémentaire de l'approche collaborative, va fortement influencer l'organisation de l'entreprise.

Les partenaires doivent apporter des expertises complémentaires à celles qui existent en interne chez le porteur du projet. La complémentarité peut d'abord se rechercher en cas d'absence d'une expertise clé pour le projet en interne.

Aspects contractuels et propriété industrielle

Les relations entre les partenaires vont être soumises à un encadrement contractuel par l'intermédiaire d'un « accord de partenariat » ou « accord de consortium ». Cet accord a pour but de régler les relations entre les partenaires en ce qui concerne :

- les modalités de prise de décision ;
- la propriété industrielle ;
- la confidentialité et les règles de publication des résultats ;
- les conditions d'entrée et de sortie du consortium des partenaires du projet.

Les règles de gouvernance et de prise de décision dépendent de la structure du projet. Afin de préserver les intérêts des partenaires, les décisions seront prises, à l'unanimité ou avec une majorité qualifiée, assortie d'un droit de veto pour les partenaires en cas d'atteinte grave à leurs intérêts.

En pratique, les décisions sont prises de manière consensuelle à partir du moment où chaque partenaire a la possibilité de continuer à tirer un bénéfice de sa participation. C'est le rôle du porteur du projet de s'assurer que les évolutions du projet sont conformes aux intérêts des partenaires.

Même si la recherche collaborative n'impose pas la copropriété sur tous les résultats, ni une diffusion large des résultats des projets, il est impératif d'accepter de partager la propriété de certains résultats et de divulguer des informations au sein du groupe de partenaires. La recherche collaborative nécessite donc de s'interroger sur sa politique de propriété intellectuelle et de confidentialité.

La gestion de la propriété industrielle repose sur les principes suivants :

- chaque partenaire reste propriétaire des connaissances antérieures au démarrage du projet ;
- chaque partenaire devient propriétaire des résultats qu'il a développés pendant le projet, que l'on nomme les « connaissances nouvelles » ;
- en cas de codéveloppement, les partenaires sont par principe copropriétaires, sauf accord contraire. Il est donc nécessaire de définir les modalités de la copropriété (définition du ou des exploitants, définition des droits d'usage de ceux qui n'exploitent pas, définition des royalties à verser) ;
- les partenaires ont accès aux connaissances antérieures si cela est nécessaire, pour réaliser leur part du projet, voire pour exploiter les résultats qu'ils ont obtenus pendant le projet ;
- les partenaires ont accès aux connaissances nouvelles si cela est nécessaire, pour réaliser leur part du projet ou pour exploiter les résultats qu'ils ont obtenus pendant le projet.

Les conditions des droits d'accès sont négociées entre les partenaires. Le plus souvent, l'accès pour réaliser le projet est gratuit. L'accès pour exploiter les connaissances nouvelles est rémunéré. Il est fréquent de prévoir que la rémunération des droits d'accès se fasse aux conditions du marché pour les connaissances antérieures et à des conditions préférentielles pour les connaissances nouvelles.

Sur cette base, il n'est pas possible de fortement cloisonner le partage d'information entre les partenaires. Ce serait antinomique avec les principes de la recherche collaborative.

Il demeure essentiel de garantir la confidentialité vis-à-vis de l'extérieur du consortium. En cas de financement, il est possible que le financeur exige que les partenaires fournissent un résumé non confidentiel du projet pour diffusion auprès du grand public.

En cas de participation de laboratoires publics, il est également nécessaire de prévoir des procédures pour permettre la publication d'articles scientifiques ou la soutenance de thèses, tout en préservant la confidentialité de certains résultats ou la possibilité de protéger les résultats par des dépôts de brevet par exemple, avant divulgation par la publication.

> **NOTRE CONSEIL**
> La réponse à un appel à projets, notamment dans le cadre de la recherche collaborative, est un travail d'élaboration de longue haleine, qui va de la description détaillée du projet à la recherche de partenaires en passant par les aspects contractuels. Il nécessite des ressources dédiées importantes, sans garantie de résultat. De ce fait, cette démarche doit s'inscrire dans la stratégie de l'entreprise.

1.6. Management du financement de la R&I

1.6.1. Aspects organisationnels

Le management du financement de la R&I doit permettre de gérer des projets relativement complexes et transversaux, ce qui nécessite une organisation particulière. En effet, le responsable du financement de la R&I au sein de l'entreprise doit prendre en compte plusieurs problématiques distinctes :
- les champs scientifiques/technologiques devant être financés ;
- la nature des aides requises (aides directes/aides indirectes/prêts) ;
- l'allocation et l'organisation des ressources ;
- le planning ;
- les contrats de consortium, notamment dans le cadre de la gestion de la propriété industrielle ;
- la recherche de partenaires (fournisseurs, organisme de recherche, centre technique…).

En pratique, ce processus fait appel à l'ensemble des fonctions de l'entreprise :
- R&D ;
- finances ;
- fiscalité/comptabilité ;
- achats ;
- juridique/propriété industrielle ;
- RH.

Ainsi, nous recommandons de mettre en place une organisation spécifique permettant de gérer les interfaces entre ces divers interlocuteurs, internes ou externes, dans le but de maîtriser l'ensemble des risques du ou des projets. Cela passe par le jalonnement du processus de recherche en plusieurs étapes clés et par le déploiement d'une ingénierie simultanée de toutes les composantes du projet (technique, financière, commerciale et marketing, juridique et propriété intellectuelle, managériale et organisationnelle).

Le responsable du financement de la R&I doit être par ailleurs impliqué dès l'amont dans la définition de la stratégie de financement. Dans le cadre d'une démarche transversale, il se doit de faire mieux partager les enjeux entre les différentes directions, afin de prendre les meilleures décisions d'investissement en R&I, en s'assurant qu'elles contribuent aux objectifs stratégiques. Le choix des financements peut ainsi influer sur la définition du champ du projet de recherche (par exemple, l'intégration de partenaires européens peut permettre d'accéder aux programmes européens d'aides à la recherche). Cette démarche permet également d'optimiser et de sécuriser dans la durée les budgets de R&I qui, sans cette vision claire et transparente quant aux modes de financement, risquent d'être soumis aux aléas conjoncturels que peut traverser l'entreprise.

Le rôle du responsable du financement de la R&I est aussi de quantifier l'impact des investissements sur la valorisation future de l'entreprise. La clarification de la politique R&D (ou R&I), des budgets alloués sur le moyen terme et des objectifs poursuivis par cette dernière, permet d'établir le *business plan* sur des bases claires et objectivées. Les financeurs et investisseurs potentiels peuvent alors valoriser objectivement l'entreprise avec une visibilité de plusieurs années et orienter leurs choix en conséquence.

Dans la majorité des cas, le financement d'un projet de recherche nécessite une action en amont pour identifier en temps utiles les financements, en adéquation avec les caractéristiques des projets. L'absence d'analyse *a priori* des sources de financement *ad hoc* peut même conduire au rejet de certains projets, qui auraient pu se révéler très judicieux et opportuns pour l'entreprise en termes de rentabilité et de développement.

Le responsable du financement de la R&I doit s'assurer de la mise en place d'un système de gestion des temps (par programme, par tâche) qui permette ainsi un suivi précis des temps passés sur chaque projet. Il doit aussi mettre en place un suivi exhaustif et continu des dépenses (opérationnelles et investissements) et des coûts associés aux projets de recherche. De même, grâce à la mise en place d'un système de veille interne, l'entreprise doit être en mesure de capitaliser plus aisément les nouvelles connaissances acquises, les nouveautés techniques mises en œuvre, les réussites ou les échecs techniques.

Il est par ailleurs recommandé de mettre en place un système de gestion des compétences. En effet, dans le cadre de contrôles *a posteriori,* il est souvent

recommandé de justifier de l'action et de la compétence des acteurs du projet. Ce système comprend :
- une cartographie des compétences internes en recherche ;
- l'amélioration des définitions de poste ;
- la mise à jour et la consolidation des bases de données RH (CV, diplômes, formations, qualifications…).

Enfin, soucieux de s'inscrire dans le cadre de la démarche Qualité de l'entreprise, le responsable du financement de la R&I doit contribuer à la mise en place d'outils, de règles de fonctionnement et de reporting facilitant la gestion et le pilotage du ou des projets :
- indicateurs de pilotage à utiliser dans la perspective du management des processus ;
- règles d'archivage et de classement ;
- mise en place d'une comptabilité analytique par projet, afin de déterminer les résultats de chaque projet ;
- élaboration d'une politique d'immobilisation et d'amortissement d'une partie des coûts de R&D, compte tenu du référentiel comptable utilisé par l'entreprise ;
- contrôler les coûts associés, notamment dans un souci de contrôle budgétaire ;
- calculer le retour sur investissement (ROI) du projet et analyser les écarts par rapport aux objectifs ;
- optimiser le ou les financements.

Pour en savoir plus, OSEO propose un outil en ligne de management des projets d'innovation :
http://www.oseo.fr/votre_projet/innovation/outils_en_ligne/
manager_son_projet_en_ligne

1.6.2. Aspects stratégiques

L'entreprise peut mener et financer son projet de recherche ou d'innovation avec des ressources propres ou avec le concours de ressources externes. En fonction de la nature et des objectifs du projet, elle devra définir ses besoins et sa stratégie.
- Faut-il financer sur des fonds propres ou des fonds externes ?
- Les compétences internes sont-elles suffisantes ou nécessitent-elles des collaborations externes complémentaires ?
- Les partenaires éventuels sont-ils des fournisseurs, des clients, des organismes de recherche, des centres techniques ?
- Les partenaires éventuels sont-ils français ou européens ?

Dans le cas d'une approche sur ressources propres, l'entreprise s'appuie essentiellement sur ses savoir-faire internes et, si nécessaire, fait appel à des sous-traitants réalisant des tâches spécifiques pilotées par l'entreprise. L'entreprise doit budgéter et financer la totalité des coûts liés au projet et, notamment, les coûts afférents aux activités de R&I, en recourant si nécessaire au soutien bancaire, à ses actionnaires ou à des financements du type OSEO.

En fonction de l'importance du projet, de son niveau d'avancement et de son secteur d'activités plus ou moins *high-tech*, elle peut également trouver des fonds propres auprès de financeurs privés, tels que des *business angels*, des sociétés de capital-risque ou de capital-développement, et même auprès des marchés financiers.

De plus en plus, l'entreprise doit cependant faire appel à des ressources externes pour accéder à des compétences ou des technologies qu'elle ne possède pas (principes de l'innovation ouverte ou *open innovation*). L'entreprise s'oriente alors vers un projet collaboratif en partenariat, les partenaires mettant à disposition pour des parties spécifiques du projet des moyens humains, technologiques et financiers, et bénéficiant ainsi d'une partie des retombées issues du projet.

Indépendamment, mais c'est généralement le cas pour la plupart des projets de recherche collaborative, l'entreprise peut bénéficier de l'accompagnement, en termes de conseil, de financeurs publics régionaux, nationaux ou européens. De nombreux programmes de financement public ont ainsi un rôle incitatif permettant de partager les risques induits par le projet, de structurer des projets plus ambitieux, souvent à plusieurs, d'augmenter les volumes affectés à la R&I et la portée des projets, et de réduire la durée des travaux.

Il est à noter que la recherche de financements représente un long chemin qu'il est prudent d'aborder par étapes, par exemple en s'orientant dans un premier temps vers des financements régionaux ou nationaux. Par ailleurs, même si les financeurs s'attachent à évaluer des projets, il est évident que l'entreprise est soumise à une forme d'évaluation. C'est particulièrement le cas lorsque le porteur de projet rencontre le financeur afin de préciser les contours de son idée. Dans ce cadre, il est recommandé de présenter l'entreprise en insistant sur sa capacité à réaliser des projets de R&I et en utilisant toute information pertinente à cette fin (obtention d'un prix de l'innovation, positionnement des travaux de R&I de l'entreprise par rapport à la concurrence, organisation de la R&D…).

Dans le cadre du processus de financement, nous identifions plusieurs étapes :

- définition des axes clés de recherche dans le cadre de la stratégie de l'entreprise (*roadmap* technologique) ;

- définition de la stratégie de financement ;
- lancement des projets de R&D (ou R&I) ;
- recherche de financements ;
- suivi de la réalisation (indicateurs de pilotages…) et mesure des écarts par rapport aux objectifs.

Nous proposons, dans ce cadre, deux méthodologies répondant à des problématiques différentes.

La première consiste, pour une entreprise néophyte dans le domaine, à identifier rapidement un ou plusieurs financements pertinents pour un projet de recherche donné.

La seconde vise des entreprises plus expérimentées en la matière et souhaitant mettre en œuvre une stratégie de financement pour un portefeuille de projets.

> **NOTRE CONSEIL**
> Le management du financement de la R&I permet de gérer des projets relativement complexes et transversaux, à condition de déployer une organisation spécifique. Il est par ailleurs impératif qu'il soit intégré dans la stratégie de l'entreprise.

2. MÉTHODOLOGIE À METTRE EN ŒUVRE POUR UN PROJET

L'objet de cette partie est de faciliter l'accès, pour l'entreprise, au financement le plus adapté à sa situation. En effet, du fait de la multiplicité des dispositifs et de leur nature variée, il est apparu nécessaire d'élaborer une méthodologie permettant, sur la base de quelques critères, d'orienter les choix de l'entreprise et d'éviter ainsi d'être confronté à l'ensemble des financements possibles, sans hiérarchie. Cette méthode s'applique uniquement aux aides directes.

Dans ce cadre, l'entreprise doit se caractériser et caractériser son projet avant de déterminer, suivant le tableau synoptique, le ou les financements adaptés.

2.1. Caractérisation de l'entreprise

2.1.1. L'entreprise est-elle prête à réaliser son projet de R&I avec d'autres entreprises et/ou avec des centres de recherche ?

Dans le cas où la réponse à cette question est « non », alors l'entreprise doit s'intéresser à un programme de recherche en interne.

Dans le cas contraire, l'entreprise doit s'intéresser à un programme de recherche collaborative.

Données de sortie : organisation du projet de recherche

- Recherche en interne.
- Recherche collaborative.

2.1.2. Quelle est la taille de l'entreprise ?

Il faut effectuer le calcul détaillé au chapitre 1.3.4.

Données de sortie : qualification de la taille de l'entreprise

- PME.
- ETI (effectif < 2 000 personnes).
- Grande entreprise.

2.1.3. L'entreprise dispose-t-elle d'une expérience en matière de financement direct ?

L'expérience en matière de financement doit être mise en regard de la difficulté d'accès à une source de financement. Plusieurs cas de figure se présentent :

- l'entreprise n'a jamais sollicité de financement ou bien l'entreprise a déjà sollicité un financement, rédigé un dossier mais n'a pas obtenu de réponse favorable de la part de l'organisme financeur. Dans ce cas, elle peut viser un financement considéré comme « très facile d'accès » ;
- l'entreprise a obtenu un financement pour un projet de recherche mené en interne. Dans ce cas, elle peut viser un financement considéré comme « facile d'accès » ;
- l'entreprise a obtenu un financement pour un projet de recherche collaborative au niveau national ou européen. Dans ce cas, elle peut viser un financement considéré comme « difficile d'accès ».

Données de sortie : facilité d'accès du programme recommandé

- Très facile d'accès.
- Facile d'accès.
- Difficile d'accès.

2.2. Caractérisation du projet

2.2.1. Quelle est la nature des activités à réaliser ?

Il faut ici qualifier le stade d'avancement de la recherche, en prenant en compte les définitions données au 1.1 « Définition des activités de R&I ».

Données de sortie : nature des activités de recherche

- Recherche fondamentale.
- Recherche industrielle/Démonstrateur de recherche.
- Développement expérimental.
- Innovation/Expérimentation préindustrielle/Industrialisation.
- Échelle TRL.

2.2.2. À quel horizon le projet doit-il démarrer ?

Ici, il faut s'interroger sur la temporalité du projet par rapport aux contraintes de l'entreprise. Par exemple, si le projet doit démarrer immédiatement, il est préférable de viser un financement qui puisse être obtenu « au fil de l'eau » ou bien dont les délais d'obtention sont courts.

En pratique, la durée entre le moment où l'entreprise a décidé de chercher un financement et où elle l'obtient, prend en compte la récurrence du financement (une fois par an, « au fil de l'eau »…) et la durée de la procédure (durée de l'appel d'offres, évaluation, choix des projets, négociations).

Données de sortie : Échéance de démarrage du projet

- À court terme (entre 0 et 6 mois).
- À moyen terme (entre 6 et 12 mois).
- À long terme (plus de 12 mois).

2.2.3. La thématique scientifique du projet rentre-t-elle dans le cadre du programme de travail des financeurs ?

Comme indiqué au chapitre 2 (section 1.5.2 « Domaines scientifiques/techniques financés »), l'entreprise doit positionner son projet dans des thématiques scientifiques prédéfinies par les différents financeurs.

2.3. Utilisation du tableau synoptique

Sur la base de l'ensemble des données de sortie définies précédemment, il est nécessaire de se reporter au tableau synoptique ci-après.

Si l'entreprise est une PME *high-tech* (recherche appliquée dans le domaine des TIC) souhaitant démarrer à brève échéance un projet de recherche collaborative et ayant déjà une expérience en la matière, elle pourra s'orienter vers l'ANR ou vers OSEO ISI.

Tableau synoptique des principales aides directes au financement de l'innovation

	ANR (Fiche n° 1)	ADEME (Fiche n° 2)	OSEO Aide au développement de l'innovation (Fiche n° 3.1)	OSEO ISI (Fiche n° 3.2)	FUI (Fiche n° 3.3)	PSPC (Fiche n° 3.6)	PCRD - COOPÉRATION (Fiche n° 4.1)	PCRD - CAPACITÉS (Fiche n° 4.2)	EUROSTARS (Fiche n° 6)	FEDER (Fiche n° 7)	CIP (TIC) (Fiche n° 8.2)	CIP (EIE) (Fiche n° 8.3)	LIFE + (Fiche n° 9)	RAPID (Fiche n° 10)
Types de projets (de façon générale)	Collaboratif	Collaboratif	Interne/ Collaboratif	Collaboratif			Collaboratif			Interne	Collaboratif			Interne/ Partenarial
Entreprises ciblées	PME/ETI/Grande entreprise	PME/ETI/Grande entreprise	PME/ETI	PME/ETI/Grande entreprise			PME/ETI/Grande entreprise	PME		PME/ETI/ Grande entreprise	PME		PME/ETI/ Grande entreprise	PME/ETI
Facilité d'accès	Facile d'accès	Facile d'accès	Très facile d'accès (interne) Facile d'accès (collaboratif)	Facile d'accès			Difficile d'accès			Très facile d'accès	Difficile d'accès			Très facile d'accès
Types de recherche	Recherche fondamentale Recherche industrielle Développement expérimental	Recherche industrielle Développement expérimental Expérimentation préindustrielle	Recherche industrielle Développement expérimental Industrialisation	Recherche industrielle Développement expérimental			Recherche industrielle Développement expérimental (TRL 6 pour l'aéronautique)	Développement expérimental	Recherche industrielle Développement expérimental	Développement expérimental Expérimentation préindustrielle Industrialisation	Expérimentation préindustrielle Industrialisation		Développement expérimental	
Échéance de démarrage du projet	À moyen terme	À moyen terme	À court terme	À moyen terme			À long terme		À court terme		À moyen terme			À court terme
Domaines d'intervention	Voir détail dans la fiche ANR	Voir détail dans la fiche ADEME	Pas de thème privilégié				Voir détail dans la fiche PCRD		Pas de thème privilégié		TIC	Énergie	Environne- ment	Pas de thème privilégié

3. Méthodologie à mettre en œuvre pour un portefeuille de projets

Dans le cas où l'entreprise souhaite optimiser les différentes sources de financement et améliorer la qualité de la R&I, dans le cadre de la gestion d'un portefeuille de projets, il est nécessaire de déployer une méthodologie spécifique, dont nous allons détailler les grandes lignes ci-après.

La première phase consiste à cartographier l'ensemble des projets de R&I selon un référentiel représentatif des choix technologiques et scientifiques de l'entreprise. Ceux-ci sont en général définis en termes stratégiques, au niveau d'une *roadmap* technologique. Ceci doit être complété par différentes analyses relatives à la qualification de l'expertise interne, du positionnement des experts de l'entreprise dans les différents réseaux de R&I, aux budgets alloués et à venir, à l'identification et à la qualification des partenariats de R&D existants...

La deuxième phase s'intéresse au positionnement du référentiel technologique, élaboré lors de la phase précédente, dans ce que l'on peut appeler l'écosystème de l'innovation :

- structuration des champs scientifiques déployés par les financeurs (7e PCRD, ANR, ADEME...) ;
- stratégies nationales et européennes de R&I ;
- organisation des réseaux (plateformes technologiques européennes, groupes techniques nationaux...), etc.

Ceci permet notamment de faire apparaître les zones où il y a un risque d'absence de financement pour certaines des technologies identifiées lors de la première phase. Ainsi, cette phase s'intéresse à l'identification des réseaux d'influence pertinents permettant de remédier à cette situation.

La troisième phase vise à élaborer une stratégie de déploiement basée sur les éléments analysés dans les phases précédentes, ainsi que sur des arbitrages internes relatifs aux modes de collaboration avec des tiers, certaines technologies considérées comme stratégiques devant être développées en interne.

La quatrième phase s'intéresse au déploiement de la stratégie, qui consiste à :

- conduire les actions de lobbying permettant de faire émerger les thématiques scientifiques dans les programmes de travail des financeurs ;
- répondre aux appels à projets.

Chapitre 3

Fiches pratiques

FICHE N° 1

AGENCE NATIONALE DE LA RECHERCHE (ANR)

Données et chiffres clés
Des financements visant la recherche fondamentale, la recherche industrielle mais aussi le développement expérimental, réservés aux entreprises à fort potentiel de recherche
Approximativement 9 mois entre la fin de l'appel à projets et le versement d'un acompte (maximum 30 % du financement)
Un budget moyen par projet de l'ordre de 700 k€, finançant 3 ou 4 organismes et/ou entreprises
Programme facile d'accès

1. PRÉSENTATION GÉNÉRALE DU DISPOSITIF

1.1. Présentation du financeur

L'Agence nationale de la recherche (ANR), établissement public créé le 1er janvier 2007, est une agence de financement de projets de recherche nationaux. L'ANR a pour principale mission d'améliorer la dynamique du système français de recherche et d'innovation (SFRI). À ce titre, l'ANR doit favoriser l'émergence de nouveaux concepts innovants, accroître les efforts de recherche, intensifier les collaborations public-privé et développer les partenariats internationaux.

Le déploiement de cette mission s'appuie sur le financement de la recherche sur projets, mécanisme très répandu dans de nombreux pays étrangers, notamment anglo-saxons, et constitue un facteur de dynamisme pour explorer les frontières de la science. Ce mode de financement est adapté tant à la recherche fondamentale qu'à la recherche industrielle dans la sphère publique ou en partenariat public-privé.

L'ANR s'adresse à la fois aux établissements publics de recherche et aux entreprises, avec une double mission : produire de nouvelles connaissances et favoriser les interactions entre laboratoires publics et laboratoires d'entreprise en développant les partenariats. L'Agence a vocation à soutenir des projets de recherche sur des thématiques spécifiques, mais aussi des projets de recherche plus fondamentale, notamment par les programmes « Blanc ».

De ce fait, les financements sont plutôt captés par les grands organismes de recherche publique. Dans son rapport 2010, l'ANR indique que moins de 6 % des dotations sont allouées aux PME (10 % pour l'ensemble des entreprises), ce qui représente moins de 4 millions d'euros.

L'ANR a par ailleurs été désignée comme l'un des principaux opérateurs du programme d'investissements d'avenir (santé et biotechnologies, initiatives d'excellence, équipements d'excellence, laboratoires d'excellence, instituts d'excellence sur les énergies décarbonées et initiatives d'excellence en formations innovantes), de la mise en œuvre des appels à projets au suivi des réalisations financées. Ces actions de grande ampleur ont pour ambition d'améliorer les capacités d'innovation de la France et de jouer un rôle moteur dans la dynamique de croissance de demain.

La programmation de l'ANR étant basée sur un cycle triennal (2011-2013) et sur les priorités de la Stratégie nationale de recherche et d'innovation (SNRI), les orientations 2012 reprennent donc très largement le contenu initié en 2011. La programmation 2012 de l'ANR intègre toutefois des évolutions dans les appels à projets internationaux dont la nature évolue souvent sur une base annuelle. Par ailleurs, quelques nouveaux programmes thématiques seront initiés dans le cadre de cette programmation (déterminants sociaux de la santé, écotechnologies et écoservices, sociétés et changements environnementaux, recherches interdisciplinaires sur l'avenir de la Méditerranée, neurosciences computationnelles).

L'ANR bénéficie, pour l'année 2011, d'une capacité d'engagement de 771 millions d'euros pour des projets de recherche d'une durée de 18 à 48 mois maximum.

1.2. Projets de recherche et développement concernés

Le financement de l'ANR s'articule autour de deux types de programmes.

1.2.1. Les programmes non thématiques

Les programmes non thématiques, représentant 50 % du budget en 2012, ont pour vocation de favoriser la créativité et l'innovation et de ne pas imposer de sujets de recherche. Ils concernent essentiellement des projets de recherche fondamentale et de recherche industrielle (le programme Blanc est toutefois ouvert au développement expérimental).

- **Ouverture aux projets à haut risque scientifique** : ce programme OH-Risque a pour objectif de permettre l'exploration de nouvelles voies de recherche très innovantes, dont la preuve de concept et la faisabilité technique n'ont presque jamais été abordées. Il est ouvert à tous les champs scientifiques sans distinction.
- **Programme Blanc (et Blanc international)** : ce programme a pour objectif de donner une impulsion significative à des projets ambitieux qui se positionnent favorablement dans la compétition internationale et qui présentent des objectifs originaux, en rupture avec les itinéraires de recherche bien balisés.
- **Programme jeunes chercheuses et jeunes chercheurs** : ce programme a pour but de soutenir les projets de jeunes chercheurs ou enseignants-chercheurs, de façon à favoriser leur prise de responsabilité, à leur permettre de développer de façon autonome une thématique propre et à leur donner la possibilité d'exprimer rapidement leur capacité d'innovation.
- **Chaires d'excellence** : ce programme vise à favoriser l'accueil de chercheurs et d'enseignants-chercheurs de haut niveau venant de l'étranger, qu'ils soient étrangers ou français expatriés depuis plusieurs années, en offrant aux meilleurs des moyens substantiels pour les aider à réaliser rapidement leur projet de recherche, conçu dans la perspective de leur mobilité scientifique vers la France.
- **Retour postdoctorants** : ce programme sert à faciliter le retour des jeunes chercheurs ayant fait un séjour postdoctoral à l'étranger.

1.2.2. Les programmes thématiques

En ce qui concerne les programmes thématiques, les projets sont généralement soumis par des consortiums formés d'équipes émanant de laboratoires publics et d'entreprises. Ils ont vocation à favoriser le développement de briques technologiques pour répondre à des enjeux ciblés. Ils financent généralement de la recherche appliquée dans les domaines suivants :

- maîtrise de l'énergie ;
- promotion des villes et mobilité durables (VMD) ;
- développement des écotechnologies et de l'écoconception ;
- information, communication et nanotechnologies ;
- développement de manière responsable des nanotechnologies en France ;
- sécurité et recherche duale ;
- progression dans la connaissance du vivant ;
- développement d'une alimentation adaptée à la diversité des citoyens et de leurs attentes ;
- accroissement de la capacité d'innovation des entreprises.

Les différents programmes thématiques sont détaillés dans la sous-partie 4 de cette fiche.

2. DESCRIPTION DU DISPOSITIF

2.1. Comment fonctionne le dispositif ?

Le dispositif fonctionne par appel à projets. L'ANR lance deux vagues d'appels à projets par année. La première concerne l'essentiel des programmes thématiques et s'étale de novembre 2011 à mars 2012, pour un financement courant 2012.

Une seconde vague d'appels à projets sera ouverte en octobre 2012, pour un financement en 2013. Elle concerne les programmes thématiques suivants :

- contaminants et environnements : métrologie, santé, adaptabilité, usages ;
- écotechnologies et écoservices (ECO-TS) ;
- infrastructures pour la société numérique (INFRA).

Le calendrier prévisionnel 2012 est disponible à l'adresse suivante : http://www.agence-nationale-recherche.fr/programmes-de-recherche/programmation-2012/calendrier-previsionnel/

Les financements sont attribués un peu moins d'un an après le lancement de l'appel.

2.2. Combien peut-on obtenir de financement ?

L'ANR ne fixe pas de plafond de financement. Néanmoins, les statistiques suivantes, à titre d'exemple, sont disponibles dans le rapport annuel de 2010.

Programme	Budget moyen par projet (en k€)
Biologie santé	575
Écosystèmes et développement durable	560
Énergie durable et environnement	805

Le budget moyen par projet est de l'ordre de 700 000 euros.

2.3. Quelles sont les principales caractéristiques du dispositif ?

Les projets de l'ANR sont des projets avec un nombre restreint de partenaires (3 ou 4, en règle générale), ce qui implique le financement de thématiques pointues. La durée moyenne des projets est de 38 mois.

Le taux de sélection moyen est de 22 %, ce qui est très intéressant par rapport à un programme du type PCRD qui affiche un taux d'environ 10 %.

L'Agence favorise les partenariats public-privé, ainsi que, d'une manière générale, la recherche en mode collaboratif. Par ailleurs, une attention particulière est portée aux projets à la frontière entre plusieurs disciplines (interdisciplinarité).

Il est par ailleurs possible d'avoir des échanges avec les différents correspondants dans l'unité support de l'ANR, notamment avec le responsable de programme, même si aucun appel à projets n'est ouvert.

Toutes les entreprises sont concernées, quelle que soit leur taille. Il est à noter, comme indiqué précédemment, que les fonds alloués aux PME représentent moins de 6 % des engagements de l'ANR. Néanmoins, il apparaît que l'ANR souhaite intégrer plus de PME dans ses programmes.

Contrairement à une idée reçue, les entreprises ont autant vocation à participer aux programmes non thématiques qu'aux programmes thématiques. En particulier, le programme Blanc s'intéresse à la recherche fondamentale, à la recherche industrielle et au développement expérimental.

Le processus d'évaluation est rigoureux. Il est possible, pour l'entreprise déposant un projet, de lister les entreprises qui, selon elle, ne devraient pas participer à l'évaluation. C'est particulièrement important si le domaine scientifique ou technique considéré est très pointu, avec peu d'acteurs.

Par ailleurs, en comparaison avec les modalités requises au niveau du PCRD, on peut considérer que le montage et le suivi de projet sont allégés et souples.

3. POUR ALLER PLUS LOIN

3.1. Sources d'information

- Le site de l'ANR fournit toutes les informations nécessaires, notamment sur le contenu des appels à projets et sur le programme de travail 2012 : http://www.agence-nationale-recherche.fr/programmes-de-recherche/programmation-2012/
- Il comporte aussi les informations sur les appels à projets internationaux gérés par l'ANR tels que le programme Blanc international, les ERA-NET, etc. Pour plus d'informations sur les ERA-NET, on peut aussi consulter le site : http://cordis.europa.eu/fp7/cooperation/home_fr.html#4
- Le site des investissements d'avenir : http://investissement-avenir.gouvernement.fr/

3.2. Contacts : organismes référents, prescripteurs pour se lancer

L'ANR est le contact essentiel : http://www.agence-nationale-recherche.fr

4. PROGRAMMATION THÉMATIQUE

4.1. Maîtriser l'énergie

4.1.1. Bio-Matières & Énergies (Bio-ME)

Le principal objectif du programme Bio-ME est le développement de filières de valorisation de la biomasse permettant de produire de nouveaux vecteurs énergétiques gaz ou liquides.

Le programme Bio-ME est organisé en quatre axes thématiques :
- axe 1 : la ressource : mobilisation, préconditionnements et filières ;
- axe 2 : filières intégrées de transformation thermochimique de la biomasse ;
- axe 3 : filières intégrées de transformation biologique ;
- axe 4 : briques technologiques.

4.1.2. Production (renouvelable) et gestion de l'électricité (PROGELEC)

Le programme PROGELEC a pour objectif de favoriser le développement des énergies renouvelables et l'intégration de systèmes innovants permettant une gestion optimisée de l'électricité, notamment dans les secteurs des transports et du bâtiment.

Le programme se structure autour de sept thématiques :

- axe 1 : production photovoltaïque d'électricité ;
- axe 2 : conversion et stockage par le vecteur hydrogène ;
- axe 3 : production d'électricité par effet Seebeck ;
- axe 4 : stockage de l'électricité dans les accumulateurs et les supercondensateurs ;
- axe 5 : stockage à grande échelle de l'électricité ;
- axe 6 : gestion des composants et hybridation des systèmes de production/conversion et de stockage ;
- axe 7 : gestion locale de l'énergie, *smart-grids* et intégration des moyens de production/conversion et de stockage.

4.1.3. Systèmes énergétiques efficaces & décarbonés (SEED)

Le programme SEED vise à améliorer l'efficacité énergétique des unités de production d'énergie primaire (hors électricité renouvelable, nucléaire ou bio-énergies), ainsi que des systèmes industriels et des composants du bâtiment.

Il est structuré autour de quatre axes :

- axe 1 : identification et quantification des gisements d'énergies potentiellement récupérables et outils associés ;
- axe 2 : production d'énergie, captage du CO_2 et décarbonisation ;
- axe 3 : transfert/transport/stockage et valorisation de l'énergie calorifique ;
- axe 4 : stockage et valorisation du CO_2.

4.2. Promouvoir villes et mobilité durables

4.2.1. Bâtiments et villes durables

Ce programme s'intéresse aux problématiques de l'aménagement, de la conception, de la maintenance, de la rénovation et de la gestion des patrimoines bâtis et urbains sous l'angle du développement durable. Le questionnement scientifique est articulé autour de la mesure, de la modélisation, de la conception et de la mise en œuvre des techniques et des modes d'intervention.

Le programme se structure autour de trois axes :

- axe 1 : mesure, diagnostic, caractérisation de la durabilité ;
- axe 2 : conception, modélisation, simulation ;
- axe 3 : construction, réhabilitation et gestion durables.

4.2.2. Transports durables et mobilité (TDM)

Ce programme est dédié à des recherches sur des briques élémentaires nécessaires aux avancées technologiques dans les transports. Ce programme de recherche aborde, d'une part, les technologies conventionnelles pour des recherches incrémentales et, d'autre part, les nouvelles technologies pour des approches en rupture. Le programme se structure autour de trois axes :
- axe 1 : groupe motopropulseurs ;
- axe 2 : modes de transport ;
- axe 3 : systèmes de transports.

4.3. Développer les écotechnologies et l'écoconception

4.3.1. ÉcoTechnologies & ÉcoServices (ECO-TS)

Ce programme s'intéresse aux technologies et aux services liés aux impacts du changement global et des pressions anthropiques sur les ressources naturelles. Le programme se structure autour de deux axes :
- axe 1 : vers une économie circulaire ;
- axe 2 : adaptation et remédiation face aux contraintes des changements environnementaux.

4.3.2. Era-Net ECO-INNOVERA

Ce programme s'intéresse à l'éco-innovation, aux procédés et produits durables ainsi qu'au recyclage. Les axes du premier appel à propositions sont les suivants :
- émergence de nouveaux modes de production et de consommation ;
- utilisation des approches systémiques ;
- amélioration en matière environnementale des secteurs industriels (émission de gaz à effet de serre, efficacité énergétique, déchets, pollution) ;
- généralisation du recyclage et de la réutilisation des déchets.

4.3.3. Chimie durable – Industries Innovation – CD2I

Le programme a pour objectif :
- d'intégrer les principes de l'écoconception dans les méthodologies de synthèse, la mise au point de nouveaux procédés et la recherche de nouvelles ressources renouvelables ;
- de contribuer à la compétitivité des industries chimiques ;
- de contribuer à la prise en compte par la communauté chimie / procédés des concepts de la chimie durable.

Le programme se structure autour de trois axes :
- axe 1 : ressources, voies et produits alternatifs innovants ;
- axe 2 : réactions et procédés efficients ;
- axe 3 : chimie et procédés au service des grands défis environnementaux.

4.3.4. Matériaux et procédés pour des produits performants

Ce programme vise à améliorer les capacités de développement des matériaux et des procédés afin de réaliser des produits plus performants répondant à différentes demandes (santé, sécurité, confort, énergie, CO_2, matières premières, recyclage, changement climatique, hautes performances).

Le programme se structure autour de quatre axes :
- axe 1 : matériaux et fonctionnalités pour des produits performants ;
- axe 2 : procédés optimisés et innovants ;
- axe 3 : prévision du comportement, modélisation et simulation ;
- axe 4 : matières premières : économie, substitution.

4.4. L'information, la communication et les nanotechnologies

4.4.1. Infrastructures pour la société numérique

L'objectif est de maîtriser les technologies dans le domaine des infrastructures matérielles et logicielles nécessaires pour les communications ubiquitaires et haut débit, l'Internet des objets et la commande du monde physique, les services ubiquitaires et le *cloud computing*, les grandes puissances de calcul et le stockage réparti de masses de données et services associés.

Le programme se structure autour de quatre axes :
- axe 1 : les réseaux du futur ;
- axe 2 : infrastructures pour le Web, les services et le calcul intensif ;
- axe 3 : composants logiciels et matériels pour les communications et le calcul haute performance ;
- axe 4 : application et nouveaux usages.

4.4.2. Ingénierie numérique & sécurité (INS)

Ce programme est centré sur l'ingénierie des systèmes numériques complexes basés sur des briques élémentaires ou non, comme les composants/architectures matériels et logiciels, des produits/services comme les microcontrôleurs, les systèmes d'exploitation, les machines virtuelles, les interfaces et bibliothèques de programmation et, de manière plus générale, les dispositifs intégrés, complexes et intelligents permettant l'accès pour les utilisateurs au monde numérique.

Le programme se structure autour de cinq axes :
- axe 1 : sécurité des systèmes d'information et de communication ;
- axe 2 : méthodes, outils et technologies pour les systèmes embarqués ;
- axe 3 : méthodes et outils pour les systèmes d'information ;
- axe 4 : ingénierie du logiciel ;
- axe 5 : usages.

4.4.3. Contenus numériques et interactions (CONTINT)

L'objectif est de :
- développer des connaissances dans les laboratoires académiques et favoriser leur diffusion dans le milieu industriel, que ce soit grâce aux résultats obtenus en commun ou à la mise en contact de chercheurs avec des partenaires industriels ;
- susciter des synergies entre des secteurs actuellement distants comme la robotique et les contenus, l'animation et les jeux, etc. ;
- encourager les recherches sur des volets non techniques, qu'il s'agisse d'études sur les usages, les facteurs humains, les enjeux juridiques ou les modèles économiques et les chaînes de valeur.

Le programme se structure autour de cinq axes :
- axe 1 : chaînes de production, d'édition et de diffusion des contenus ;
- axe 2 : des contenus aux connaissances ;
- axe 3 : interaction homme-système ;
- axe 4 : robotique et interaction avec le monde physique ;
- axe 5 : usages et utilisations.

4.4.4. Modèles numériques (MN)

L'objectif est notamment :
- de capitaliser sur les connaissances développées dans des logiciels de simulation et favoriser leur exploitation et leur valorisation dans un contexte industriel, sous forme de logiciels commerciaux ou de logiciels libres ;
- d'accompagner et d'encourager l'accès et l'utilisation d'infrastructures massivement parallèles de calcul et de traitement de données.

Le programme se structure autour de cinq axes :
- axe 1 : modélisation et simulation des systèmes complexes ;
- axe 2 : conception et optimisation ;
- axe 3 : masse de données ;
- axe 4 : visualisation et simulation interactive ;
- axe 5 : application et nouveaux usages.

4.4.5. Long-term CHallenges in Information and Communication Sciences and Technologies (CHIST-ERA)

Les objectifs de cet ERA-NET sont de développer la coordination et la coopération des agences de financement de la recherche en Europe, sur des sujets émergents et prometteurs du domaine des sciences de l'information et de la communication.

4.5. Développer de manière responsable les nanotechnologies en France

4.5.1. Nanotechnologies et nanosystèmes (P2N)

Le programme P2N a pour objectif de renforcer l'excellence nationale, dans le domaine de la micro et nano-ingénierie, des technologies de base jusqu'aux systèmes et permettre le transfert des connaissances scientifiques et technologiques vers l'innovation.

Le programme se structure autour de cinq axes :

- axe 1 : nanotechnologies, nanocomposants et micro-nanosystèmes ;
- axe 2 : nanosimulation ;
- axe 3 : nanotechnologies pour la biologie, la santé et l'agroalimentaire ;
- axe 4 : nanotechnologies pour l'énergie et l'environnement ;
- axe 5 : recherche intégrative.

4.5.2. Recherche technologique de base (RTB)

Les objectifs principaux du programme sont de disposer en France d'une infrastructure de recherche technologique de haut niveau, de coordonner de façon stratégique les investissements à travers un programme scientifique associé au développement de filières technologiques identifiées et à une répartition des infrastructures sur l'ensemble du territoire français permettant d'identifier des activités majeures dans les différents centres et de favoriser le transfert entre recherche fondamentale et recherche industrielle et le dépôt de brevets.

4.5.3. ERA-NET SIINN – Sécurité et toxicologie des nanosciences et nanotechnologies

Ce programme a pour objectif de promouvoir le transfert rapide et responsable des résultats des nanosciences et des nanotechnologies en stimulant la création de nouvelles industries et en facilitant la manufacture et l'ingénierie des prochaines générations de produits à forte valeur ajoutée.

4.6.   Sécurité et recherche duale

4.6.1. Concepts, systèmes et outils pour la sécurité globale (CSOSG)

Ce programme vise à la réalisation de projets de recherche contribuant à une meilleure compréhension des enjeux organisationnels, sociaux, culturels, économiques, juridiques et/ou technologiques de la sécurité, et/ou démontrer la faisabilité de systèmes, méthodes et outils à l'aide de réalisations ou démonstrateurs limités.

4.6.2. Accompagnement spécifique de travaux de recherche et d'innovation défense (ASTRID)

Le programme ASTRID vise à maintenir l'effort d'innovation sur des thèmes d'intérêt pour la défense, en cohérence avec les orientations affichées dans le document de politique et d'objectifs scientifiques de la Direction générale de l'armement et à explorer des verrous scientifiques ou techniques en favorisant le développement des compétences et l'identification de ruptures technologiques (bas niveaux de TRL).

Le programme se structure autour de neuf axes :
- axe 1 : ingénierie de l'information et robotique ;
- axe 2 : fluides, structures ;
- axe 3 : ondes acoustiques et radioélectriques ;
- axe 4 : nanotechnologies ;
- axe 5 : photonique ;
- axe 6 : matériaux, chimie et énergie ;
- axe 7 : biologie et biotechnologies ;
- axe 8 : hommes et systèmes ;
- axe 9 : environnement et géosciences.

4.7.   Progresser dans la connaissance du vivant

4.7.1. Déterminants sociaux de la santé (DSS)

Les objectifs principaux de ce programme sont de :
- décrire les chaînes causales conduisant à ce que des inégalités socio-économiques, environnementales ou culturelles se traduisent en mécanismes pathologiques ;
- comprendre comment la vulnérabilité spécifique des périodes pré- et néonatales et de l'enfance entraîne des conséquences sur la santé à moyen et long termes ;

- identifier et valider des méthodes d'analyse nouvelles capables d'apprécier l'impact des politiques publiques sur la santé de différents groupes sociaux ;
- éclairer le contexte des problématiques propres au secteur de la santé afin de combiner l'efficience dans l'allocation des ressources et l'équité en faveur des victimes de maladies/handicaps.

4.7.2. Santé mentale et addictions (SAMENTA)

Les objectifs principaux de ce programme sont de stimuler les recherches intégratives en psychiatrie et dans le domaine des addictions et de favoriser les projets à risque dans ce domaine ainsi que les recherches multidisciplinaires en psychiatrie.

4.7.3. Maladie d'Alzheimer (MALZ)

Les objectifs principaux de ce programme sont d'augmenter les connaissances fondamentales sur la maladie d'Alzheimer, de favoriser l'interdisciplinarité et faire converger les recherches fondamentales, cliniques et industrielles, et de développer des projets de recherche utilisant des collections de cas/cohortes de malades et les collections biologiques adéquates précédemment établies.

4.7.4. ERA-NET NEURON II – Étude du système nerveux central sain et malade

Ce programme a pour objectif de fédérer les recherches européennes dans le domaine des neurosciences pour améliorer la prévention, le diagnostic précoce et le traitement des maladies du système nerveux central (maladies neurologiques et psychiatriques).

4.7.5. ERA-NET E-RARE 2 – Maladies rares

Ce programme a pour but d'accélérer les connaissances qui visent au développement d'outils diagnostiques et de traitements pour les maladies rares.

4.7.6. Maladies neurodégénératives (JPND)

La programmation conjointe européenne sur les maladies neurodégénératives (JPND) a pour but de mettre en commun, de manière plus efficace, les recherches et leurs financements dans la lutte contre les maladies neurodégénératives, et plus particulièrement la maladie d'Alzheimer.

4.7.7. Programme bilatéral de recherche sur les cellules souches avec la Californie (CIRM)

L'objectif de ce programme est de stimuler la collaboration entre des équipes de recherche californiennes et françaises pour la réalisation de projets de recherche de pointe sur les cellules souches, qui visent à résoudre des questions non résolues par rapport à la compréhension de la biologie des cellules souches humaines et le contrôle du destin cellulaire.

4.7.8. ERA-NET ANIHWA (EMIDA 2) – Bien-être, maladies infectieuses et maladies émergentes des animaux

Ce programme a pour but de promouvoir la recherche sur les zoonoses, la résistance antimicrobienne, les maladies infectieuses affectant la production et leur résistance ainsi que le bien-être des animaux de rente, en rassemblant les compétences européennes autour de collaborations transnationales.

4.7.9. ERA-NET SynBio – Biologie synthétique

Ce programme a pour but de faciliter et de promouvoir le développement de la recherche et de l'innovation en biologie synthétique, en structurant et coordonnant les efforts nationaux. La biologie de synthèse se définit par la conception intentionnelle de systèmes biologiques artificiels, en couplant modélisation, ingénierie et méthodes biomoléculaires.

4.7.10. Assistance à la vie autonome (AAL 185)

Le programme AAL a pour but de développer et d'utiliser les technologies de l'information et de la communication « TIC » pour améliorer la qualité de la vie et l'autonomie des personnes âgées et leur permettre de vivre le plus longtemps possible dans leur environnement habituel.

4.7.11. Neuro-Compute : programme bilatéral de recherche sur les neurosciences computationnelles avec les États-Unis (NSF)

Les objectifs de ce programme franco-américain sont d'étudier la structure, la fonction, l'organisation, le fonctionnement des systèmes nerveux, d'en améliorer la compréhension par la combinaison d'expérimentation, de modélisation et de simulation et d'utiliser cette compréhension pour mieux concevoir des approches diagnostiques et/ou thérapeutiques.

4.8. Développer une alimentation adaptée à la diversité des citoyens et de leurs attentes

4.8.1. Systèmes alimentaires durables

Ce programme est axé sur la capacité d'adaptation des systèmes de production et de consommation alimentaire, dans une approche filière et selon le concept de durabilité. L'enjeu est de proposer des produits sûrs et sains, diversifiés, aux goûts multiples et appréciés, avec une composition nutritionnelle optimisée, pratiques, disponibles pour tous sans segmentation de prix, tout en préservant l'environnement.

Le programme se structure autour de deux axes :
- axe 1 : accès de tous à une alimentation durable de qualité ;
- axe 2 : conception de filières ou de systèmes agroalimentaires plus durables.

4.9. Accroître la capacité d'innovation des entreprises

4.9.1. Recherches partenariales et innovation biomédicale (RPIB)

Ce programme a pour objectifs de valoriser des résultats de la recherche publique et de promouvoir leur transfert vers des applications industrielles dans le domaine de la santé.

Le programme se structure autour de trois axes :
- axe 1 : produits thérapeutiques et vaccins ;
- axe 2 : outils et produits de diagnostic ;
- axe 3 : outils technologiques pour la recherche et la production de biomolécules.

4.9.2. Technologies pour la santé et l'autonomie (TecSan)

Ce programme a pour objectif général de promouvoir les technologies et métho-dologies innovantes appliquées aux domaines de la santé et de l'autonomie, notamment en rendant plus sûr, plus précis, moins invasif et plus efficace l'acte médical ou chirurgical, en optimisant la gestion des données, et d'améliorer la prévention, l'accès aux soins et les politiques de santé publique, en permettant une plus grande autonomie au service des personnes dépendantes en raison de la maladie, d'un handicap ou de l'âge et en renforçant l'expertise et la compétitivité des laboratoires académiques et des entreprises du domaine.

Le programme se structure autour de trois axes :
- axe 1 : développement de technologies contribuant à un saut ou une rupture technologique ;

- axe 2 : e-santé et information médicale ;
- axe 3 : développement de technologies et de services innovants pour la rééducation, la correction ou la suppléance fonctionnelle des déficiences.

4.9.3. Sociétés & changements environnementaux (SOC&ENV) : approches intégrées des défis

Ce programme s'intéresse à la prise en compte des divers changements environnementaux.

Les axes de recherche pour 2012 sont les suivants :

- axe 1 : Verrous de connaissances environnementales (Climat, Eau et Sols) ;
- axe 2 : Opportunités et risques associés ;
- axe 3 : Gouvernances et comportements ;
- axe 4 : Mobilité, migration et urbanisation globale ;
- axe 5 : Compétition pour les terres.

4.9.4. Contaminants et environnements : métrologie, santé, adaptabilité, comportements et usages (CESA)

Les objectifs de ce programme sont notamment de :

- contribuer à la production de connaissances scientifiques sur les domaines liés aux contaminants, aux écosystèmes, à l'environnement et à la santé humaine et animale ;
- développer la métrologie et mettre au point de nouveaux outils et méthodes de mesure et de modélisation ;
- caractériser les modes de transfert des contaminants physiques, chimiques et biologiques dans l'environnement et leurs transformations et biotransformations ou biodégradations dans les écosystèmes ;
- caractériser les interactions contaminants-écosystèmes pour mettre en évidence les facteurs de risque.

Les axes de recherche sont les suivants :

- axe 1 : métrologie (détection et caractérisation des contaminants en vue de l'identification du caractère toxique) ;
- axe 2 : contaminants et santé ;
- axe 3 : adaptabilité ;
- axe 4 : usages et comportements et évaluation des risques ;
- axe 5 : modélisation, prédiction, recherches prénormatives.

4.9.5. Adaptation des gènes aux populations (BIOADAPT)

Ce programme doit permettre :
- d'élaborer des modèles réalistes d'évolution de la diversité (qu'elle soit qualifiée de sauvage, domestique, *in situ* ou *ex situ*) des individus, des espèces, des communautés et des écosystèmes ;
- de poursuivre dans la voie de l'intensification écologique des systèmes de production ;
- de développer les connaissances en biologie, en génétique et en écologie de l'adaptation des individus, des populations et des communautés aux stress et aux perturbations.

Les axes de recherche sont les suivants :
- axe 1 : étude des mécanismes d'adaptation du vivant ;
- axe 2 : recherches pour développer l'adaptabilité du vivant.

4.9.6. Viabilité et adaptation des écosystèmes productifs, territoires et ressources aux changements globaux (AGROBIOSPHÈRE)

Le programme vise à définir les technologies devant permettre une utilisation viable des écosystèmes dans une perspective d'adaptation aux « changements globaux » tout en garantissant que les écosystèmes cultivés produisent les extrants et les services nécessaires aux sociétés aux niveaux de production et de productivité requis.

Les axes de recherche sont les suivants :
- axe 1 : compréhension des changements globaux ;
- axe 2 : propositions de solutions adaptatives ;
- axe 3 : gestion des aires protégées ;
- axe 4 : modélisation et cartographie pour l'aide à l'aménagement des territoires.

4.9.7. Transnational Plant alliance for novel technologies towards implementing the Knowledge Based Bio-Economy in Europe (PLANT-KBBE)

L'objectif de ce programme est de faire émerger des projets intégrés très innovants, orientés vers des applications, afin de renforcer l'innovation de l'industrie et faciliter l'accès à des marchés dans le domaine de la génomique des plantes et des biotechnologies.

FICHE N° 2

AGENCE DE L'ENVIRONNEMENT ET DE LA MAÎTRISE DE L'ÉNERGIE (ADEME)

Données et chiffres clés
Des financements thématiques porteurs (énergie, développement durable) mais pas de visibilité dans la programmation
Approximativement 9 mois entre la fin de l'appel à projets et le démarrage des travaux, avec versement possible d'un acompte
Des budgets très variables, de moins d'une centaine de milliers d'euros jusqu'à plusieurs millions d'euros
Programme facile d'accès

1. PRÉSENTATION GÉNÉRALE DU DISPOSITIF

1.1. Présentation du financeur

L'Agence de l'environnement et de la maîtrise de l'énergie (ADEME) est un établissement public qui dépend de deux ministères :
- le ministère en charge de l'Écologie, de l'Énergie, du Développement durable et de la Mer, des Technologies vertes et des Négociations sur le climat ;
- le ministère de l'Enseignement supérieur et de la Recherche.

L'ADEME contribue à la mise en œuvre des politiques publiques en matière de protection de l'environnement et de maîtrise de l'énergie au travers de quatre actions :
- connaître : assurer l'animation et participer au financement de la recherche et de l'innovation ;
- convaincre et mobiliser : mettre en œuvre des campagnes de communication de grande ampleur ;
- conseiller : orienter les choix des acteurs socio-économiques ;
- aider à réaliser : déployer des soutiens financiers gradués pour les aides directes à la concrétisation des projets.

Dans ce cadre, l'agence met à disposition des entreprises, des collectivités locales, des pouvoirs publics et du grand public ses capacités d'expertise et de conseil, afin de leur permettre de progresser dans leur démarche environnementale. Elle aide en outre au financement de projets, de la recherche à la mise en œuvre, et ce, dans les domaines suivants : la gestion des déchets, la préservation des sols, l'efficacité énergétique et les énergies renouvelables, la qualité de l'air et la lutte contre le bruit.

Les moyens d'intervention ont représenté 759 millions d'euros en 2010, répartis de la façon suivante :

- énergie : 447 millions d'euros ;
- déchets : 154 millions d'euros ;
- sols pollués et friches : 27 millions d'euros ;
- air et bruit : 55 millions d'euros ;
- actions transversales : 76 millions d'euros.

L'ADEME est devenue au fil des ans un acteur majeur de la stratégie française en matière de développement durable. Elle a signé en 1999 des accords-cadres avec l'ensemble des régions qui ont permis d'élaborer des politiques locales en matière d'énergie et d'environnement. En 2000, elle a participé au pilotage de nombreuses actions du programme national d'amélioration de l'efficacité énergétique (PNAEE). En 2007, le Grenelle de l'Environnement a repris de nombreux dispositifs déjà mis en place par l'ADEME, comme le bilan carbone.

Enfin, l'ADEME s'est vu confier en 2010 la gestion pour le compte de l'État de certains crédits d'investissements d'avenir à hauteur de 2 850 milliards d'euros, concernant les actions des quatre programmes suivants :

- programme « véhicules du futur » : 1 milliard d'euros.
- programme « démonstrateurs et plateformes technologiques en énergie renouvelables et décarbonées et chimie verte » : 1,35 milliard d'euros.
- action « économie circulaire » du programme « démonstrateurs et plateformes technologiques en énergies renouvelables et décarbonées » : 0,25 milliard d'euros.
- volet « réseaux électriques intelligents » du programme « développement de l'économie numérique » : 0,250 milliard d'euros.

1.2. Projets de recherche et développement concernés

L'ADEME finance la recherche en connaissances nouvelles (académique mais hors recherche fondamentale au sens du Manuel de Frascati), la recherche industrielle, le soutien à l'éco-innovation (réservé aux PME) et le développement expérimental).

Si l'on se réfère à l'année 2011, les thématiques scientifiques suivantes ont fait l'objet d'un appel à propositions :

- déploiement des infrastructures de recharge pour les véhicules électriques et hybrides rechargeables ;
- chaînes logistiques et mobilité occasionnelle des personnes ;
- biens et services écoconçus et écologie industrielle ;
- véhicules lourds routiers ;
- recherche sur l'atténuation du changement climatique par l'agriculture et la forêt (REACCTIF) ;
- bioressources, industries et performance (BIP) ;
- travaux de reconversion de friches urbaines polluées dans le cadre de projets d'aménagement durable ;
- déchets du BTP ;
- géothermie ;
- programme TOTAL-ADEME sur l'efficacité énergétique dans l'industrie ;
- STOCKage géologique de CO_2 (STOCKCO2) ;
- intégration optimisée des énergies renouvelables et maîtrise de la demande d'électricité ;
- nouveaux bâtiments et matériaux, polluants émergents et expositions multiples (PRIMEQUAL) ;
- biomasse chaleur industrie, agriculture et tertiaire (BCIAT) ;
- connaissances, réduction à la source et traitement des émissions dans l'air, en lien avec le PNSE2 (CORTEA) ;
- transports ferroviaires ;
- navires du futur ;
- bâtiments et quartiers de qualité énergétique et environnementale ;
- grand éolien ;
- réseaux électriques intelligents ;
- allègement, aérodynamique, architecture des véhicules ;
- chaînes de traction électrique ;
- captage – transport – stockage géologique et valorisation du CO_2 ;
- collecte, tri, recyclage et valorisation des déchets ;
- solutions innovantes de dépollution et de valorisation des sites et des sédiments ;
- bâtiments et îlots à énergie positive ;
- stockage de l'énergie.

2. DESCRIPTION DU DISPOSITIF

2.1. Comment fonctionne le dispositif ?

Le dispositif fonctionne par appel à propositions (ou appel à manifestations d'intérêts) sur des thèmes de recherche spécifiques.
Selon les cas, des auditions peuvent avoir lieu.

2.2. Combien peut-on obtenir de financement ?

Il n'existe pas de montant plafond. Les montants varient (de moins d'une centaine de milliers d'euros jusqu'à plusieurs millions d'euros) en fonction du type d'appel à propositions et surtout du projet proposé.

2.3. Quelles sont les principales caractéristiques du dispositif ?

Les appels ne sont pas publiés de manière régulière. Il est donc important d'effectuer une veille sur le site de l'ADEME. Il est à noter que l'ADEME ne publie pas de programme de travail annuel ou pluriannuel, à l'instar de l'Agence nationale de la recherche[1].

Les projets de recherche financés sont généralement en mode collaboratif.

L'Agence opère un suivi des dossiers et demande notamment aux partenaires un rapport final d'évaluation qui documente les effets du projet. Une étude d'impact est donc à prévoir. Tout projet bénéficiant d'une aide de l'ADEME s'accompagne d'une large diffusion et publication (conférences, séminaires, etc.) des nouvelles connaissances dans le respect des règles de propriété intellectuelle.

La disponibilité des chargés de mission de l'ADEME permet de bien préparer son projet ; plusieurs entretiens sont possibles avant la soumission.

Il est à noter que, dans le cadre de chacun des appels à manifestations d'intérêts publiés sous l'égide des investissements d'avenir, l'ADEME diffuse une feuille de route (*roadmap*), qui permet d'avoir un aperçu du domaine financé, à moyen et à long terme, notamment en matière de verrous technologiques.

Par ailleurs, en comparaison avec les modalités requises au niveau du PCRD, on peut considérer que le montage et le suivi de projet sont allégés et souples.

---

1. Un programme de travail a néanmoins été rendu public le 24 février 2012 (http://www2.ademe.fr/servlet/KBaseShow?sort=-1&cid=96&m=3&catid=24280).

3. POUR ALLER PLUS LOIN

3.1. Sources d'information

Le site Web de l'ADEME : www.ademe.fr, et plus particulièrement la partie dédiée au soutien pour les projets : http://www2.ademe.fr/ sous l'onglet « Recherche et investissements d'avenir ».

3.2. Contacts : organismes référents, prescripteurs pour se lancer

Il faut contacter directement l'ADEME. Ses experts sont facilement accessibles et disponibles pour répondre aux questions.

Le nom des personnes en charge de l'appel à propositions est toujours indiqué, avec les coordonnées téléphoniques.

FICHE N° 3

OSEO

Présentation du financeur

OSEO est né du regroupement puis de la fusion de l'ANVAR et de la BDPME et de sa filiale SOFARIS, et exerce trois métiers complémentaires :
- le soutien de l'innovation ;
- la garantie des prêts bancaires et des interventions en fonds propres ;
- le financement, aux côtés des banques des investissements, de l'immatériel et de la trésorerie des entreprises.

OSEO accompagne le développement des entreprises, particulièrement lors des phases les plus risquées de leur existence, en partageant le risque lié aux financements de ces phases clés avec la banque ou avec les fonds d'investissement qui interviennent dans l'entreprise. Ce partenariat avec les banques et ce positionnement très particulier d'OSEO présentent des avantages qui bénéficient directement à l'entreprise : son projet est expertisé, mieux financé et sécurisé.

Ceci permet de proposer aux PME et aux ETI une offre complète de solutions de financements adaptées à leurs attentes.

Les programmes de soutien à l'innovation d'OSEO sont nombreux et variés :
- aide pour le développement de l'innovation (fiche n° 3.1) ;
- aide pour la faisabilité de l'innovation : aide préalable au développement technique du projet finançant les dépenses permettant de valider la faisabilité technico-économique du projet innovant ;
- aide au partenariat technologique : recherche de partenaires et montage du partenariat dans le cadre d'un projet collaboratif ;
- aide au transfert de technologies : financement des dépenses permettant le passage d'une technologie du laboratoire à l'entreprise ;
- aide à l'innovation passerelle : aide versée à la PME favorisant le partenariat entre un grand compte français ou étranger, public ou privé et une PME/PMI pour mener un développement innovant dont les résultats profiteront prioritairement au grand compte ;
- aide à la création d'entreprises innovantes (études de faisabilité, *business plan*…) ;
- concours national de créations d'entreprises de technologies innovantes, mené en partenariat avec le ministère de l'Enseignement supérieur et de la Recherche ;

- aide à l'innovation stratégique industrielle pour des projets de rupture, collaboratifs et ambitieux (fiche n° 3.2) ;
- financement des projets collaboratifs des pôles de compétitivité par le FUI dont OSEO est gestionnaire (fiche n° 3.3) ;
- qualification « entreprise innovante » dans le cadre des Fonds communs de placement dans l'innovation (fiche n° 3.4) ;
- financement des projets structurants des pôles de compétitivité dans le cadre du programme d'investissements d'avenir (fiche n° 3.6) ;
- financement des projets des filières stratégiques industrielles dans le cadre du programme d'investissements d'avenir.

OSEO a financé des projets de recherche, développement et innovation (4 250 en 2008, 3 778 en 2009) pour un montant de 410 millions d'euros en 2009, 459 millions d'euros en 2008.

À cela s'ajoutent des financements bancaires dédiés aux entreprises innovantes, sans être pour autant directement liés au financement de projets de recherche, développement et innovation spécifiques (fiche n° 3.5) :

- le prêt participatif d'amorçage ;
- le CDI (Contrat de développement innovation) pour le financement d'investissements immatériels et besoins en fonds de roulement ;
- le CDP (Contrat de développement participatif) pour la croissance et la réalisation des projets de développement de l'entreprise ;
- le prêt pour l'export.

FICHE N° 3.1

AIDE POUR LE DÉVELOPPEMENT DE L'INNOVATION

Données et chiffres clés
Dispositif d'aide à destination des PME et des ETI pour la réalisation et le développement d'une innovation avant son lancement industriel et commercial
Approximativement 3 mois entre le dépôt du dossier et le démarrage du projet
Un financement pouvant atteindre jusqu'à 3 M€, avec un montant moyen de l'ordre de 250 k€, versé en une ou plusieurs tranches
Un programme très facile d'accès (recherche menée en interne) ou facile d'accès (recherche collaborative)

1. PRÉSENTATION GÉNÉRALE DU DISPOSITIF

1.1. Finalité du dispositif et budget annuel alloué aux financements

Le dispositif s'adresse aux entreprises suivantes :
- PME de moins de 250 salariés, selon la définition européenne ;
- ETI de plus de 250 salariés à la condition d'être indépendantes et de ne pas appartenir à un groupe de plus de 2 000 personnes ;
- ETI de plus de 2 000 salariés et jusqu'à 5 000 salariés : sur dérogation uniquement.

L'aide à l'innovation est une aide financière versée sous forme de subvention, d'avance remboursable en cas de succès ou de prêt à taux zéro, qui permet de financer de 25 à 65 % du budget du projet technologiquement innovant (innovation de produits, procédés ou services). Les avances sont remboursables en cas de succès du projet, le PTZI étant remboursable quelle que soit l'issue du projet.

1.2. Projets de recherche et développement ou d'innovation concernés

L'objectif est d'aider les entreprises à potentiel, de l'industrie ou des services, qui mènent des projets en phase de recherche industrielle (appliquée) et/ou de développement expérimental :

- à mettre au point des produits, procédés ou services technologiquement innovants et qui présentent des perspectives concrètes de commercialisation ;
- à financer leur participation à des partenariats technologiques nationaux ou européens, dans le cadre de projets d'innovation.

Les dépenses prises en compte sont les suivantes :

- conception et définition du projet ;
- études de faisabilité technico-commerciale ;
- mise au point de l'innovation par le personnel de R&D ;
- prestations et conseils extérieurs ;
- réalisation de prototypes, de maquettes ;
- dépôt et extension de brevets (pour les PME de moins de 250 salariés) ;
- achat d'équipements et de connaissances ;
- préparation du lancement industriel, c'est-à-dire jusqu'à la phase de mise en œuvre du processus de fabrication industrielle.

2. DESCRIPTION DU DISPOSITIF

2.1. Comment fonctionne le dispositif ?

Le dispositif consiste en une participation au financement du projet sous forme de :

- **subvention** : concerne plus particulièrement la phase de R&I dans l'acquisition de nouvelles connaissances (recherche industrielle) ou la phase amont permettant de valider la faisabilité des développements ultérieurs envisagés. Jusqu'à présent, les subventions représentaient environ un tiers du montant global des aides allouées par OSEO dans le cadre de ce dispositif ;
- **avance à taux zéro, remboursable en fonction du succès du projet** : concerne plus précisément la phase de développement du produit (développement expérimental) ;
- **prêt à taux zéro pour l'innovation (PTZI)** : remboursable quelle que soit l'issue du projet, versable en une seule tranche.

Ces différentes formes d'intervention sont modulées par OSEO en fonction :

- de la nature du projet d'innovation (*cf.* les catégories ci-après) ;

- du niveau technologique et de risque ;
- de l'état d'avancement du projet (faisabilité/développement) ;
- de l'âge et de la taille de l'entreprise ;
- du caractère incitatif de l'aide : recherche industrielle, développement expérimental, projet collaboratif ou non, en phase amont ou de développement...

Les projets sont classés en quatre catégories :

- projets d'innovation de procédés et d'organisation à faibles risques technico-économiques dans les services ; l'innovation d'organisation est liée à l'utilisation et à l'exploitation des technologies d'information et de communication (TIC) ;
- projets de R&D à risques technico-économiques significatifs, caractérisés par une évolution de produits, procédés ou services, réalisée au moyen d'innovations incrémentales nécessitant des adaptations ou des développements technologiques par rapport à l'état de l'art ;
- projets de R&D à forts risques technico-économiques, caractérisés par un saut technologique, une innovation de rupture, une diversification radicale ou la création d'entreprise innovante ainsi que des projets à enjeux sociétaux et de filières stratégiques ;
- projets de R&D collaboratifs, notamment issus des pôles de compétitivité.

Les entreprises doivent avoir déposé leurs dossiers de demande d'aide au projet de R&I auprès d'OSEO (directions régionales), préalablement au démarrage du projet. Les projets bénéficient d'une expertise technico-économique s'appuyant sur des experts reconnus dans leur spécialité et mandatés par OSEO afin de porter un avis sur le projet à financer. OSEO assure, le cas échéant, la promotion du projet auprès de membres de réseaux de recherche (incubateurs, pôles de compétitivité...).

Le délai de versement du financement est de l'ordre de trois mois.

2.2. Combien peut-on obtenir de financement ?

Ce sont les directions régionales d'OSEO, sur fonds dotés directement ou indirectement par l'État, qui financent le dispositif. Selon les montants, les interlocuteurs décisionnaires OSEO ne sont pas les mêmes :

- en direction régionale, jusqu'à 1 million d'euros ;
- en autorisation nationale, au-delà de 1 million d'euros.

En pratique, OSEO scinde le projet en deux parties, en distinguant la démonstration de la faisabilité du projet de celle du développement et de sa réalisation proprement dite. OSEO financera alors chaque partie distinctement selon les trois modes de financement décrits ci-dessus : plutôt en subvention pour la première, en avance remboursable ou en PTZI pour la deuxième. Les taux de l'aide varient de 25 à 65 % des dépenses engagées, selon les caractéristiques du projet (exemple : collaboratif ou non) et celles du bénéficiaire (exemple : PME ou non).

En règle générale, le montant du financement sera d'autant plus élevé que le degré d'innovation est élevé. Le caractère novateur du projet est donc essentiel.

2.3. Modalités pratiques d'obtention de financement

Le dossier est élaboré en liaison avec la direction régionale compétente d'OSEO. Il doit intégrer :

- une partie technique correspondant à un projet clairement identifié. Cette partie est libre, mais il faut être bien évidemment le plus convaincant possible quant à l'apport innovant du projet ;
- une partie économique comprenant notamment un plan d'affaires : il intégrera entre autres un compte de résultat prévisionnel, un plan de financement sur trois à quatre ans dégageant les besoins de financement, ainsi que le détail des dépenses qui seront engagées par nature.

Des modèles, un canevas de demande d'aide et une aide personnalisée sont mis à disposition par les directions régionales d'OSEO.

Les avances ou subventions sont versées en fonction de l'avancement des dépenses engagées. Souvent, une première avance de l'ordre de 30 % est versée au démarrage du projet. Puis, en fonction d'un calendrier préétabli contractuellement, les versements suivent en plusieurs acomptes. Le solde étant versé *in fine* sur présentation du rapport final. Le PTZI est versé en une seule fois au début du projet.

OSEO dispose d'un droit de contrôle sur les dépenses engagées et peut, le cas échéant, diligenter une expertise. Les avances sont remboursables en cas de succès du projet (la réalisation technique est effective et le projet est prêt à être commercialisé). Le remboursement intervient généralement après qu'un délai plus ou moins long a été accordé, afin de laisser le temps au démarrage de la commercialisation et de pouvoir en percevoir les premiers bénéfices financiers.

2.4. Quels sont les principaux avantages du dispositif ?

OSEO peut intervenir dès le stade de la création juridique de l'entreprise. Les subventions sont définitivement acquises, alors que les avances par définition sont remboursables, le PTZI est remboursé quelle que soit l'issue du projet.

Les délais d'instruction sont courts (3 mois).

La durée du remboursement est généralement fixée pour le double de la durée du financement ; si un projet a été financé sur 18 mois, alors la durée de remboursement, après une « franchise » de quelques mois permettant le lancement commercial, sera étalée sur 36 mois.

2.5. Bien comprendre les contraintes spécifiques au dispositif

2.5.1. Sur le plan juridique

Le dispositif est encadré par un contrat signé avec OSEO. Ce contrat doit être approuvé dans toutes ses modalités pour éviter les surprises en termes de déblocages de fonds, de délais de remise des rapports et de modalités de remboursement des avances et du PTZI.

2.5.2. Sur le plan méthodologique

Le projet doit être géré en sa partie technique et en sa partie économique et comptable :

- partie technique :
  - rapports de suivi et de progression,
  - points d'étapes intermédiaires,
  - documentation technique, etc. ;
- partie gestion :
  - suivi individualisé des heures,
  - factures d'achats et frais,
  - investissements spécifiques,
  - utilisation de matériels en partage, etc. ;
- suivi des écarts avec le programme initial et information à OSEO, qui pourra ainsi accepter les reports d'une ligne budgétaire à une autre. En revanche, le financement, sauf cas exceptionnel, ne sera pas révisé si la dépense devait se révéler supérieure au budget initial.

2.5.3. Sur le plan fiscal

- Les subventions effectivement reçues (encaissées) entrent dans les produits soumis à l'impôt sur les sociétés (IS) et sont déduites de l'assiette de calcul du crédit d'impôt recherche (CIR).

- Les avances remboursables effectivement reçues (encaissées) sont déduites de l'assiette de calcul du CIR l'année de leur perception. Les remboursements effectués ultérieurement sont réintégrés dans l'assiette de calcul du CIR l'année du paiement effectif.

Il est recommandé de contacter au préalable les chargés d'affaires des directions régionales d'OSEO, dont l'aide sera utile pour la constitution du dossier. Une fois le projet démarré, il faut absolument constituer un dossier justificatif. Il devra être établi au fur et à mesure et être exhaustif et précis. Il comprendra tous les éléments justificatifs de dépenses, les copies des factures correspondantes, les dossiers techniques et descriptifs des travaux réalisés et les feuilles de temps passé. Il servira de base documentaire pour justifier les déblocages et devra pouvoir être produit à OSEO sur simple demande. Tant son contenu que la forme seront importants.

3. POUR ALLER PLUS LOIN

3.1. Sources d'information

OSEO : http://www.oseo.fr/votre_projet/innovation/aides_et_financements/aides/aide_pour_le_developpement_de_l_innovation

3.2. Contacts : organismes référents, prescripteurs pour se lancer

Directions régionales OSEO :
http://www.oseo.fr/notre_mission/nos_equipes_en_region

FICHE N° 3.2

AIDE AUX PROJETS D'INNOVATION STRATÉGIQUE INDUSTRIELLE (ISI)

Données et chiffres clés	
Dispositif d'aide aux PME et aux ETI, de la recherche industrielle au développement expérimental, en mode collaboratif	
⊙	Approximativement 9 mois entre le dépôt du dossier et le versement d'un acompte
€	Aides de 3 à 10 M€ par projet
🔓	Programme facile d'accès

1. PRÉSENTATION GÉNÉRALE DU DISPOSITIF

1.1. Finalité du dispositif

Le programme ISI concerne des projets collaboratifs stratégiques rassemblant au moins deux entreprises et un laboratoire. Ce dispositif constitue l'un des programmes de soutien d'OSEO aux projets innovants menés par les entreprises.

Les projets doivent contribuer à créer ou renforcer de nouveaux champions européens ou mondiaux. Ces projets collaboratifs structurants permettent de réunir toutes les compétences utiles d'entreprises et laboratoires autour de travaux de R&D, pour mettre sur le marché des produits, procédés ou services à forte valeur ajoutée, générateurs de croissance.

Le programme s'adresse :

• aux entreprises de droit français, jusqu'à 5 000 salariés (voire plus dans certains cas exceptionnels) ;

• aux établissements de recherche publics et privés français, partenaires d'un projet d'innovation industrielle.

Il n'est pas rare de voir des projets financés *via* ce programme OSEO regrouper de cinq à huit entreprises partenaires avec au moins un laboratoire public.

1.2. Projets de recherche et développement concernés

L'aide ISI est accordée dans le cadre de projets d'innovation industriels, dont la composante collaborative privé-public est stratégique pour mener à bien leur réalisation. Il s'agira :

- de ruptures technologiques ou sauts technologiques significatifs ;
- d'innovations majeures en termes d'offres au consommateur/au marché ;
- d'objectifs industriels (produits, procédés, services) certes risqués, mais prometteurs.

À titre d'exemple, nous pourrions considérer un groupe d'industriels souhaitant s'associer dans le cadre du développement d'un prototype innovant. Chaque partenaire devra contribuer selon ses compétences à sa part de développement technologique, afin que l'ensemble puisse être fonctionnel et être considéré comme réellement innovant.

La phase de développement des projets s'étalera principalement sur deux à cinq ans. Le montant des aides accordées par projet ISI s'établit autour de 3 à 10 millions d'euros, sous la forme de subventions et d'avances remboursables. Le budget alloué à ISI en 2011 était de 130 millions d'euros.

Les projets de R&D qui peuvent bénéficier d'un soutien financier concernent des activités de recherche industrielle et de développement expérimental. Les dépenses éligibles prises en compte, engagées par les partenaires lors des activités du projet, concernent :

- les coûts de personnel ;
- les prestations externes ;
- les connaissances techniques et brevets ;
- les amortissements des équipements ;
- les terrains et locaux ;
- les frais généraux liés au programme (incluant les frais de gestion des projets plafonnés à 7 % des coûts éligibles).

2. DESCRIPTION DU DISPOSITIF

2.1. Cadre légal/réglementaire du dispositif

OSEO est présent sur l'ensemble du territoire, proche des entrepreneurs, grâce à ses directions régionales. L'État, par acte unilatéral ou par convention, et les collectivités territoriales, en particulier les régions, ainsi que leurs établissements publics, par convention, confient à l'établissement des missions d'intérêt général. L'État et les régions dotent les fonds de garantie et d'innovation. OSEO est également un relais actif de la politique européenne en faveur des PME et de l'innovation.

Grâce aux relations privilégiées avec les régions et les acteurs qui appuient le développement des PME, OSEO offre une forte capacité à partager les risques et procure un effet de levier maximum aux interventions. Cette capacité à faire levier permet de mutualiser et d'optimiser l'impact des moyens mis à disposition pour les porteurs de projets, tout en offrant un cadre simplifié et efficace aux PME.

L'intégration de l'Agence de l'innovation industrielle (AII) au sein d'OSEO, effective depuis le 1er janvier 2008, doit permettre de remédier à la faiblesse actuelle du soutien aux entreprises moyennes innovantes et de mettre en place *via* OSEO un guichet unique proposant une gamme complète d'aides adaptées à toutes les tailles d'entreprises et de projets innovants. Ce programme d'innovation stratégique industrielle créé au sein d'OSEO est centré sur les projets de R&D collaboratifs portés par des entreprises moyennes.

Le régime notifié de cette aide n° 121/2006 a été validé par la Commission européenne le 19 juillet 2006.

2.2. Comment fonctionne le dispositif ?

2.2.1. Projet collaboratif

- Une entreprise « chef de file » porte le projet et réunit des partenaires académiques et industriels, publics ou privés, vers un objectif commun.
- La limite supérieure de l'effectif des entreprises bénéficiaires d'aides est fixée à 5 000 personnes, mais peut exceptionnellement être dépassée pour des projets ambitieux, dans des secteurs à fort enjeu sociétal (santé et environnement, par exemple).
- Les grands groupes peuvent être partenaires du projet, mais ne seront pas financés pour leur part R&D.
- Le chef de file assure la gestion et la coordination du projet : son rôle est essentiel au succès du projet.
- En théorie, toute entreprise, y compris une PME de moins de 250 salariés, voire une TPE, peut être chef de file si elle démontre ses capacités managériales et fédératrices.
- Le projet collaboratif est susceptible d'évolution pendant son exécution, tant au niveau de son contenu que de son ampleur.

Des aides au partenariat technologique et à la faisabilité de projet (voir http:// www.oseo.fr/ notre_mission/notre_offre/innovation/aides) peuvent être attribuées pendant la phase de montage aux entreprises de moins de 2 000 salariés, afin de favoriser l'émergence et la préparation de projets collaboratifs éligibles au programme ISI.

2.2.2. Collaboration

- Plusieurs entreprises (sociétés commerciales) doivent collaborer. La coopération d'une seule entreprise avec un laboratoire ne suffit pas à caractériser un projet ISI.
- La collaboration est avérée : la sous-traitance ou la juxtaposition de compétences ne suffisent pas à justifier le caractère collaboratif. Les travaux (et les risques) sont partagés et/ou font l'objet d'échanges d'expertise, pour une utilisation avec des objectifs communs, mais également des débouchés pour chacun.
- La collaboration peut aussi intervenir tout au long de la chaîne de valeur, dès lors qu'elle dépasse les relations naturelles entre clients et fournisseurs, et met en jeu une complémentarité des contributions pour aboutir à une solution complète sur le marché.

2.2.3. Accord entre les partenaires

- Le versement de l'aide ISI est conditionné à la présentation des accords juridiques organisant la collaboration (mandats de représentation, accords de partenariat…), portant à la fois sur la gouvernance du projet, les droits et devoirs des partenaires (apports respectifs, confidentialité, droits d'accès…) et les règles d'attribution et d'exploitation des résultats.
- Les accords de partenariat pourront être complétés de préaccords industriels sur l'exploitation future.
- Un contrat commun entre les participants et OSEO devra être approuvé. Il définira, entre autres, les règles d'attribution du financement et tous les aspects liés au fonctionnement de l'aide attribuée.

2.3. Combien peut-on obtenir de financement ?

Le montant maximum d'une aide ISI accordée par projet (et non par partenaire) s'établit à 10 millions d'euros.

L'aide est versée :
- en subvention, pour les activités qui relèvent de la recherche industrielle. Le taux varie entre 25 % et 45 % ;
- en avance remboursable, pour les activités qui relèvent du développement expérimental. Le taux varie entre 40 % et 50 %, voire jusqu'à 65 % selon la taille de l'entreprise et selon que le projet est labellisé ou non par un pôle de compétitivité.

Les taux d'aide sont alloués en fonction de la taille de l'entreprise et du caractère innovant du projet. En règle générale, plus le projet sera technologiquement innovant, plus l'aide sera élevée et donc incitative, en particulier pour les PME au sens communautaire.

Les laboratoires sont financés à hauteur de 40 % des coûts complets liés au projet, et les frais généraux sont plafonnés à 20 % des frais de personnel.

2.4.   Modalités pratiques d'obtention des financements

Le dossier à élaborer comprend un volet technique et un volet économique et financier. En général, sous l'égide du chef de file (entreprise principale et souvent initiatrice du projet), les partenaires établissent ensemble un plan de développement complet que chaque participant travaille en détail pour sa partie. L'homogénéité du projet est assurée par des réunions de coordination au cours desquelles sont précisées les étapes du projet, les tâches dévolues à chaque participant, les jalons et les livrables. Parallèlement, chaque participant élabore son budget relatif à sa part d'activité.

2.4.1.   La partie technique

- Elle est élaborée lors de réunions techniques avec tous les participants pour établir un programme de développement cohérent et complémentaire.
- Le dossier doit être complet et faire ressortir les étapes convenues d'avancement des travaux ; les participants pouvant participer à toutes les phases ou seulement à certaines étapes.

2.4.2.   La partie économique et financière

- En fonction des travaux requis, chaque participant dresse ses budgets prévisionnels comprenant l'ensemble des dépenses envisagées (personnel, achats, sous-traitances éventuelles, investissements spécifiques au programme, coûts d'utilisation de locaux ou matériels existants, frais et débours annexes, etc.).
- OSEO exerce une expertise technique et une expertise économique auprès de chaque participant et propose des aménagements qui sont discutés jusqu'à un accord de principe.
- Les participants élaborent entre eux un contrat (définissant l'ensemble de leurs relations durant le projet et la répartition des enjeux économiques en phase industrielle [brevets, licences, fabrications, etc.]).
- Une convention globale reprenant l'ensemble des engagements et droits de chacun est établie par OSEO et mise à la signature.

- Les fonds, subventions et avances remboursables sont ensuite versés selon les calendriers établis.

Les avances ou subventions sont versées en fonction de l'avancement des dépenses engagées. C'est le chef de file qui assure la gestion du contrat avec OSEO et le suivi dans le temps. En revanche, les fonds seront versés directement aux participants selon les modalités prévues dans le contrat. Des acomptes sont versés au fur et à mesure de l'avancement du projet, le solde *in fine* lors du rapport de présentation final.

OSEO dispose d'un droit de contrôle sur les dépenses engagées et peut, le cas échéant, diligenter une expertise.

Les avances sont remboursables en cas de succès du projet. L'échéancier de remboursement forfaitaire est déclenché dès l'atteinte d'un premier seuil de chiffre d'affaires cumulé.

Les remboursements sont actualisés sur la base du taux de référence européen. À l'issue du remboursement de l'avance selon l'échéancier forfaitaire établi contractuellement, des remboursements complémentaires sont activés dès l'atteinte d'un second seuil de chiffre d'affaires cumulé. Ces remboursements complémentaires correspondent à un pourcentage du chiffre d'affaires pendant une durée qui peut varier entre deux et quatre ans. Le montant total des remboursements complémentaires est plafonné.

2.5. Obligations de suivi du déploiement industriel des résultats et de la commercialisation des produits du projet ISI

Chaque bénéficiaire industriel transmet à OSEO un rapport industriel annuel à date fixe. Cette transmission a lieu la première année jusqu'à la fin du projet.

Le rapport industriel comporte les informations suivantes :
- les prévisions d'industrialisation des résultats ou l'état d'avancement de leur industrialisation (points marquants, difficultés rencontrées) ;
- l'évolution du marché pertinent et de la concurrence ;
- les prévisions calendaires de mise sur le marché des produits et des résultats et les canaux de vente prévus ;
- les dépenses de recherche et développement annuelles du bénéficiaire ;
- le nombre et la qualification des emplois créés ou préservés ;
- le relevé d'exploitation commerciale ;
- les prévisions de ventes par zone géographique et par produit en unités ou en chiffres d'affaires ;
- les canaux de vente utilisés et prévus.

Dans l'hypothèse où OSEO, le chef de file ou l'un des bénéficiaires le jugerait nécessaire, une réunion de suivi du déploiement industriel et commercial du projet pourrait être organisée.

2.6. Quels sont les principaux avantages du dispositif ?

Ces programmes collaboratifs tissent entre les participants, durant les phases de développement, des relations industrielles et commerciales sur des produits innovants futurs.

Le dispositif permet de lancer des développements qu'isolément les participants n'auraient peut-être pas lancés, faute de visibilité. Le lancement des produits industriels se traduira, en cas de réussite, par des mises sur le marché dans lesquelles chaque participant trouvera son compte.

Les aides, subventions et avances sont d'autant plus importantes en proportion que les entreprises sont petites. Ceci dans le but de soutenir le développement des PME et des ETI en France.

2.7. Bien comprendre les contraintes spécifiques au dispositif

Il s'agit d'un dispositif collaboratif. La plupart des difficultés rencontrées au cours du programme ou lors du lancement des produits proviennent de difficultés relationnelles entre participants.

Il convient donc d'être particulièrement vigilant pour prévoir toutes les relations avant la mise en place du dispositif, et donc de bien délimiter le champ d'intervention de l'entreprise, tant vis-à-vis des autres participants que d'OSEO.

Le chef de file assurera la gestion du projet. Compte tenu des contraintes en termes de ressources et de disponibilité, ce sera le plus souvent une grande entreprise. Et plus le nombre de participants sera élevé, plus la gestion du dossier pourra être complexe.

3. POINTS D'ATTENTION AU DISPOSITIF

3.1. Obligations à respecter

Pour que la convention avec OSEO soit signée, il faut que les participants aient signé une convention entre eux.

- La convention entre les participants doit régler, notamment, les apports et droits de chacun en matière de propriété intellectuelle.

- Les participants doivent être parfaitement en accord sur les répartitions de tâches pendant toute la durée du programme (deux à cinq ans en général, en une ou plusieurs phases), mais aussi pour la répartition des retours techniques et économiques après le lancement des produits.

Les comptes rendus intermédiaires et le dossier final doivent être suffisamment explicites, documentés et justifiés pour ne pas être remis en cause au moment des déblocages de fonds.

3.2. Pièges à éviter

Il est impératif de tenir au fil de l'eau les données de suivi et de gestion du projet (heures, dépenses, comptes rendus techniques).

La procédure de justification des dépenses auprès d'OSEO est rigoureuse et nécessite une importante documentation qu'il est difficile de rassembler et de présenter en une fois, à l'échéance convenue. Il convient donc d'organiser cette documentation au fur et à mesure de l'avancement des travaux.

La répartition des tâches entre les participants devra avoir été clairement définie avant même le démarrage du projet. Surtout dans le cas d'une PME participante : elle devra veiller à bien protéger ses acquis (brevets déposés, royalties sur produits futurs…) afin de ne pas se faire déposséder par une plus grande entreprise mieux avertie. Surtout, elle ne devra pas se laisser prendre au piège de l'attrait du « cash » au démarrage et oublier que c'est le chiffre d'affaires futur qui assurera la pérennité de l'entreprise.

3.3. Nos conseils et recommandations

Il est recommandé d'établir des partenariats à long terme avec les autres participants.

Il est préférable de rentrer dans ce dispositif en tant que partenaire, non pas en tant que chef de file.

L'assistance d'un conseil extérieur, si l'entreprise souhaite être chef de file, sera déterminante : celui-ci pourra assister l'entreprise lors du montage du dossier, mais aussi tout au long du suivi administratif, partie qu'il ne faut pas sous-estimer. De même dans le cas d'une PME participante, il vaut mieux l'avis d'un conseil averti qui saura protéger vos intérêts, car le montage juridique peut s'avérer complexe.

Il est nécessaire de constituer un dossier tout au long du déroulement du projet. Il comprendra tous les éléments justificatifs des dépenses, les copies des factures correspondantes, les dossiers techniques et descriptifs des travaux réalisés et les feuilles de temps passé. Il servira de base documentaire pour justifier les versements et doit pouvoir être produit à OSEO sur simple demande.

4. POUR ALLER PLUS LOIN

4.1. Sources d'information

- OSEO : http://www.oseo.fr/
- Direction du programme ISI :
  http://www.oseo.fr/notre_mission/notre_offre/innovation/aides/
  aide_aux_projets_d_innovation_strategique_industrielle_isi

4.2. Contacts : organismes référents, prescripteurs pour se lancer

Directions régionales OSEO :
http://www.oseo.fr/notre_mission/nos_equipes_en_region

FICHE N° 3.3

AIDE AUX PROJETS COLLABORATIFS DES PÔLES DE COMPÉTITIVITÉ (FUI)

Données et chiffres clés	
Dispositif d'aide aux entreprises via les pôles de compétitivité, de la recherche industrielle au développement expérimental, en mode collaboratif	
	Approximativement 12 mois entre le dépôt du dossier et le démarrage des travaux
	Un budget par projet compris entre 2 et 8 M€
	Programme facile d'accès

1. Présentation générale du dispositif

1.1. Finalité du dispositif et budget alloué aux financements

Les pôles de compétitivité ont pour objectif de mettre en réseau les acteurs de l'innovation sur un territoire donné. La politique des pôles a pour but :

• de développer la compétitivité de l'économie française ;
• de conforter sur des territoires des activités à fort contenu technologique ;
• d'accroître l'attractivité de la France grâce à une visibilité internationale accrue ;
• de favoriser la croissance et l'emploi.

Un pôle de compétitivité est, sur un territoire donné, une association d'entreprises, de centres de recherche et d'organismes de formation, engagée dans une démarche partenariale (stratégie commune de développement) destinée à dégager des synergies autour de projets innovants conduits en commun en direction d'un (ou de) marché(s) donné(s).

L'aide aux projets collaboratifs des pôles de compétitivité est un programme destiné à soutenir le développement de nouveaux produits et services dans un délai de l'ordre de cinq ans à compter de la fin du programme de R&D.

Les soutiens financiers de l'État en faveur des projets de R&D collaboratifs des pôles de compétitivité sont regroupés dans un fonds unique interministériel dédié (FUI).

Le FUI est logé au sein du Fonds de compétitivité des entreprises (FCE) du ministère de l'Économie, de l'Industrie et de l'Emploi (MINEFE). Ses contributeurs sont les ministères chargés de l'Industrie, de la Recherche, du Développement durable, de l'Aménagement du territoire, des Transports, de la Défense, de l'Équipement, de l'Agriculture, de la Santé, des Services, etc.

Le FUI a été géré, de 2005 à 2009, par la Direction générale de la compétitivité, de l'industrie et des services (DGCIS) du MINEFE. La DGCIS poursuit son rôle d'animateur du groupe de travail interministériel pour la sélection et l'instruction des projets financés par le FUI. La gestion proprement dite du FUI a été transférée à OSEO à partir du 9e appel à projets, en octobre 2009.

Le budget alloué dans le cadre du FUI est de 495 millions d'euros pour les projets R&D sur la période 2009-2011. À cela s'ajoutent 105 millions d'euros alloués par le FUI en cofinancement de projets d'équipements et d'infrastructures mutualisés (« plateformes d'innovation »).

Les collectivités locales ont la possibilité d'abonder au financement des projets sélectionnés dans le cadre du FUI. L'engagement des collectivités territoriales à soutenir les projets de R&D des pôles concernés constitue un critère majeur de sélection. Il est clair qu'un projet non cofinancé voit ses chances d'aboutir fortement réduites.

1.2. Projets de recherche et développement concernés

Le projet doit rassembler au moins deux entreprises et un laboratoire ou organisme de recherche public, ou organisme de formation.

Le projet doit avoir pour objectif de développer un ou de nouveaux produits ou services à fort contenu innovant conduisant à la mise sur le marché à un terme de l'ordre de cinq ans à compter de la fin du programme de R&D (sauf exception).

Le FUI finance des projets collaboratifs de recherche industrielle et de développement expérimental.

Les projets sont géographiquement localisés. Il est donc important que le projet de R&D soit en adéquation avec les thèmes portés par le pôle de compétitivité dont dépend géographiquement l'entreprise.

Il faut aussi rappeler que le financement va dépendre de la possibilité d'être cofinancé par les collectivités territoriales.

2. DESCRIPTION DU DISPOSITIF

2.1. Comment fonctionne le dispositif ?

Le dispositif fonctionne par appel à projets. Il y a deux appels par an, un au printemps (date limite de soumission fin avril) et un à l'automne (date limite de soumission fin novembre).

Il repose sur une double évaluation :

- la première est effectuée par les pôles de compétitivité. Ces derniers labellisent les projets qui correspondent à leurs objectifs stratégiques. Les thématiques de R&D doivent correspondre au domaine d'activité du pôle ;
- la seconde est faite par le FUI. Seuls les projets labellisés peuvent soumettre un dossier pour obtenir un financement auprès du FUI.

La DGCIS du ministère de l'Économie, de l'Industrie et de l'Emploi coordonne la procédure de sélection, par appel à projets. OSEO, par délégation, est chargée de la gestion du fonds, et gère, au plan opérationnel, la procédure de sélection des projets.

Ceux-ci seront sélectionnés essentiellement sur la base des critères suivants :

- nature stratégique du projet pour les entreprises impliquées dans le projet ;
- contenu technologique innovant ;
- aspect stratégique et structurant du projet au regard des objectifs du ou des pôles concernés ;
- perspectives commerciales (marchés visés) et positionnement des acteurs dans ces marchés (analyse des atouts et des faiblesses des acteurs au regard des marchés visés) ;
- retombées en matière de création de valeur, d'activité et d'emploi (création d'emplois de personnel de R&D à court terme, développement de l'emploi dans la phase d'industrialisation et de déploiement commercial) dans le périmètre du ou des pôles concernés et éventuellement pour les filières nationales ;
- intérêt, voire implication, manifesté par les utilisateurs au stade de la conception ou du développement des nouveaux produits ou services ;
- qualité du partenariat notamment au sein des pôles, complémentarité des expertises requises ;
- efficacité des dispositions envisagées pour la gestion du projet tout au long de son déroulement (ressources consacrées à la coordination entre partenaires et au suivi des livrables, compétences en management de projets, etc.) ;
- complémentarité avec d'autres projets sélectionnés par le pôle, voire d'autres pôles, faisant l'objet de soutiens publics ;
- caractère incitatif de l'aide (accélération des travaux, réalisation de travaux qui n'auraient pas pu être réalisés sans l'intervention publique).

2.2. Combien peut-on obtenir de financement ?

Le fonds finance des projets ayant un budget moyen de 6 millions d'euros (taux de subvention de 36 %) sur la période 2005-2007 et de 4,2 millions d'euros sur la période 2008-2011 (taux de subvention de 43 %).

Il est impératif de recevoir un cofinancement des collectivités territoriales : la plupart des pôles mettent en place des procédures spécifiques pour obtenir ces financements locaux. Après la soumission du projet, un comité des financeurs se réunit, auquel participent les représentants des collectivités territoriales.

Les participants obtiennent individuellement des financements de 100 000 à 500 000 euros.

- Les grands groupes sont financés à 25 % des coûts éligibles.
- Les entreprises de taille intermédiaire (ETI, nombre de salariés compris entre 250 et 2 000) peuvent obtenir une subvention à hauteur de 30 % de leurs coûts si elles sont implantées dans la zone de R&D (géographique) du pôle de compétitivité qui les soutient (25 % hors zone de R&D).
- Les PME (au sens communautaire, notamment effectif inférieur à 250 personnes) sont financées à hauteur de 45 % des dépenses si elles sont implantées dans la zone de R&D (géographique) du pôle de compétitivité qui les soutient. Sinon, le taux de subvention est de 30 %.
- Pour les établissements relevant de la sphère publique, les aides sont accordées sous forme de subvention dans la limite de 40 % des coûts complets. Pour les établissements ne disposant pas d'une comptabilité analytique fiable, les aides peuvent être accordées sous forme de subventions dans la limite de 100 % des coûts marginaux exposés, hors salaires et charges des personnels statutaires.

Les aides accordées font l'objet d'une convention par partenaire (convention monotitulaire).

2.3. Modalités pratiques d'obtention de financement

La première phase est l'obtention d'une labellisation par un ou plusieurs pôles de compétitivité. Chacun des 71 pôles en France a défini une procédure plus ou moins contraignante pour la labellisation qui peut être consultée sur son site internet.

En général, la labellisation repose sur une évaluation par un comité scientifique et une labellisation par un comité de labellisation. Par ailleurs, les projets inter-pôles sont très appréciés.

Pour certains pôles, la procédure est assez longue et il est judicieux de prendre contact avec les représentants des pôles au moins quatre ou cinq mois avant la date limite de soumission.

La seconde phase est une soumission du projet par voie électronique sur l'extranet du FUI. Le dossier à remettre comporte, entre autres :

- une partie administrative : résumé du projet, données administratives sur les sociétés participantes, données financières (budget prévisionnel par catégorie de dépenses), engagement signé des participants ;
- une partie technique : justification du projet (économique et technique), description des actions à mener, résultats attendus, impacts et effets du projet (chiffre d'affaires généré, effets sur l'accroissement de la compétitivité, réponse à des problèmes sociétaux tels l'environnement ou la santé publique).

2.4.   Dépenses éligibles

Sont notamment éligibles les dépenses de personnels affectés au projet, identifiés et appartenant aux catégories suivantes : chercheurs, ingénieurs et techniciens.

Sont également éligibles les amortissements d'équipements et de matériels de recherche, ainsi que les travaux sous-traités à des laboratoires publics ou privés.

Pour les laboratoires publics, les salaires et charges des personnels statutaires ne peuvent pas être retenus dans les dépenses éligibles, mais doivent néanmoins être explicités dans le dossier.

2.5.   Entreprises concernées

Toutes les entreprises françaises sont concernées, quelle que soit leur taille.

Les laboratoires publics sont également éligibles, mais uniquement en tant que participant et non pas en tant que chef de file.

2.6.   Quels sont les principaux avantages du dispositif ?

Ce dispositif permet de cofinancer des projets collaboratifs proches de l'industrialisation ou de la mise sur le marché de produits et services, c'est-à-dire des projets qui peuvent potentiellement être source de profit à court terme.

Les délais de démarrage à partir du moment de la soumission sont relativement courts (de l'ordre de quatre à six mois).

Le taux de succès est de l'ordre de 45 % sur la période 2008-2011, ce qui est très intéressant par rapport à un programme du type PCRD.

2.7. Bien comprendre les contraintes spécifiques au dispositif

Les contraintes géographiques sont fortes. Il n'est pas possible d'être labellisé par n'importe quel pôle. En général, il faut être situé dans la zone géographique du pôle dont le thème correspond au projet de recherche.

Le cofinancement par une collectivité territoriale est un critère de sélection. Il faut donc veiller, avant d'entreprendre les démarches, à ce que votre projet puisse être éligible à une subvention de ce type. Il est donc impératif d'être bien intégré localement et de bénéficier d'appuis locaux et d'un bon réseau.

Les collectivités territoriales ont tendance à favoriser les projets labellisés par les pôles de leur région. Par exemple, une PME située en Bretagne qui souhaite s'associer à un projet labellisé en Région PACA sur une thématique non présente en Bretagne verra son taux de subvention limité à 30 % (45 % si PME située dans la zone du pôle) et aura plus de difficultés pour obtenir des financements régionaux.

Le processus de labellisation par les pôles peut être long : c'est un prérequis qui doit être anticipé, notamment s'il y a colabellisation par plusieurs pôles.

Il est nécessaire d'être adhérent aux pôles qui labellisent le projet. L'adhésion présente un surcoût qui va de 1 000 à 5 000 euros annuels.

3. POINTS D'ATTENTION AU DISPOSITIF

3.1. Obligations à respecter / Pièges à éviter

Le porteur du projet, ou chef de file, doit impérativement être une entreprise privée.

La majeure partie des travaux de R&D doit être effectuée dans la zone géographique du pôle.

Le dispositif sert à renforcer la compétitivité des entreprises. Il est important de justifier et démontrer, chiffres à l'appui, les retombées économiques du projet.

La mise sur le marché de produits et services à la fin des projets est un des critères d'évaluation. Il a donc vocation à soutenir des projets portés par le secteur privé dont l'objectif est la commercialisation du produit ou du service.

La problématique est qu'il faut développer un produit ou un service commercialisable, ce qui peut induire un certain niveau de confidentialité (aspect concurrentiel, etc.). Ceci peut s'avérer contradictoire alors que le programme s'adresse à des projets collaboratifs, qui engendrent de fait un bon niveau de partage de l'information.

Un des moyens de résoudre cette difficulté est de travailler en filière (fournisseurs-clients) : par exemple, un fabricant d'emballages plastiques va développer un nouveau biomatériau avec son fournisseur de matière plastique. Les résultats de la recherche seront exploités par l'un et par l'autre, sur leurs marchés respectifs.

Autre possibilité, afin de résoudre cette contradiction apparente : travailler sur une problématique technique précise, mais sur des marchés différents. Ceci est cependant plus complexe à mettre en œuvre, car les contraintes du marché impliquent forcément des axes de recherche bien précis et propres au marché.

3.2. Nos conseils et recommandations

Il ne faut pas hésiter à contacter OSEO, qui apportera un véritable support à la mise en place du financement FUI et pourra faire bénéficier l'entreprise de son réseau.

Il est recommandé de prendre des contacts très tôt avec le ou les pôles de compétitivité ciblés.

Le montage n'est pas un acte anodin, il nécessite du temps pour la ou les personnes impliquées, qui peuvent être détournées de leurs tâches courantes. C'est pourquoi il faut prévoir d'y affecter les ressources nécessaires. Se faire aider d'un conseil extérieur spécialisé peut être judicieux.

4. POUR ALLER PLUS LOIN

4.1. Sources d'information

OSEO : http://www.oseo.fr/partenaires/poles_de_competitivite2
Pôles de compétitivité : www.competitivite.gouv.fr

4.2. Contacts : organismes référents, prescripteurs pour se lancer

- Pour les pôles de compétitivité : le secrétariat de chacun des 71 pôles.
- Pour le financement : la direction des programmes innovation à OSEO, ou OSEO dans la région concernée.

FICHE N° 3.4

« QUALIFICATION ENTREPRISE INNOVANTE » AU TITRE DES FCPI

1. PRÉSENTATION GÉNÉRALE DU DISPOSITIF

1.1. Finalité du dispositif

La qualification « entreprise innovante » permet aux entreprises d'ouvrir leur capital aux Fonds communs de placement dans l'innovation (FCPI) et/ou de bénéficier des marchés publics de haute technologie. Ces dispositifs ont pour but de stimuler la croissance et l'innovation des PME en leur permettant d'accéder plus facilement à des financements sous forme de capital-risque tout en leur offrant une première référence publique et en faisant croître leur chiffre d'affaires. En 2010, 321 entreprises ont reçu la qualification « entreprise innovante », contre 270 en 2008 et 311 en 2009. En 2009, l'ensemble des FCPI existants (plus de 300) ont réalisé des investissements pour un montant de 394 millions d'euros (contre 410 en 2008).

1.2. Accéder aux investissements des FCPI

Les FCPI ont pour objet de promouvoir le financement en capital-risque des PME innovantes. Ils ont l'obligation d'investir au moins 60 % de leurs actifs dans des PME qui satisfont à des critères d'éligibilité édictés par la loi.

1.3. Accéder aux marchés publics de haute technologie

L'article 26 de la loi de modernisation de l'économie (LME) du 4 août 2008 encourage les acheteurs publics à réserver aux PME innovantes 15 % du montant de leurs marchés de haute technologie, de R&D et d'études technologiques.

1.4. Entreprises concernées

OSEO est habilité à délivrer une Qualification d'entreprise innovante, valable trois ans. La validité de la qualification est uniquement exigée dans le but de faire entrer de nouveaux fonds dans les participations de l'entreprise. Un fonds entré en cours de validité n'a pas besoin du renouvellement pour effectuer de nouveaux apports si la qualification est échue.

Pour la plupart, les FCPI exigent donc des entreprises dans lesquelles ils souhaitent investir de présenter cette qualification OSEO. Cependant cette qualification par OSEO n'est pas obligatoire si l'entreprise peut justifier d'un niveau de dépenses de R&D égal à au moins 15 % des charges au cours de l'exercice précédent.

La qualification OSEO est délivrée par OSEO aux entreprises après étude de leur demande.

Les critères d'éligibilité :

- le siège social de l'entreprise doit être situé dans l'espace économique européen. Les entreprises situées au Liechtenstein, en Suisse et à Monaco ne sont pas éligibles ;
- l'entreprise a un effectif de 2 à 2 000 personnes ;
- son capital ne doit pas être détenu majoritairement par une ou plusieurs personnes morales ayant des liens de dépendance entre elles ;
- si elle est cotée, sa capitalisation boursière doit être inférieure à 150 millions d'euros ;
- s'il s'agit d'une holding sans activité de R&D, celle-ci doit détenir exclusivement plus de 75 % de ses filiales innovantes.

1.5. Caractère innovant de l'entreprise

Le caractère innovant est déterminé :

- soit en fonction du niveau des dépenses de R&D (au moins 15 % des charges au cours de l'exercice précédent) ;
- soit par l'appréciation d'OSEO qui délivre la qualification « entreprise innovante ».

L'entreprise doit justifier de la création de produits, procédés, techniques ou services, dont le caractère innovant et les perspectives de développement économique sont reconnus.

1.6. Obtention de la qualification

La demande doit être déposée auprès d'OSEO, sur la base d'un dossier à retirer auprès de ses directions régionales. OSEO procède à un examen technico-économique de l'entreprise et en particulier de la place de l'innovation dans sa stratégie de développement. Les frais de dossier sont à la charge de l'entreprise. Ils s'élèvent à 3 000 euros HT au 1er novembre 2011.

La qualification « entreprise innovante » est valable pendant trois ans.

2. DESCRIPTION DU DISPOSITIF

2.1. Comment fonctionne le dispositif ?

2.1.1. Le dossier de demande de qualification

Le dossier comprend :

- une partie « technique », qui démontre la qualité innovante de l'entreprise à travers des réalisations de R&D ayant abouti à des produits ou des technologies innovantes ou des projets innovants en cours de développement ;
- une partie « économique », qui montre, sur les prévisionnels, l'évolution anticipée de l'activité et des financements.

Lorsque l'entreprise a bénéficié ou bénéficie d'aides financières à l'innovation octroyées par OSEO ou participe à des programmes de financement de R&D (ANR, EURÊKA...), ces références justifiées simplifient la procédure. Les délais d'instruction du dossier chez OSEO sont de l'ordre de trois mois et peuvent être réduits dans certaines circonstances.

2.1.2. La qualification elle-même

Elle se traduit par une décision d'OSEO notifiée par courrier indiquant que la qualification « entreprise innovante » est accordée pour une durée de trois ans.

2.2. Nos conseils et recommandations

La qualification « entreprise innovante » délivrée par OSEO n'est pas acquise de droit ; la demande doit être effectuée en liaison étroite avec les interlocuteurs d'OSEO (chargés d'affaires innovation des directions régionales d'OSEO).

Pendant les trois années de validité, il est bon de compiler les éléments d'activité de l'entreprise qui rentrent dans le cadre de l'innovation, afin de préparer le renouvellement éventuel de la qualification quelques mois avant l'échéance.

Le délai d'instruction étant de l'ordre de trois mois, il faudra veiller à s'y prendre au moins six mois à l'avance pour renouveler la qualification.

Le renouvellement est nécessaire pour faire entrer de nouveaux FCPI. En revanche, il ne le sera pas pour les FCPI déjà présents au cas où ils souhaiteraient renforcer leur présence au capital.

3. POUR ALLER PLUS LOIN

3.1. Sources d'information

OSEO : http://www.oseo.fr/

3.2. Contacts : organismes référents, prescripteurs pour se lancer

Directions régionales OSEO :
http://www.oseo.fr/notre_mission/nos_equipes_en_region

FICHE N° 3.5

LA GARANTIE ET LES PRÊTS POUR L'INNOVATION D'OSEO

1. PRÉSENTATION GÉNÉRALE DU DISPOSITIF

1.1. Finalité du dispositif et budget annuel alloué aux financements

« L'innovation » visée ci-dessous est très large, que ce soit dans la phase d'innovation concernée ou dans sa nature même. Il ne s'agit donc pas de la seule innovation technologique. On mentionnera également financements et garanties à l'international, tant nombre de démarches d'innovation sont corrélées au développement international.

Les prêts d'OSEO sont accordés dans le cadre d'un programme faisant intervenir d'autres financements (crédits, fonds propres).

Les concours bancaires ou en fonds propres associés peuvent bénéficier d'une garantie d'OSEO. L'effet de levier de l'intervention d'OSEO est ainsi double !

La garantie apportée par OSEO permet aux banques de financer des projets dans lesquels il est difficile de prendre des sûretés réelles ou personnelles, ou lorsque celles-ci sont aléatoires ou difficiles à évaluer (par exemple dans le cas des investissements immatériels ou des investissements à faible valeur de gage). Le risque de la banque se trouve alors réduit grâce à la garantie d'OSEO. Les bénéficiaires sont les PME et TPE immatriculées en France, la durée de la garantie est celle du prêt et les quotités de garantie varient de 40 % à 60 % en fonction de la nature du risque.

Par ailleurs, les Régions sont susceptibles d'intervenir sur les concours garantis par OSEO, par une cogarantie complémentaire des fonds de garantie régionaux confiés à OSEO, permettant ainsi d'augmenter la quotité globale de garantie pour la porter à 70 %.

En 2010, OSEO a soutenu 80 000 entreprises et contribué à la mise en place de 29 milliards de financements publics et privés pour 106 000 interventions. En 2011, OSEO consolide la reprise en soutenant les trois moteurs de la croissance que sont l'innovation, l'investissement et l'international, grâce notamment aux moyens supplémentaires du programme d'investissements d'avenir dont OSEO est l'un des principaux opérateurs. Une enveloppe de près de 2,5 milliards d'euros est répartie sur les trois métiers d'OSEO, dont 1 milliard consacré aux contrats de développement participatif (voir ci-après) pour renforcer le haut de bilan des entreprises.

1.2. Dépenses concernées (prêts)

Les prêts proposés par OSEO ont pour finalité de financer les investissements immatériels, la croissance externe, les dépenses liées à l'innovation et au développement à l'international.

Les prêts pour l'innovation d'OSEO décrits ci-dessous présentent les finalités suivantes :

1.2.1. Le Prêt participatif d'amorçage (PPA) : faciliter la levée de fonds d'une entreprise innovante de moins de cinq ans

Dépenses financées : en complément de l'aide à l'innovation versée par OSEO ou d'une aide à la R&D versée par un autre financeur, le PPA apporte la trésorerie nécessaire à la finalisation du projet d'innovation et à la préparation de la levée de fonds auprès d'un *business angel*, d'un fonds d'amorçage, d'un investisseur en capital-risque ou d'un industriel.

1.2.2. Le Prêt pour l'export (PPE) : financer le développement de l'entreprise à l'international

En partenariat avec Ubifrance, OSEO a créé le Prêt pour l'export, pour financer les dépenses immatérielles du projet d'investissement à l'international de l'entreprise ayant déjà une activité à l'étranger ou souhaitant y accéder pour la première fois.

Dépenses financées : études de marché, prospections, foires et salons, opérations de communication, frais de recrutement et de formation, dépenses liées aux VIE, frais de design et d'adaptation des produits aux normes étrangères, matériels spécifiques ou de démonstration à faible valeur de revente, besoin en fonds de roulement.

1.2.3. Le Contrat développement innovation (CDI) : financer les frais de lancement industriel et commercial d'une innovation ou de développement de nouveaux produits et l'accès à de nouveaux marchés

Les bénéficiaires sont des PME créées depuis plus de trois ans.

Dépenses financées : investissements immatériels, investissements corporels ayant une faible valeur de gage, l'augmentation du besoin en fonds de roulement générée par le projet de développement. Le CDI versé par OSEO est associé à des financements extérieurs.

1.2.4. Le Contrat développement participatif (CDP) : pour le renforcement de la structure financière de l'entreprise et le financement de ses projets de développement

Le CDP a été lancé en 2009, dans le cadre du programme d'investissements d'avenir, porté par l'emprunt national. Ce crédit est destiné aux entreprises de plus de trois ans d'existence et de moins de 5 000 salariés, ayant besoin de renforcer leur structure financière pour réaliser leurs projets de développement.

Dépenses financées : dépenses de R&D à tous stades, coûts de mise aux normes, dépenses liées au respect de l'environnement, implantation à l'étranger, croissance externe, coûts de constitution ou de rénovation d'un parc de magasins, acquisition de droit au bail, travaux d'aménagement, recrutement et formation, frais de prospection et de publicité, matériels et progiciels, besoin en fonds de roulement.

1.3. Dépenses concernées (garanties)

Les garanties proposées par OSEO ont pour finalité de partager le risque des crédits bancaires ayant pour objet de financer les investissements immatériels, la croissance externe, les dépenses liées à l'innovation et au développement à l'international.

1.3.1. La garantie du développement des projets innovants

Pour les TPE et PME, OSEO intervient jusqu'à 60 % en garantie des financements bancaires ayant pour assiette des investissements de toute nature : de la conception au développement de produits et services nouveaux ou à l'introduction d'une technologie ou technique nouvelle dans un processus de l'entreprise (fabrication, commercialisation, gestion).

1.3.2. La garantie de projets à l'international (GPI) : sécuriser l'implantation de l'entreprise à l'étranger

La garantie de projets à l'international est destinée à favoriser la croissance des entreprises françaises qui souhaitent se développer par création de filiales à l'étranger (hors Union européenne, Norvège, Islande, Liechtenstein et Suisse) en garantissant le risque économique d'échec de leur implantation.

Dépenses garanties : les apports en fonds propres ou quasi-fonds propres faits à la filiale : achat ou souscription d'actions ou de titres convertibles en actions, prêts participatifs, avances d'actionnaires bloquées pour plus de trois ans. Les apports en nature de matériels neufs peuvent être pris en compte sous certaines conditions.

2. DESCRIPTION DU DISPOSITIF

2.1. Cadre légal/réglementaire du dispositif

OSEO propose une gamme de financements « mezzanine » dont les caractéristiques les distinguent très nettement des prêts classiques.

Certains des prêts accordés par OSEO sont des prêts « participatifs » assimilables à des fonds propres, au sens de la loi, comme le Prêt participatif d'amorçage (PPA).

D'autres, simples créances chirographaires comme les contrats de développement, doivent être associés à des financements extérieurs, à raison de 1 pour 1 pour le Contrat développement innovation :

- soit des apports en capital des actionnaires et/ou des sociétés de capital-risque et/ou des apports en quasi-fonds propres (prêts participatifs, obligations convertibles en actions) ;
- soit des concours bancaires portant sur le même programme d'investissement et réalisés depuis moins de six mois.

Quant au Contrat développement participatif, c'est à raison de 1 pour 2 en ce qui concerne les concours bancaires d'une durée de cinq ans minimum.

2.2. Comment fonctionne le dispositif ?

L'entreprise présente son projet directement auprès de la direction régionale OSEO dont elle dépend ou via son banquier. La demande de financement est examinée et expertisée en interne par OSEO.

Lorsque celui-ci est complet, le délai de décision est court : environ dix jours suffisent pour l'étude et la décision d'octroi d'un prêt.

2.3. Combien peut-on obtenir de financement (étude et garantie) ?

Les montants des prêts varient selon la finalité et le « calibrage » (avec ou sans cofinancement ou garantie associés).

Pour les différents financements présentés au paragraphe précédent, le montant ne peut excéder celui des fonds propres et quasi-fonds propres (y compris apports prévus au plan de financement).

Par ailleurs, les plafonds de prêt sont les suivants :

- le Prêt participatif d'amorçage (PPA) : de 50 000 à 150 000 euros. Le montant du PPA ne peut excéder l'aide à la R&D ou à l'innovation dont a bénéficié l'entreprise ;

- le prêt pour l'export (PPE) : de 20 000 à 150 000 euros selon que l'entreprise est en création ou en développement ;
- le contrat développement innovation (CDI) : de 40 000 à 300 000 euros ;
- le contrat de développement participatif (CDP) : de 300 000 à 3 millions d'euros. Le CDI et le CDP doivent être associés à des financements extérieurs (apports en capital, en quasi-fonds propres ou concours bancaires) ;
- la garantie de développement de projets innovants (GDPI) et de projets à l'international (GPI) : le risque maximum pris par OSEO est de 1,5 million d'euros. La quotité garantie est de 50 % de la perte constatée (60 % GDPI et 1,5 million d'euros pour les entreprises de plus de trois ans, 1 million pour les entreprises de moins de trois ans).

2.4. Modalités de versement et de remboursement des financements/durée de la garantie

Les prêts d'OSEO sont décaissés en un seul versement. Le cas échéant, il sera nécessaire de justifier de l'obtention du cofinancement dans les six mois précédents.

Les durées et les modalités de remboursement sont variables selon les financements :

- le PPA : sa durée est de huit ans dont un différé d'amortissement en capital de 12 trimestres, suivi de 20 échéances trimestrielles à terme échu avec amortissement linéaire du capital ;
- le PPE : sa durée est de six ans dont un différé d'amortissement en capital de 4 trimestres, suivi de 20 échéances trimestrielles à terme échu avec amortissement linéaire du capital ;
- le CDI : sa durée est de six ans dont un différé d'amortissement en capital de 12 mois, suivi de 20 échéances trimestrielles à terme échu avec amortissement linéaire du capital ;
- le CDP : sa durée est de sept ans dont un différé d'amortissement en capital de 24 mois suivi de 20 échéances trimestrielles à terme échu avec amortissement linéaire du capital ;
- la GDPI : elle est accordée sur la durée du concours bancaire, généralement cinq à sept ans ;
- la GPI : la garantie est proposée sur une durée de trois à sept ans. Elle est délivrée à la maison mère française. À la demande de l'entreprise, la garantie peut être déléguée à la banque française qui finance, le cas échéant, les apports en fonds propres à la filiale.

2.5. Quels sont les principaux avantages du dispositif ?

Les principaux avantages de ces prêts :
- les prêts permettent de financer des dépenses difficilement prises en charge par des prêts classiques (exemple : actifs immatériels) ;
- la durée du prêt est généralement plus longue que celle des actifs financés ;
- le remboursement est allégé au début, du fait du différé en capital ;
- aucune garantie n'est prise sur les actifs de l'entreprise ni caution personnelle sur le patrimoine du dirigeant. Seule une retenue (dite de garantie) est prélevée sur le montant du prêt et restituée après son complet remboursement, augmentée des intérêts qu'elle a produits ;
- les prêts induisent un effet d'entraînement puisqu'ils sont accordés en association avec d'autres financements extérieurs ;
- le projet est sécurisé grâce à un meilleur financement ;
- la garantie, pour sa part, sécurise l'intervention du banquier en lui apportant une minoration de son risque et un « deuxième regard » sur le dossier, celui d'OSEO.

3. POINTS D'ATTENTION AU DISPOSITIF

3.1. Obligations à respecter

L'obtention des financements est soumise à l'étude préalable de la demande et à la vérification de la situation financière de l'entreprise. Parfois, des conditions d'éligibilité sont spécifiquement édictées pour certains prêts comme, pour le PPA, l'obtention d'une aide à l'innovation d'OSEO ou une aide à la R&D d'un autre financeur.

Certains prêts sont aussi soumis à la réglementation européenne des aides *de minimis*. Il sera alors demandé à l'entreprise de déclarer les aides soumises à cette réglementation perçues au cours de l'exercice fiscal en cours et des deux exercices précédents.

4. POUR ALLER PLUS LOIN

4.1. Sources d'information

OSEO : http://www.oseo.fr/

4.2. Contacts : organismes référents, prescripteurs pour se lancer

Directions régionales OSEO :
http://www.oseo.fr/notre_mission/nos_equipes_en_region

FICHE N° 3.6

OSEO – AIDE AUX PROJETS DE RECHERCHE ET DÉVELOPPEMENT STRUCTURANTS DES PÔLES DE COMPÉTITIVITÉ (PSPC)

Données et chiffres clés
Dispositif d'aide aux entreprises et de structuration des filières industrielles, via les pôles de compétitivité, de la recherche industrielle au développement expérimental, en mode collaboratif
Approximativement 12 mois entre le dépôt du dossier et le démarrage des travaux
Un budget par projet compris entre 8 et 50 M€
Programme facile d'accès

1. PRÉSENTATION GÉNÉRALE DU DISPOSITIF

1.1. Finalité du dispositif et budget annuel alloué aux financements

Le programme PSPC concerne des projets de recherche et développement destinés à structurer les filières industrielles existantes et faire émerger de nouvelles filières. Ces projets, naturellement collaboratifs, sont proposés par les pôles de compétitivité ou par une coordination « inter-pôles » et leur caractère collaboratif revêtira au minimum une dimension nationale. Ils devront être labellisés par au moins un pôle de compétitivité.

Le programme s'adresse aux :

- entreprises, quelle que soit leur taille, de tous secteurs économiques, notamment industriels ou de services, réalisant des travaux de R&D ;
- laboratoires et établissements de recherche ;
- centres de formation ;
- ou toute structure réalisant ou coordonnant des travaux de R&D.

1.2. Projets de recherche et développement concernés

Les projets doivent répondre aux principaux critères **cumulatifs** suivants :
* être collaboratif en rassemblant au moins deux entreprises et un laboratoire ou établissement de recherche public ou organisme de formation ;
* être piloté par une entreprise, quel que soit son secteur ;
* avoir pour objet la structuration ou la création d'une filière industrielle et technologique nouvelle ;
* avoir été labellisé par au moins un pôle de compétitivité ;
* comporter des travaux de R&D réalisés en majorité dans les territoires du ou des pôle(s) de compétitivité labellisateur(s) ;
* présenter des retombées économiques pour le territoire national en termes de valeur ajoutée, d'emplois, d'investissements, de structuration d'une filière ou d'anticipation de mutations économiques ;
* comporter une assiette de dépenses dont au moins 20 % sont portées par des PME ou ETI.

Les aides sont accordées en fonction du stade de la recherche et de la nature des travaux de R&D à accomplir : subventions pour la recherche industrielle, avances remboursables pour le développement expérimental.

2. DESCRIPTION DU DISPOSITIF

2.1. Cadre légal/réglementaire du dispositif

Dans le cadre de la loi de finances rectificative n° 2010-237 du 9 mars 2010 qui définit les emplois des investissements d'avenir et de la convention du 13 octobre 2010 entre l'État et OSEO publiée au *Journal officiel* du 15 octobre 2010, 300 millions d'euros sont gérés pour le compte de l'État par OSEO, pour cofinancer des projets de recherche et développement structurants des pôles de compétitivité.

Cette intervention de l'État se répartit entre 150 millions d'euros de subventions et 150 millions d'euros d'avances remboursables.

Le régime d'intervention est celui de l'aide d'État N 121/2006 de soutien de l'Agence de l'innovation industrielle en faveur des programmes mobilisateurs pour l'innovation industrielle aux droits de laquelle vient OSEO conformément aux termes du décret n° 2007-1629 du 19 novembre 2007. Ce régime d'aide a été notifié conformément aux termes de l'encadrement communautaire des aides d'État à la R&I et vient de faire l'objet d'une extension autorisée par la Commission le 4 avril 2012 (aide d'État SA.33617, extension du régime N121/2006 aux projets de R&D structurants des pôles de compétitivité dans le cadre des investissements d'avenir).

2.2. Comment fonctionne le dispositif ?

Les projets sont déposés dans le cadre d'un appel à projets permanent sur une période d'un an renouvelable. Les dossiers sont déposés sur l'extranet développé par OSEO.

Les principaux critères de sélection des projets sont les suivants :

- contenu technologique, caractère innovant et valeur ajoutée du projet ;
- importance stratégique et cohérence du projet ;
- qualité économique du projet ;
- organisation du projet ;
- travail collaboratif étendu et diffusion de technologies ;
- degré d'incitativité de l'aide, notamment en termes d'accélération des travaux ou de réalisation de travaux qui n'auraient pas pu être effectués sans l'intervention publique ;
- engagement des collectivités territoriales à soutenir ces projets de R&D structurants des pôles concernés.

Une présélection des projets est proposée par le comité de pilotage après instruction des dossiers par les ministères concernés. OSEO recueille ensuite l'avis du Groupe de travail interministériel (GTI) et du jury, le cas échéant. Les projets présélectionnés par le comité de pilotage et validés par le Commissariat général à l'investissement (CGI) entrent ensuite dans la phase d'instruction approfondie, qui se traduit notamment par le recours à diverses expertises internes et externes à OSEO (aspects techniques, juridiques et économiques) et par une concertation avec les collectivités territoriales concernées.

La sélection finale des projets est proposée par le comité de pilotage et validée par le CGI, après l'instruction approfondie des dossiers. La sélection finale des projets et les décisions sur la nature et le montant des aides définitivement accordées à chaque partenaire sont soumises à la décision du Premier ministre. Le Premier ministre ou le ministère concerné notifie la décision et OSEO notifie les modalités de financement.

Un contrat-cadre régissant les conditions générales et particulières du projet, ainsi que les aides attribuées sous forme de subventions, sera établi entre OSEO, le chef de file et ses partenaires.

Enfin, des contrats bénéficiaires seront établis entre OSEO et chaque bénéficiaire d'avance remboursable, définissant notamment les modalités spécifiques des retours financiers attendus.

S'agissant de projets collaboratifs, un contrat de consortium sera établi entre les partenaires du projet. Ce contrat devra être jugé satisfaisant par OSEO préalablement à la signature des contrats d'aide par OSEO.

2.3. Combien peut-on obtenir de financement ?

Les projets de recherche et développement structurants attendus correspondent à un coût global de projet d'un montant généralement compris dans une fourchette de 8 à 50 millions d'euros.

Pour la part de dépenses des projets éligibles aux subventions, les règles de financement sont les suivantes :

- taux maximal de 45 % des dépenses retenues pour les petites et moyennes entreprises (PME) au sens communautaire, implantées sur le territoire d'un des pôles ayant labellisé le projet ;
- taux maximal de 30 % pour les PME au sens communautaire, non implantées sur le territoire d'un des pôles ayant labellisé le projet ;
- taux maximal de 30 % pour les entreprises de taille intermédiaire (ETI de 250 à 5 000 salariés), implantées sur le territoire d'un des pôles ayant labellisé le projet ;
- taux maximal de 25 % pour les autres entreprises.

Ces taux pourront être majorés de 20 points pour la part de dépenses des projets éligibles aux avances remboursables, sans pouvoir toutefois dépasser 40 % pour les non-PME au sens communautaire.

Les laboratoires et établissements de recherche publics pourront bénéficier d'une subvention égale à 40 % des coûts.

2.4. Modalités de versement et de remboursement des financements

OSEO procède au versement des premières tranches des aides à chaque bénéficiaire pour les montants prévus, après signature concomitante du contrat cadre et des contrats des bénéficiaires d'avance remboursable. Les versements suivants sont effectués sur états récapitulatifs de dépenses présentés par les bénéficiaires aux étapes clés (de cinq à huit étapes) qui structurent le déroulement du projet, en fonction des dépenses acceptées par OSEO, après contrôle de la réalisation de conditions particulières éventuelles.

OSEO dispose d'un droit de contrôle sur les dépenses engagées et peut, le cas échéant, diligenter une expertise. Les retours financiers sur les avances remboursables sont déterminés comme suit :

- le remboursement des avances prend la forme d'un échéancier forfaitaire sur quatre à cinq annuités ;
- le montant des échéances de remboursement tient compte des prévisions d'activité du bénéficiaire et d'un taux d'actualisation fixé par la Commission européenne à la date de la décision d'octroi, majoré de 100 points de base ;
- l'échéancier de remboursement forfaitaire est déclenché au-delà d'un seuil de chiffre d'affaires cumulé hors taxes généré par l'exploitation des produits ou des services issus du projet. Le niveau de ce seuil de déclenchement est arrêté lors de la décision d'octroi de l'aide, sur proposition du service instructeur et après concertation avec le bénéficiaire ;
- lorsque le remboursement de l'avance remboursable actualisée a été entièrement effectué, le bénéficiaire verse à OSEO, pendant une durée de deux à quatre années consécutives après la date d'achèvement dudit remboursement et dès lors qu'il a atteint un montant cumulé de chiffre d'affaires hors taxes égal ou supérieur à un second seuil, un pourcentage du chiffre d'affaires annuel généré par l'exploitation des produits ou des services issus du projet.

Ce second seuil de chiffre d'affaires cumulé est également arrêté lors de la décision d'octroi de l'aide, sur proposition du service instructeur et après concertation avec le bénéficiaire, et doit être le reflet d'un franc succès commercial. En tout état de cause, le montant des versements complémentaires est plafonné.

2.5. Obligations de suivi du déploiement industriel et de la commercialisation

Chaque bénéficiaire industriel transmet un rapport annuel d'exploitation. Ce rapport industriel comporte les informations suivantes :

- les prévisions d'industrialisation des résultats ou l'état d'avancement de leur industrialisation (points marquants, difficultés rencontrées) ;
- l'évolution du marché pertinent et de la concurrence ;
- les prévisions calendaires de mise sur le marché des produits et des résultats et les canaux de vente prévus ;
- les dépenses de recherche et développement annuelles du bénéficiaire ;
- le nombre et la qualification des emplois créés ou préservés ;
- le relevé d'exploitation commerciale ;

- les prévisions de ventes par zone géographique et par produit en unités ou en chiffres d'affaires ;
- les canaux de ventes utilisés et prévus.

2.6.   Quels sont les principaux avantages du dispositif ?

Le programme PSPC a pour objectif d'amplifier la dynamique de la politique nationale des pôles de compétitivité et de l'incitation à l'innovation des acteurs académiques et des entreprises, pour que les meilleurs des pôles français deviennent les compétiteurs des grands clusters mondiaux en structurant autour de ces pôles les filières industrielles existantes ou à venir. Il vise également à la constitution de relations pérennes entre les pôles de compétitivité, autour de marchés et technologies à l'intersection de leurs domaines d'excellence.

Il n'en reste pas moins que les projets PSPC sont des projets menés par des industriels avec des objectifs de mise sur le marché d'innovations ambitieuses. Les entreprises participantes nouent le partenariat voulu pour lancer des développements qu'elles n'auraient pas pu réaliser isolément.

2.7.   Bien comprendre les contraintes spécifiques au dispositif

Il s'agit d'un dispositif collaboratif. La plupart des difficultés rencontrées au cours du programme ou lors du lancement des produits proviennent de difficultés relationnelles entre participants.

Il convient donc d'être particulièrement vigilant pour prévoir toutes les relations avant la mise en place du dispositif, et donc de bien délimiter le champ d'intervention de l'entreprise, tant vis-à-vis des autres participants que d'OSEO.

Le cadre fixé étant conventionnellement assez rigide, c'est lors des discussions préalables que la vision du futur et des intérêts de l'entreprise doit être très claire. En tout état de cause, le contrat devra être aussi précis que possible et prévoir les cas difficiles.

Le chef de file assurera la gestion du projet. Compte tenu des contraintes en termes de ressources et de disponibilité, ce sera le plus souvent une grande entreprise. Et plus le nombre de participants sera élevé, plus la gestion du dossier pourra être complexe.

3.   POINTS D'ATTENTION AU DISPOSITIF

3.1.   Obligations à respecter

Pour que la convention avec OSEO soit signée, il faut que les participants aient signé une convention entre eux :

- la convention entre les participants doit régler, notamment, les apports et droits de chacun en matière de propriété intellectuelle ;
- les participants doivent être parfaitement en accord sur les répartitions de tâches pendant toute la durée du programme (deux à cinq ans en général, en une ou plusieurs phases), mais aussi pour la répartition des retours techniques et économiques après le lancement des produits.

Les comptes rendus intermédiaires et le dossier final doivent être suffisamment explicites, documentés et justifiés pour ne pas être remis en cause au moment des déblocages de fonds.

3.2.   Pièges à éviter

Il est indispensable de tenir au fil de l'eau les données de suivi et de gestion du projet (heures, dépenses, comptes rendus techniques). En effet, la procédure de justification des dépenses auprès d'OSEO est rigoureuse et nécessite une importante documentation qu'il est difficile de rassembler et de présenter en une fois, à l'échéance convenue. Il convient donc d'organiser cette documentation au fur et à mesure de l'avancement des travaux.

La répartition des tâches entre les participants devra avoir été clairement définie avant même le démarrage du projet. Surtout dans le cas d'une PME participante : elle devra veiller à bien protéger ses acquis (brevets déposés, royalties sur produits futurs…). Surtout, elle ne devra pas se laisser prendre au piège de l'attrait du « cash » au démarrage et oublier que c'est le chiffre d'affaires futur qui assurera la pérennité de l'entreprise.

3.3.   Nos conseils et recommandations

Dans la mesure où l'échéancier de remboursement forfaitaire est déclenché sur la base d'un chiffre d'affaires cumulé, il est recommandé de ne sélectionner que des projets dont les aspects technologiques sont déjà relativement connus et maîtrisés. Ceci permettra d'anticiper les développements possibles et de dimensionner au mieux le projet afin d'aboutir à un succès commercial.

Le succès du projet passe par l'élaboration de partenariats solides avec les autres participants. Il est dans ce cadre nécessaire d'anticiper les décalages de rapports de force, avant la signature des conventions, car toutes les parties ont besoin des autres pour aboutir.

Il est préférable de ne pas rentrer directement et pour la première fois dans ce type de projet en tant que chef de file. Les responsabilités sont lourdes et il vaut mieux s'être « rodé » au préalable en tant que participant.

L'assistance d'un conseil extérieur, si vous êtes chef de file, sera déterminante : celui-ci pourra vous assister lors du montage du dossier, mais aussi tout au long du suivi administratif, partie qu'il ne faut pas sous-estimer. De même, si vous êtes une PME participante, il vaut mieux l'avis d'un conseil averti qui saura protéger vos intérêts, car le montage juridique est complexe.

Le dossier justificatif doit être constitué tout au long du déroulement du projet. Il comprendra tous les éléments justificatifs de dépense, les copies des factures correspondantes, les dossiers techniques et descriptifs des travaux réalisés et les feuilles de temps passé. Il servira de base documentaire pour justifier les déblocages et doit pouvoir être produit à OSEO sur simple demande.

4. POUR ALLER PLUS LOIN

4.1. Sources d'information

OSEO : http://www.oseo.fr/

4.2. Contacts : organismes référents, prescripteurs pour se lancer

Directions régionales OSEO :
http://www.oseo.fr/notre_mission/nos_equipes_en_region

FICHE N° 4

PROGRAMME CADRE DE RECHERCHE ET DÉVELOPPEMENT TECHNOLOGIQUE (PCRDT)

1. FINALITÉ DU DISPOSITIF

Le PCRDT est un programme de financement créé par l'Union européenne en vue de soutenir et d'encourager la recherche européenne à des fins de soutien à la compétitivité de l'économie. Le programme-cadre, dont le budget est proposé par la Commission européenne et soumis au vote du Parlement européen et du Conseil, finance les acteurs de la recherche européenne par l'intermédiaire d'un mécanisme d'appel à projets. Il s'agit ainsi de concevoir un instrument au service de la construction d'une recherche communautaire plus intégrée et donc plus efficace en termes d'innovation.

Un dispositif similaire existe pour l'énergie atomique (EURATOM) mais est restreint à la période 2007-2011. Le dernier appel d'offres a eu lieu en août 2010.

2. RÉGIME JURIDIQUE ET BUDGET

Le régime juridique applicable est la décision 1982/2006/CE du Parlement européen et du Conseil du 18 décembre 2006, relative au 7e programme-cadre de la Communauté européenne pour des actions de recherche, de développement technologique et de démonstration (2007-2013).

Les règles qui gouvernent les projets sont :

* le règlement (CE) n° 1906/2006 du Parlement européen et du Conseil du 18 décembre 2006 définissant les règles de participation des entreprises, des centres de recherche et des universités pour la mise en œuvre du 7e programme-cadre de la Communauté européenne, et fixant les règles de diffusion des résultats de la recherche (2007-2013) ;
* la convention de subvention et ses annexes ;
* le guide financier des projets du 7e PCRDT.

Les projets sont financés par l'Union européenne et gérés par la Commission européenne, pour un montant de 50,521 milliards d'euros sur sept ans, pour l'ensemble du programme 7e PCRDT (de 2007 à 2013). Le PCRDT est divisé en quatre programmes spécifiques, pour lesquels le budget est distribué comme suit :

* COOPÉRATION : 32,413 milliards d'euros ;

- IDÉES : 7,510 milliards d'euros ;
- PERSONNES : 4,750 milliards d'euros ;
- CAPACITÉS : 4,097 milliards d'euros.

Le budget restant de 2,751 milliards d'euros est alloué aux activités de recherche et de formation en matière nucléaire, menées dans le cadre du traité EURATOM.

Par ailleurs, les budgets indicatifs pour les programmes COOPÉRATION et CAPACITÉS incluent des contributions à la Banque européenne d'investissement (BEI) pour la constitution du Mécanisme de financement avec partage des risques (*cf.* fiche n° 17).

3. PROJETS DE RECHERCHE ET DÉVELOPPEMENT CONCERNÉS

Le champ des projets de recherche est très large :
- recherche fondamentale ;
- recherche appliquée ;
- développement expérimental/recherche incrémentale ;
- mais aussi : projets de formation des jeunes chercheurs, de mutualisation des infrastructures de recherche, de dissémination du savoir, etc.

Les projets soumis doivent se placer dans le champ délimité et imposé par l'appel d'offres. Un projet considéré comme en dehors du champ de l'appel sera rejeté sans être évalué.

4. STRUCTURATION DU PROGRAMME-CADRE

Le 7e PCRDT est divisé en quatre programmes spécifiques :
- COOPÉRATION, pour des projets de recherche collaborative transnationale ;
- PERSONNES, pour des projets permettant de développer les ressources humaines dans le domaine de la recherche ;
- IDÉES, pour des projets de recherche fondamentale réalisés par des équipes uniques ;
- CAPACITÉS, pour des projets qui renforcent les moyens de la recherche, soit en renforçant les infrastructures de recherche, soit en donnant accès à des compétences de recherche, soit en structurant la recherche dans une région donnée.

4.1. COOPÉRATION

Le programme spécifique COOPÉRATION est subdivisé en dix thématiques scientifiques (voir ci-dessous). De par son contenu ambitieux, ce programme s'adresse aux universités, aux centres de recherche et aux entreprises (groupes, ETI, PME) ayant des capacités internes de R&I. Par ailleurs, certaines lignes budgétaires, sans exclure les ETI et les grands groupes, réservent une partie du financement aux PME.

De plus, dans le cadre d'une disposition du Traité sur le fonctionnement de l'Union européenne (article 187), l'Union peut créer des *« entreprises communes ou tout autre structure nécessaire à la bonne exécution des programmes de recherche… »*. Il s'agit en pratique de partenariats public-privé appelés *Joint Undertaking Initiative* (JTI) et dont les fonds proviennent pour partie du budget de COOPÉRATION. Ces JTI publient leurs propres appels d'offres sur la base des règles de fonctionnement du programme COOPÉRATION.

4.2. PERSONNES

Le programme spécifique PERSONNES est structuré autour de cinq thématiques :

- « Formation initiale des chercheurs », pour mettre en place des systèmes de formation des jeunes chercheurs ;
- « Formation tout au long de la vie et développement de carrière », pour favoriser la carrière des chercheurs expérimentés par des actions de mobilité européenne ;
- « Passerelles et partenariats industrie-académie », pour des échanges entre chercheurs industriels et chercheurs académiques ;
- « Dimension internationale », pour des actions de mobilité internationale de jeunes chercheurs et de chercheurs expérimentés ;
- « Actions spécifiques », ayant pour objectifs de supprimer les obstacles à la mobilité et d'améliorer les perspectives de carrière des chercheurs en Europe.

4.3. CAPACITÉS

Le programme spécifique CAPACITÉS intervient dans sept domaines :

- le développement et la mise en réseau des infrastructures de recherche ;
- le soutien de la recherche au profit des PME ;
- la création des régions de la connaissance et le soutien aux groupements régionaux axés sur la recherche ;

- l'accroissement du potentiel de recherche des régions de convergence ;
- l'intégration harmonieuse de la science dans la société ;
- le soutien au développement cohérent des politiques de recherche ;
- la coopération internationale entre les instances de l'Union européenne et les autres régions du monde.

Il est à noter que ce programme, en particulier la thématique « Soutien de la recherche au profit des PME », s'adresse à des PME sans capacités internes de R&D&I mais ayant des projets.

4.4. IDÉES

Le programme spécifique IDÉES soutient le développement d'équipes de recherche de très haut niveau par deux types d'actions :

- les bourses individuelles pour les jeunes chercheurs ;
- les bourses individuelles pour les chercheurs expérimentés.

Dans le cadre de cet ouvrage principalement destiné aux entreprises, nous nous intéresserons uniquement aux programmes COOPÉRATION, y compris les appels spécifiques des JTI, et CAPACITÉS – soutien de la recherche au profit des PME.

FICHE N° 4.1

PCRDT – COOPÉRATION

Données et chiffres clés
Programme ambitieux, sur des thématiques scientifiques stratégiques, mais avec un taux de succès relativement faible (beaucoup de candidats, peu d'élus)

	Jusqu'à 18 mois entre la remise du dossier et le démarrage des travaux
	Un budget par projet entre 3 et 12 M€, avec des taux de financement élevés (75 % pour les PME) et une avance au démarrage des travaux
	Programme difficile d'accès

1. DESCRIPTION DU DISPOSITIF

1.1. Comment fonctionne le dispositif ?

Les projets financés sont des projets de recherche collaborative à l'échelle européenne dans lesquels des organismes de recherche académique vont s'associer avec des petites et moyennes entreprises (PME), des entreprises de taille intermédiaire (ETI) ou des grands groupes. Les consortiums candidats doivent être constitués d'au moins trois organisations indépendantes établies dans au moins deux États membres (ou associés) différents.

Le dispositif fonctionne par l'intermédiaire d'appels à propositions (*calls*) publiés pour chaque thématique. Ces appels sont émis par la Commission européenne sur une base annuelle et font l'objet de consultations avec les représentants des États membres et avec le soutien d'experts scientifiques et techniques.

Ce dispositif vise essentiellement à financer des programmes de recherche très innovants de par la nature des thèmes abordés. Dans ce contexte, il faut bien comprendre qu'il convient mieux au financement de programmes de recherche longs et structurants, en parfaite adéquation avec la stratégie de recherche de l'entreprise.

Ainsi, un projet de recherche pour lequel une entreprise cherche un financement auprès du PCRDT doit impérativement répondre à un sujet énoncé dans l'un des appels à propositions. Les différentes thématiques sont détaillées dans la sous-partie 4 de cette fiche.

Il est à noter que la JTI Clean Sky précise le niveau de maturité technologique des projets à présenter dans le cadre de ses appels d'offres : il s'agit du TRL 6 (démonstration d'un prototype ou d'un modèle de système/sous-système dans un environnement représentatif).

Entre la date de début de l'appel et la date de démarrage d'un projet retenu, il s'écoule en général entre 12 et 18 mois.

1.2. Modalités pratiques d'obtention de financement

Le financement s'obtient par la soumission de proposition de projet dans le cadre d'appel à propositions. La soumission se fait en ligne *via* un système électronique sur le site de la Commission (*Electronic Proposal Submission System* – EPSS). Toutes les propositions sont composées d'une partie administrative qui se remplit en ligne, et d'une partie technique qui doit être téléchargée sur le site.

L'ensemble des modalités de réponse (délais, contenu, forme…) est indiqué dans l'appel et ses annexes.

Les propositions sont ensuite évaluées par des groupes d'experts, mandatés par la Commission et qui sont reconnus pour leurs compétences sur les sujets concernés. Les critères seront essentiellement d'ordre qualitatif. Le comité d'experts évaluera le niveau d'adéquation entre le projet de recherche décrit et l'appel auquel il répond. Il veillera particulièrement à la faisabilité du projet et à ce que le plan de travail proposé soit cohérent, réaliste et justifié vis-à-vis de la subvention demandée. Les évaluateurs sont amenés à trouver un consensus sur chaque projet et à établir un classement.

Les proposants reçoivent tous un rapport d'évaluation (*Evaluation Summary Report* – ESR). Seuls les coordinateurs des meilleures propositions sont invités à entrer en négociation. Le nombre de projets sélectionnables est soit connu à l'avance dans l'appel à projets, soit déterminé par la Commission sur la base de l'enveloppe budgétaire allouée à chaque ligne d'appel.

La négociation consiste à répondre aux questions techniques des évaluateurs et à préparer la convention de subvention (document à valeur juridique, établi entre la Commission et les participants, qui fixe toutes les modalités contractuelles de l'octroi de la subvention).

Une fois la négociation terminée, la convention de subvention est signée par chaque partenaire du consortium et le projet peut débuter. Cette convention contient, entre autres, une « description du travail » *(Description of Work ou DoW)* qui définit en détail le plan de travail prévu avec les tâches, livrables et jalons. Ce document est contractuel.

À noter qu'un accord de consortium doit en général être signé aussi. Il définit les modalités d'organisation et de gestion du projet au sein du consortium. Il n'implique pas la Commission, mais celle-ci l'exige.

Le financement est fondé sur un système de remboursement des coûts éligibles. La subvention est obtenue au fur et à mesure de l'avancée du projet. Un préfinancement est versé par la CE de manière à ce que les partenaires aient une avance sur les coûts qu'ils vont engager. Un rapport d'activité et financier est demandé généralement annuellement et permet de justifier les jalons du projet et la subvention dépensée.

1.3.   Combien peut-on obtenir de financement ?

Pour ces projets de recherche collaborative, les financements vont de 3 à 12 millions d'euros, répartis au sein du consortium en fonction du plan de travail établi.

Pour les PME, le taux de financement est de 75 % des coûts pour les activités de recherche, et de 50 % des coûts pour les activités de démonstration. Pour les autres entreprises, le taux de financement est de 50 % des coûts pour les activités de recherche et pour les activités de démonstration.

Les coûts éligibles sont l'ensemble des coûts réels nécessaires au projet sur toute sa durée (salaires, charges patronales, frais de déplacement, quote-part d'amortissement des matériels utilisés, etc.).

Les dépenses de management de projet et de diffusion des résultats (« dissémination ») sont financées à 100 %.

1.4.   Quels sont les principaux avantages du dispositif ?

Les taux de financement sont élevés et les montants en jeu importants. Le dispositif permet donc de financer des programmes coûteux dont la commercialisation éventuelle n'est prévue que dans plusieurs années et dont les premiers bénéfices sont éloignés.

La sélection rigoureuse des projets nécessite de bien les structurer et de ne soumettre que des projets de grande qualité, sachant que la compétition est sévère.

Les équipes qui participent sont de haut niveau, à dimension internationale. La participation à ces projets permet donc d'avoir accès à des compétences uniques et spécifiques et contribue à générer des échanges technologiques et de compétence qui feront énormément progresser l'entreprise. Ce peut donc être un véritable « accélérateur de recherche ».

La participation à un projet PCRDT peut aider à décrocher des partenariats stratégiques, notamment avec des clients importants : il donne une réelle visibilité et augmente la crédibilité de l'entreprise.

1.5.   Bien comprendre les contraintes spécifiques du dispositif

Il est nécessaire de se préparer à répondre à plusieurs contraintes organisationnelles.

Le « ticket d'entrée » est cher : monter un projet PCRDT est très consommateur de ressources. Il faut impérativement allouer les ressources indispensables au montage du projet (la disponibilité nécessaire va croissant au fur et à mesure que l'on se rapproche de la date de soumission). Le responsable d'un programme de travail et, à plus forte raison, le coordinateur, devront prévoir entre un demi-équivalent temps plein (ETP) et un ETP sur trois mois. Il s'agit donc souvent d'un obstacle aux PME, voire aux ETI, qui ne disposent pas de telles ressources.

La durée de montage, négociation et contractualisation du projet est longue : il peut s'écouler entre 12 et 18 mois entre la première sollicitation et la sélection finale. Il existe donc un risque de décalage entre le « temps du projet » et celui du projet porté par l'industriel qui, phénomène amplifié depuis la crise, est de plus en plus court.

L'aide d'un conseil extérieur est fortement recommandée compte tenu des règles de fonctionnement très spécifiques et de la pression exercée sur les ressources internes lors du montage en particulier, mais aussi lors des périodes de « reporting » périodique à la CE lorsque le projet est lancé.

Il faut impérativement identifier les appels à propositions en adéquation avec la stratégie de recherche. Il est donc essentiel de bien cibler le bon sujet, c'est-à-dire celui qui correspond parfaitement au projet que l'on souhaite soumettre.

Il faut s'assurer que le projet est en conformité avec la stratégie et les objectifs de l'entreprise (et non adapter un projet afin qu'il corresponde au PCRDT). Le plus souvent, ce n'est pas tant l'impact financier qui sera recherché, même s'il n'est pas négligeable, que l'impact en termes de valorisation de la recherche.

2.   POINTS D'ATTENTION AU DISPOSITIF

2.1.   Nos conseils et recommandations

Les projets se préparent très en amont, car le processus est très long et rigoureux, consommateur de temps et de ressources.

Il faut avoir déjà travaillé en mode collaboratif et faire de la R&D de manière structurée, c'est-à-dire que la R&D doit être au cœur de la stratégie de l'entreprise. De fait, le dispositif conviendra mieux aux grandes entreprises ou encore aux PME, voire aux start-up, dont le *business model* s'articule autour de la R&D.

Le porteur du projet doit être un véritable coordinateur/chef de projet expérimenté : il doit savoir fédérer les ressources autour d'un objectif commun. Il fixe le cadre et la ligne directrice et doit avoir une vision pour le projet. Il doit pouvoir et savoir discuter avec les participants sur les modalités pratiques et sur les actions à mener pour tenir les engagements et les objectifs.

Les projets financés par le PCRDT sont des projets avec une application industrielle à moyen terme à partir de la fin du projet. Il n'y a pas d'obligation de résultat ; en revanche les participants s'engagent à mettre en œuvre les moyens définis.

Il est recommandé de se faire aider par un conseil spécialisé qui accompagnera l'entreprise dans l'ensemble des démarches, notamment dans le cas où celle-ci ne dispose pas des compétences et des ressources en interne.

Le réseau des points de contact nationaux (PCN) a été créé dès le début des programmes-cadres afin d'assurer, au niveau national, un conseil et une aide personnalisée aux candidats. La liste exhaustive par pays et par thèmes est consultable sur le site internet de la Commission européenne dédié au 7e PCRD.

Enfin, il est déconseillé de se lancer directement dans la coordination d'un projet, mais d'avoir d'abord une première expérience du PCRDT en tant que partenaire au sein d'un consortium candidat à un appel d'offres. Le site CORDIS permet aux entreprises de se déclarer en tant que partenaires potentiels d'un projet de recherche.

2.2.   Pièges à éviter

Les projets proposés doivent être en parfaite adéquation avec les attentes du financeur. Par conséquent, la lecture de l'appel à propositions doit être approfondie (partie contextuelle et aspects spécifiques de la ligne budgétaire).

De même, dans le processus de réponse aux appels à propositions, il faut s'assurer que les projets de recherche portés par l'entreprise sont en adéquation avec le thème de l'appel. Une erreur à ne pas commettre serait d'adapter son projet de recherche aux thèmes de l'appel à propositions.

La dimension collaborative impose de trouver un consensus avec tous les participants du projet et de définir les modalités de gestion de la propriété intellectuelle. Les partenaires du projet ne sont pas de « simples fournisseurs » : il faut que le collaboratif soit inscrit dans la culture des entreprises participantes.

2.3. Obligations à respecter

La convention de subvention est un contrat signé avec la Commission, contenant des engagements stricts et fermes.

Le projet est suivi régulièrement par un *project officer* appartenant à la Commission : il est chargé de valider que le travail est bien réalisé et dans le budget imparti, en conformité avec les termes de la convention.

Le projet est aussi soumis à des revues régulières avec un conseil d'experts scientifiques nommés par le *project officer*, afin d'évaluer son avancée par rapport aux objectifs.

Les dépenses engagées devront être certifiées par un commissaire aux comptes. Un audit financier ou d'activité peut être réalisé par la Commission européenne jusqu'à cinq ans après la fin du projet.

3. POUR ALLER PLUS LOIN

3.1. Sources d'information

Site Web CORDIS (portail officiel du PRCD)
- Portail : http://cordis.europa.eu/home_fr.html
- Documents utiles : http://cordis.europa.eu/fp7/find-doc_fr.html
- Appels d'offres : http://ec.europa.eu/research/participants/portal/page/fp7_calls
- *Joint Technology Initiatives* : http://cordis.europa.eu/fp7/jtis/ind-jti_en.html

EUROSFAIRE, service français d'accès à l'information sur la recherche en Europe : http://www.eurosfaire.prd.fr/7pc/

3.2. Contacts : organismes référents, prescripteurs pour se lancer

Des points de contact nationaux (PCN) sont mandatés par la Commission européenne pour diffuser l'information dans les pays membres.

Liste des PCN : http://cordis.europa.eu/fp7/ncp_fr.html

Pour la France, la liste des PCN se trouve sur le site d'EUROSFAIRE : http://www.eurosfaire.prd.fr/7pc/pcn.php

4.   THÉMATIQUES DU PROGRAMME EN DÉTAIL

Le programme COOPÉRATION s'articule autour de dix thématiques scientifiques qui font l'objet d'un programme de travail annuel. Cinq JTI viennent compléter ces thématiques scientifiques.

4.1.   Énergie

L'objectif est d'adapter le système énergétique actuel pour qu'il devienne un système plus durable et moins dépendant des combustibles importés, s'appuyant sur un éventail diversifié de sources énergétiques. Il s'agit par ailleurs d'améliorer le rendement de la production d'énergie, notamment en rationalisant l'utilisation et le stockage de l'énergie, et de relever les défis urgents de la sécurité d'approvisionnement et des changements climatiques, tout en améliorant la compétitivité des industries européennes.

En particulier, les thématiques financées sont les suivantes :

- hydrogène et pile à combustible ;
- photovoltaïque ;
- biomasse ;
- énergie éolienne ;
- géothermie ;
- solaire à concentration ;
- énergie marine ;
- énergie hydraulique ;
- intégration des énergies renouvelables dans le bâtiment ;
- production de carburant à partir d'énergie renouvelable ;
- énergie renouvelable pour le chauffage et le refroidissement ;
- capture de CO_2 et technologies de stockage ;
- technologies propres du charbon ;
- réseaux électriques intelligents ;
- efficacité énergétique des procédés ;
- efficacité énergétique des bâtiments.

4.2. Environnement

L'objectif s'intéresse à la gestion durable de l'environnement et de ses ressources par le renforcement des connaissances en matière d'interaction entre le climat, la biosphère, les écosystèmes et les activités humaines et par la mise au point de technologies, d'outils et de services nouveaux pour résoudre d'une manière intégrée les problèmes d'environnement de la planète.

En particulier, les thématiques financées sont les suivantes :

- changements climatiques, pollution et risques ;
- utilisation durable des ressources biologiques (terre et mer) ;
- amélioration de l'efficacité des produits et des procédés ;
- protection des citoyens contre les risques naturels ;
- utilisation des connaissances en matière d'environnement.

4.3. Technologies de l'information et de la communication (TIC)

L'objectif est d'améliorer la compétitivité de l'industrie européenne et de permettre à l'Europe de maîtriser et de façonner l'évolution future des technologies de l'information et de la communication (TIC), afin de répondre aux besoins de la société et de l'économie européennes.

En particulier, les thématiques financées sont les suivantes :

- réseaux et infrastructures ;
- systèmes cognitifs et robotique ;
- composants électroniques et photoélectroniques, systèmes intégrés (micro et nano), systèmes embarqués ;
- contenus numériques et langage ;
- TIC pour la santé ;
- TIC pour une économie à faibles émissions de CO_2 ;
- TIC pour les procédés de fabrication ;
- TIC pour l'apprentissage ;
- technologies de rupture.

4.4. Nanomatériaux, matériaux, production

L'objectif est d'améliorer la compétitivité de l'industrie européenne et produire des connaissances afin d'assurer la transformation d'une industrie à forte intensité de ressources en une industrie à forte intensité de connaissances, en faisant franchir des étapes au savoir et en mettant en œuvre des connaissances décisives aux fins de nouvelles applications au carrefour de technologies et de disciplines différentes.

En particulier, les thématiques financées sont les suivantes :

- nanosciences et nanotechnologies ;
- matériaux ;
- production/usines du futur ;
- matières premières.

4.5. Transport

L'objectif est de développer des systèmes de transport intégrés plus sûrs, plus écologiques, plus intelligents et respectueux de l'environnement et des ressources naturelles, et d'améliorer la compétitivité des industries européennes sur le marché mondial.

En particulier, les thématiques financées sont les suivantes :

- éco-innovation :
  - transport « vert »,
  - production et maintenance,
  - opérations ;
- mobilité :
  - amélioration de la ponctualité,
  - satisfaction et sécurité des clients,
  - sécurité opérationnelle,
  - protection des avions ;
- compétitivité :
  - productivité (conception, structures, systèmes et équipements…),
  - technologies de rupture ;
- Green Car :
  - véhicules électriques,
  - poids lourds,
  - logistique ;
- Galileo.

4.6. Alimentation, agriculture et pêche, biotechnologies

L'objectif est de créer une bioéconomie fondée sur la connaissance, en réunissant la communauté scientifique, les entreprises et d'autres parties prenantes, afin d'exploiter des perspectives de recherche nouvelles et émergentes qui répondent aux défis sociaux, environnementaux et économiques.

En particulier, les thématiques financées sont les suivantes :

- utilisation et management durable des ressources biologiques ;
- alimentation, santé et bien-être ;
- sciences du vivant, biotechnologies et biochimie pour des procédés et produits non alimentaires durables ;
- bioraffineries ;
- biotechnologies environnementales.

4.7. Espace

L'objectif est de soutenir un programme spatial européen axé sur des applications telles que le Programme européen de surveillance de la Terre (*Global Monitoring for Environment and Security* – GMES), au bénéfice des citoyens et de la compétitivité de l'industrie spatiale européenne. Cela contribuera au développement d'une politique spatiale européenne, en complément des efforts déployés par les États membres ainsi que par d'autres acteurs clés, y compris l'Agence spatiale européenne (ESA).

En particulier, les thématiques financées sont les suivantes :

- applications (surveillance du climat et sécurité) ;
- technologies d'observation, d'imagerie, de mesure.

4.8. Sécurité

L'objectif est de développer les technologies et les connaissances qui permettront de constituer les capacités nécessaires en vue de :

- garantir la sécurité des citoyens face aux menaces telles que le terrorisme, les catastrophes naturelles et la criminalité, tout en respectant les droits fondamentaux de l'homme et la vie privée ;
- permettre une utilisation optimale et concertée des technologies disponibles au bénéfice de la sécurité civile européenne ;
- stimuler la coopération entre les fournisseurs et les utilisateurs de solutions en matière de sécurité civile, en renforçant la compétitivité de l'industrie européenne de la sécurité.

En particulier, les thématiques financées sont les suivantes :

- sécurité des citoyens ;
- sécurité des infrastructures ;

- technologies de la surveillance ;
- restauration de la sécurité ;
- sécurité des systèmes et interopérabilité ;
- sécurité et société.

4.9. Sciences humaines et sociales

L'objectif est de parvenir à une connaissance approfondie et commune des défis socio-économiques complexes et interdépendants auxquels l'Europe est confrontée, tels que la croissance, l'emploi et la compétitivité, la cohésion sociale, les défis sociaux, culturels et éducatifs, les défis environnementaux, l'évolution démographique, la migration et l'intégration et la qualité de la vie…

En particulier, les thématiques financées sont les suivantes :
- croissance, emploi et compétitivité ;
- développement et croissance durables ;
- démographie et style de vie ;
- l'Europe dans le monde ;
- citoyenneté ;
- indicateurs socio-économiques et scientifiques ;
- prospective.

4.10. Santé

L'objectif est d'améliorer la santé des citoyens européens, renforcer la compétitivité et stimuler la capacité d'innovation des industries et des entreprises liées au secteur de la santé en Europe, tout en traitant les problèmes de santé mondiaux, parmi lesquels les nouvelles épidémies.

L'accent sera mis sur la recherche translationnelle (transposition des découvertes fondamentales en applications cliniques et notamment la validation scientifique des résultats expérimentaux), sur l'élaboration et la validation de nouvelles thérapies, de méthodes de promotion de la santé et de prophylaxie, y compris la promotion de la santé infantile, du vieillissement sain, d'outils de diagnostic et de technologies médicales, ainsi que sur la durabilité et l'efficacité des systèmes de soins de santé.

En particulier, les thématiques financées sont les suivantes :
- biotechnologies, outils génériques et technologies médicales au service de la santé humaine ;

- recherche translationnelle au service de la santé humaine ;
- optimisation des prestations de soins de santé dont bénéficient les Européens.

4.11. *Joint Technology Initiatives* (JTI)

Il existe à ce jour cinq JTI, couvrant les domaines suivants :

- développements pharmaceutiques et médicaments innovants (*Innovative Medecines Initiative* – IMI) ;
- développement de compétences pour les systèmes informatiques embarqués dans différents domaines d'application (*Embedded Computing Systems* – ARTEMIS) ;
- technologies du transport aérien propre (*Aeronautics and Air Transport* – CLEAN SKY) ;
- développement de compétences pour la nanoélectronique dans différents domaines d'application (*Nanoelectronics Technologies* – ENIAC) ;
- technologies de l'hydrogène et de la pile à combustible (*Hydrogen and Fuel Cells* – FCH).

FICHE N° 4.2

PCRDT – CAPACITÉS

Données et chiffres clés
Programme ambitieux permettant aux PME d'obtenir une visibilité au niveau européen
Jusqu'à 18 mois entre la remise du dossier et le démarrage des travaux
Un budget par projet de 500 k€ à 1,5 M€ et un accès privilégié à la propriété industrielle générée par le projet
Programme difficile d'accès

1. DESCRIPTION DU DISPOSITIF

1.1. Thématiques scientifiques du programme

La recherche au profit des PME consiste en une approche *bottom-up*. En pratique, cela signifie que les projets peuvent traiter de toute problématique scientifique ou technique.

Ce programme spécifique se place ainsi dans un cadre particulier, celui de la recherche mise en œuvre par des PME :

- sans capacités de R&D ;
- ou se considérant comme faiblement ou moyennement technologiques ;
- ou à forte intensité de recherche mais ayant besoin de confier à l'extérieur certains travaux de recherche en complément de leurs capacités propres.

1.2. Comment fonctionne le dispositif ?

Les projets financés sont des projets de recherche à l'échelle européenne dans lesquels des PME vont s'associer à des organismes de recherche (*RTD performers*). Les consortiums candidats doivent être constitués d'au moins trois PME indépendantes établies dans au moins trois États membres (ou associés) différents et d'au moins deux *RTD performers*.

Le dispositif fonctionne par l'intermédiaire d'appels à propositions (*calls*) publiés par la Commission européenne, sur une base annuelle.

Entre la date de début de l'appel et la date de démarrage d'un projet retenu, il s'écoule en général entre 12 et 18 mois.

1.3. Modalités pratiques d'obtention de financement

Le financement s'obtient par la soumission de propositions de projet dans le cadre d'appel à propositions. La soumission se fait en ligne *via* un système électronique sur le site de la Commission (*Electronic Proposal Submission System* – EPSS).

Toutes les propositions sont composées d'une partie administrative qui se remplit en ligne et d'une partie technique à télécharger sur le site.

L'ensemble des modalités de réponse (délais, contenu, forme...) est indiqué dans l'appel et ses annexes.

Les propositions sont ensuite évaluées par des groupes d'experts, mandatés par la Commission et reconnus pour leurs compétences sur les sujets concernés. Les critères seront essentiellement d'ordre qualitatif. Le comité d'experts évaluera le niveau d'adéquation entre le projet de recherche décrit et l'appel auquel il répond. Il veillera particulièrement à la faisabilité du projet et à ce que le plan de travail proposé soit cohérent, réaliste et justifié vis-à-vis de la subvention demandée. Les évaluateurs sont amenés à trouver un consensus sur chaque projet et à établir un classement.

Les proposants reçoivent tous un rapport d'évaluation (*Evaluation Summary Report* – ESR). Seuls les coordinateurs des meilleures propositions sont invités à entrer en négociation. Le nombre de projets sélectionnables est soit connu à l'avance dans l'appel à projets, soit déterminé par la Commission sur la base de l'enveloppe budgétaire allouée à chaque ligne d'appel.

La négociation consiste à répondre aux questions techniques des évaluateurs et à préparer la convention de subvention (document à valeur juridique établi entre la Commission et les participants, qui fixe toutes les modalités contractuelles de l'octroi de la subvention).

Une fois la négociation terminée, la convention de subvention est signée par chaque partenaire du consortium et le projet peut débuter. Cette convention contient, entre autres, une « Description du travail » (*Description of Work* – DoW) qui définit en détail le plan de travail prévu avec les tâches, livrables et jalons. Ce document est contractuel.

À noter qu'un accord de consortium doit en général être signé aussi. Il détermine les modalités d'organisation et de gestion du projet au sein du consortium. Il n'implique pas la Commission, mais celle-ci l'exige.

Le financement est fondé sur un système de remboursement des coûts éligibles. La subvention est obtenue au fur et à mesure de l'avancée du projet. Un préfinancement est versé par la CE de manière à ce que les partenaires aient une avance sur les coûts qu'ils vont engager. Un rapport d'activité et financier est demandé généralement annuellement et permet de justifier les jalons du projet et la subvention dépensée.

1.4. Combien peut-on obtenir de financement ?

Dans la mesure où les PME n'ont pas de capacités internes de R&D, on considère que leur projet de recherche fait l'objet d'une forme de sous-traitance auprès des organismes de recherche. Dans ce cadre, le financement communautaire couvre au maximum 110 % des dépenses de recherche, dont l'essentiel est destiné aux organismes de recherche.

Le gain pour la PME est d'avoir un accès privilégié aux résultats de recherche, notamment en matière de propriété industrielle. Il va sans dire que le contrat de consortium doit être particulièrement précis et équilibré sur ce point.

Les budgets par projet vont de 500 000 euros à 1,5 million d'euros.

1.5. Quels sont les principaux avantages du dispositif ?

La sélection rigoureuse des projets nécessite de bien les structurer et de ne soumettre que des projets de grande qualité, sachant que la compétition est sévère.

Les équipes qui participent sont de haut niveau, à dimension internationale. La participation à ces projets permet donc d'avoir accès à des compétences uniques et spécifiques et contribue à générer des échanges technologiques et de compétence qui feront énormément progresser l'entreprise. Ce peut donc être un véritable « accélérateur de recherche ».

La participation à un projet PCRDT peut aider à décrocher des partenariats stratégiques, notamment avec des clients importants : il donne une réelle visibilité et augmente la crédibilité de l'entreprise.

1.6. Bien comprendre les contraintes spécifiques du dispositif

Il est nécessaire de se préparer à répondre à plusieurs contraintes organisationnelles. Le « ticket d'entrée » est cher : monter un projet PCRDT est très consommateur de ressources. Il faut impérativement allouer les ressources utiles au montage du projet (la disponibilité nécessaire va croissant au fur et à mesure que l'on se rapproche de la date de soumission). Le responsable d'un programme de travail et, à plus forte raison, le coordinateur devront prévoir entre un demi-équivalent temps plein (ETP) et un ETP sur trois mois. Il s'agit donc souvent d'un obstacle aux PME, voire aux ETI, qui ne disposent pas de telles ressources.

La durée de montage, négociation et contractualisation du projet est longue : il peut s'écouler entre 12 et 18 mois entre la première sollicitation et la sélection finale. Il existe donc un risque de décalage entre le « temps du projet » et celui du projet porté par l'industriel qui, phénomène amplifié depuis la crise, est de plus en plus court.

Outre la direction générale, c'est l'ensemble des directions qui seront impliquées : commerciale, financière, achats, production… Il faut donc s'assurer de leur disponibilité. Mais surtout et au-delà, les décisions prises doivent l'être de façon collégiale. Il est possible qu'un partenariat stratégique pressenti soit remis en cause par la direction commerciale parce que le choix du partenaire sera incompatible avec un contrat commercial préexistant.

Il faut s'assurer que le projet est en conformité avec la stratégie et les objectifs de l'entreprise (et non adapter un projet afin qu'il corresponde au PCRDT). Le plus souvent, ce n'est pas tant l'impact financier qui sera recherché, même si celui-ci est non négligeable, que l'impact en termes de valorisation de la recherche.

Enfin, il est déconseillé de se lancer directement dans la coordination d'un projet. Il est recommandé d'avoir d'abord une première expérience du PCRDT en tant que partenaire au sein d'un consortium candidat à un appel d'offres.

2. POINTS D'ATTENTION AU DISPOSITIF

2.1. Nos conseils et recommandations

Les projets se préparent très en amont, car le processus est très long et rigoureux, consommateur de temps et de ressources.

Le porteur du projet doit être un véritable coordinateur/chef de projet expérimenté : il doit savoir fédérer les ressources autour d'un objectif commun. Il fixe le cadre et la ligne directrice, et doit avoir une vision pour le projet. Il doit pouvoir et savoir discuter avec les participants sur les modalités pratiques et sur les actions à mener pour tenir les engagements et les objectifs.

Les projets financés par le PCRDT sont des projets avec une application industrielle à moyen terme à partir de la fin du projet. Il n'y a pas d'obligation de résultat, en revanche les participants s'engagent à mettre en œuvre les moyens définis.

Il est recommandé de se faire aider par un conseil spécialisé qui accompagnera l'entreprise dans l'ensemble des démarches, notamment dans le cas où celle-ci ne dispose pas des compétences et des ressources en interne.

Le réseau des points de contact nationaux (PCN) a été créé dès le début des programmes-cadres afin d'assurer, au niveau national, un conseil et une aide personnalisée aux candidats. La liste exhaustive par pays et par thèmes est consultable sur le site internet de la Commission européenne dédié au 7e PCRD.

2.2.   Pièges à éviter

Les projets proposés doivent être en parfaite adéquation avec les attentes du financeur. Par conséquent, la lecture de l'appel à propositions doit être approfondie (partie contextuelle et aspects spécifiques de la ligne budgétaire).

De même, dans le processus de réponse aux appels à propositions, il faut s'assurer que les projets de recherche portés par l'entreprise sont en adéquation avec le thème de l'appel. Une erreur à ne pas commettre serait d'adapter son projet de recherche aux thèmes de l'appel à propositions.

La dimension collaborative impose de trouver un consensus avec tous les participants du projet et de définir les modalités de gestion de la propriété intellectuelle. Les partenaires du projet ne sont pas de « simples fournisseurs » : il faut que le collaboratif soit inscrit dans la culture des entreprises participantes.

Il est important pour les PME de bien encadrer l'exploitation de la propriété industrielle (PI). Le gain pour la PME est :

• soit d'être propriétaire des résultats des travaux entièrement financés ;

• soit d'obtenir un accès privilégié, prévu dans le contrat de consortium.

   Dans ce second cas, c'est l'organisme de recherche qui détient les droits de PI. Certains organismes de recherche français privilégient ce second cas.

2.3.   Obligations à respecter

La convention de subvention est un contrat signé avec la Commission, contenant des engagements stricts et fermes.

Le projet est suivi régulièrement par un *project officer* appartenant à la Commission : il est chargé de valider que le travail est bien réalisé, et ce, dans le budget imparti, en conformité avec les termes de la convention.

Le projet est également soumis à des revues régulières avec un conseil d'experts scientifiques nommés par le *project officer*, afin d'évaluer l'avancée du projet par rapport aux objectifs.

Les dépenses engagées devront être certifiées par un commissaire aux comptes. Un audit financier ou d'activité peut être réalisé par la Commission européenne jusqu'à cinq ans après la fin du projet.

3. POUR ALLER PLUS LOIN

3.1. Sources d'information

Site web CORDIS (portail officiel du PRCD)
- Portail : http://cordis.europa.eu/home_fr.html
- Documents utiles : http://cordis.europa.eu/fp7/find-doc_fr.html
- Appels d'offres : http://ec.europa.eu/research/participants/portal/page/fp7_calls
- EUROSFAIRE, service français d'accès à l'information sur la recherche en Europe : http://www.eurosfaire.prd.fr/7pc/

3.2. Contacts : organismes référents, prescripteurs pour se lancer

Des points de contact nationaux (PCN) sont mandatés par la Commission européenne pour diffuser l'information dans les pays membres.

Liste des PCN : http://cordis.europa.eu/fp7/ncp_fr.html

Pour la France, la liste des PCN se trouve sur le site d'EUROSFAIRE : http://www.eurosfaire.prd.fr/7pc/pcn.php

FICHE N° 5

EURÊKA

1. PRÉSENTATION GÉNÉRALE DU DISPOSITIF

1.1. Finalité du dispositif et budget alloué aux financements

EURÊKA est une initiative intergouvernementale lancée en 1985, permettant aux entreprises d'obtenir un label, éventuellement complété d'un financement, de leurs projets collaboratifs de Recherche et Innovation (R&I). Il permet de ce fait de donner une visibilité internationale propice à l'ouverture de nouveaux marchés.

Le label et, le cas échéant, le financement EURÊKA ont donc pour objectif de faciliter la mise sur le marché d'innovations technologiques par le financement de la recherche appliquée essentiellement.

Les projets sont des projets de consortium rassemblant plusieurs partenaires installés dans les 40 pays membres du réseau (dont les 27 États membres de l'Union européenne). Les financements, en revanche, sont accordés au niveau national. Par conséquent, il est important que le chef de file choisisse ses partenaires au préalable dans des pays disposant d'un budget EURÊKA disponible. En général, l'organisme financeur est à même de donner cette information et d'orienter les choix à bon escient.

Le dispositif consiste en des subventions et avances remboursables.

En France, le budget engagé (public + privé) sur les 25 dernières années (1985-2010) s'élève à 22 milliards d'euros pour plus de 3 000 projets financés.

1.2. Projets de recherche et développement concernés

Le dispositif s'applique à des entreprises porteuses de projets de recherche ambitieux et qui, en optant pour une option collaborative européenne, vont avoir accès à des compétences qui vont leur permettre de réaliser leur projet.

Le projet doit cibler un produit, procédé ou service innovant et proche du marché, dont la phase de développement est de trois ans maximum, avec une commercialisation rapide. Dans le cas où la commercialisation ne pourrait avoir lieu (résultat non finalisé ou échec du projet), les subventions alors octroyées n'ont pas vocation à être remboursées, sous réserve de démontrer au financeur que tout a été fait pour mettre le produit ou service sur le marché.

2. DESCRIPTION DU DISPOSITIF

2.1. Comment fonctionne le dispositif ?

Le chef de file contacte l'organisme en charge de promouvoir le dispositif EURÊKA pour la France, en l'occurrence OSEO, dans le but d'obtenir le label pour le projet et son financement éventuel. Si l'entreprise n'est pas le chef de file, mais un partenaire, alors elle ne demandera que son financement.

Dans la plupart des cas, les partenaires sont pressentis. Néanmoins, le dispositif offre la possibilité de mettre en relation des partenaires potentiels au projet.

Le dispositif est un appel à projets continuellement ouvert. L'initiative revient au porteur de projet de proposer un thème de recherche collaborative susceptible d'être labellisé et financé par EURÊKA.

La soumission se fait normalement en deux étapes :

- une pré-soumission à OSEO pour valider l'éligibilité du projet par le biais d'un dossier allégé ;
- une soumission du dossier complet à OSEO.

2.1.1. Une pré-soumission à OSEO pour valider l'éligibilité du projet par le biais d'un dossier allégé

Les données d'entrée sont les suivantes :

- le consortium européen : les compétences et contributions des partenaires ;
- la « lettre d'intention » (*project form*), remplie en anglais, et qui présente dans ses grandes lignes les principaux enjeux du projet : innovation, verrous technologiques, retombées économiques, budget du projet ;
- un résumé du projet en français (1 page).

Il est à noter qu'un avis positif lors de la pré-soumission n'engage pas le financeur. La labellisation et l'étude du financement ne sont acquises qu'à l'issue de la phase de soumission complète.

2.1.2. Une soumission du dossier complet à OSEO

Le financeur évalue alors la possibilité d'un financement au niveau national et propose la labellisation au niveau européen.

Les données d'entrée sont les suivantes :

- la « lettre d'intention » (*project form*) dûment complétée, notamment en suivant les commentaires reçus lors de la première phase ;
- le dossier confidentiel destiné à l'évaluation du projet en France. Il reprend les enjeux du projet cités précédemment, de manière détaillée et argumentée ;

- l'accord de consortium entre les différents partenaires qui présente clairement :
  - les modalités de la coopération et de la conduite du projet,
  - les contributions et engagements respectifs des partenaires,
  - la propriété intellectuelle et industrielle,
  - l'exploitation des résultats.

Quatre réunions annuelles ont lieu pour la labellisation :

- fin janvier ;
- fin mars ;
- fin juin ;
- fin septembre.

2.2. Combien peut-on obtenir de financement ?

Les budgets des projets financés sont très variables (de quelques centaines de milliers d'euros jusqu'à plusieurs millions d'euros) et les aides qui peuvent être accordées sont décidées par l'organisme financeur national pour chaque partenaire ressortissant.

En France, OSEO applique ses règles et modalités de financement selon les programmes qu'il met en œuvre en fonction des caractéristiques des projets et des partenaires :

- programme de l'aide à l'innovation (*cf.* fiche n° 3.1).
- programme pour l'innovation stratégique industrielle (ISI) (*cf.* fiche n° 3.2).

2.3. Quels sont les principaux avantages du dispositif ?

Ce dispositif est très flexible et particulièrement adapté au développement expérimental, voire à la recherche appliquée. Il permet de mettre en place des collaborations internationales avec un nombre limité de partenaires, ce qui facilite la gestion du projet lors de son exécution. La labellisation est un gage de viabilité économique du futur produit (ou service) et permet de donner une visibilité internationale aux partenaires.

2.4. Bien comprendre les contraintes spécifiques au dispositif

Il faut noter quelques spécificités du programme EURÊKA :

- Il n'y a aucune contrainte sur les technologies financées, donc pas de programme de travail imposé (même si des thèmes sont favorisés pas des systèmes de clusters), contrairement au dispositif national « FUI » ou au programme européen « PCRDT » (*cf.* les fiches des dispositifs « FUI » et « PCRDT ») ;

- les consortiums sont européens, mais les financements sont nationaux (autre différence fondamentale par rapport au PCRDT). Une entreprise n'obtenant pas son financement n'est pas pour autant exclue du consortium. En règle générale, elle devra réduire ses coûts de recherche en conséquence.

3. POINTS D'ATTENTION AU DISPOSITIF

3.1. Obligations à respecter

Le porteur du projet, à l'origine du projet et/ou ayant les capacités de gérer des projets européens de par son expérience, appelé également chef de file, doit forcément être une entreprise de droit privé.

Le consortium doit être composé d'au moins deux partenaires situés dans deux pays membres du réseau EURÊKA (40 pays membres, dont les 27 pays membres de l'Union européenne). Il n'y a pas de limite, mais on compte en moyenne quatre à cinq participants.

Toutes les entreprises peuvent bénéficier du dispositif, mais les conditions varient en fonction de la taille des entreprises. Les universités et laboratoires de droit public ne sont pas directement concernés par le dispositif. C'est pourquoi ils ne peuvent être financés que sous certaines conditions.

Le chef de file doit saisir son autorité nationale compétente (OSEO en France) pour la labellisation et l'obtention de son financement propre.

Les autres partenaires doivent saisir leur autorité nationale compétente pour obtenir leur propre financement.

La durée d'exécution du projet ne doit pas dépasser trois ans. Tout dépassement doit être justifié auprès d'OSEO.

Le plan de financement du projet doit impérativement être finalisé lors du dépôt (subsides publics + financement sur fonds propres + prêt bancaire si besoin), donc avant le démarrage.

Les dépenses engagées devront être certifiées par un commissaire aux comptes.

3.2. Pièges à éviter

Il est préférable de veiller à ce que les partenaires du projet soient localisés dans des pays EURÊKA qui disposent de budgets suffisants pour le financement. Il est à noter qu'un budget EURÊKA annuel d'un pays peut être épuisé dès la mi-année.

Il est fortement recommandé de contacter le plus tôt possible les organismes impliqués dans l'évaluation du projet, notamment OSEO. Il faut ainsi compter entre trois et six mois pour la phase de préparation du projet.

Bien que la soumission se fasse de manière continue (pas de date limite de soumission), il est préférable de ne pas laisser glisser le calendrier de préparation et s'en tenir aux délais prévus. Il en va de la crédibilité du projet.

La répartition des activités et des retombées économiques au sein du consortium doit être suffisamment homogène pour permettre à tous les partenaires de présenter des demandes de subventions éligibles à leurs autorités nationales.

3.3. Nos conseils et recommandations

Il est utile de souligner que les autorités françaises responsables du financement EURÊKA et du financement FUI sont les mêmes. Si les conditions du projet le permettent, il est donc recommandé de faire une première soumission dans le cadre d'EURÊKA puis, si celle-ci n'aboutit pas, une soumission dans le cadre du FUI. Cette approche s'explique par le fait que les financements EURÊKA sont *a priori* supérieurs, et les critères de sélection identiques, même si le partenariat n'est pas européen dans le FUI.

Il ne faut pas confondre l'initiative EURÊKA avec le programme EUROSTARS. Ce dernier fait intervenir un financement communautaire complémentaire et est destiné aux PME (*cf.* fiche n° 6 EUROSTARS).

3.4. Organismes participants au programme

EURÊKA est financé et géré par un comité interministériel dépendant des ministères chargés de la Recherche et de l'Industrie.

La Direction générale de la compétitivité et de l'industrie et des services (DGCIS) du ministère de l'Économie, de l'Industrie et de l'Emploi coordonne la procédure de sélection, en France, des projets candidats à une labellisation et à un financement EURÊKA.

OSEO est chargé de la promotion du programme et de l'accompagnement des projets et gère au plan opérationnel la procédure de sélection des projets.

4.   POUR ALLER PLUS LOIN

4.1.   Sources d'information

EURÊKA : http://www.eurekanetwork.org.

4.2.   Contacts : organismes référents, prescripteurs pour se lancer

OSEO :
http://www.oseo.fr/votre_projet/international/aides_et_financements/
partenariats_technologiques/financement_de_projets_en_europe/
eureka_eurostars/eureka
Coordination EURÊKA : info@eurekanetwork.org

FICHE N° 6

EUROSTARS

Données et chiffres clés
Programme ambitieux permettant aux PME labellisées EURÊKA d'obtenir une visibilité au niveau européen et de réaliser des développements innovants (produit, procédé ou service) proches de la mise sur le marché

	Approximativement 6 mois entre la fin de l'appel d'offres et le démarrage des travaux
	Un budget par projet situé entre 800 k€ et 1,7 M€, avec en général trois partenaires
	Programme difficile d'accès

1. PRÉSENTATION GÉNÉRALE DU DISPOSITIF

1.1. Finalité du dispositif et budget annuel alloué aux financements

Pour répondre aux besoins spécifiques des PME, la Commission européenne a adopté, le 12 septembre 2007, EUROSTARS, un programme commun avec à l'origine 27 pays de l'initiative EURÊKA, destiné à financer des partenariats en matière de R&D avec des PME actives dans la recherche, parallèlement au libre accès à divers programmes relevant du 7e programme-cadre.

La contribution de la Commission européenne s'élève à 100 M€ jusqu'en 2013. En outre, les États membres de l'Union européenne participant à l'initiative et cinq pays associés au 7e PCRDT (l'Islande, Israël, la Norvège, la Suisse et la Turquie) fourniront conjointement 300 millions d'euros supplémentaires, ce qui portera l'investissement total à 400 millions d'euros en six ans.

En France, OSEO consacre 5 millions d'euros par an au programme sur la période 2008-2013.

1.2. Projets de recherche et développement concernés

L'objectif d'EUROSTARS est de soutenir les PME à fort potentiel de croissance dans la réalisation de projets permettant une entrée rapide sur le marché de produits, procédés et/ou services innovants. Le dispositif favorise les petits consortiums et encourage la recherche axée sur le marché. Il n'y a pas de restrictions sur le domaine technologique concerné, ni sur le marché visé. Il faut cependant que les résultats du projet soient à destination civile.

2. DESCRIPTION DU DISPOSITIF

2.1. Comment fonctionne le dispositif ?

Le dispositif est un appel à projets. Il s'agit d'une communication ouverte et officielle qui invite les PME à soumettre des projets. L'appel à projets est continuellement ouvert, avec deux dates limites par an, sans thématique de recherche imposée.

Le dossier de candidature est soumis en ligne (www.eurostars-eureka.eu) et commun à l'ensemble des participants.

Il est évalué par deux experts indépendants selon trois critères : **contenu** du projet technique, **degré d'innovation** et avancées technologiques, **marché visé** et **compétitivité** du produit ou service proposé.

Un comité de six évaluateurs indépendants est ensuite chargé de classer les projets.

Le financement (partie nationale et européenne) est versé directement à chaque partenaire des projets « lauréats » par l'organisme financeur national, en l'occurrence OSEO en France. Il est donc conseillé de s'assurer au préalable de la disponibilité de budgets dans les pays concernés.

Le schéma ci-après précise les différentes phases, de la soumission du projet à la phase d'exécution.

Phases du processus d'appel à projets

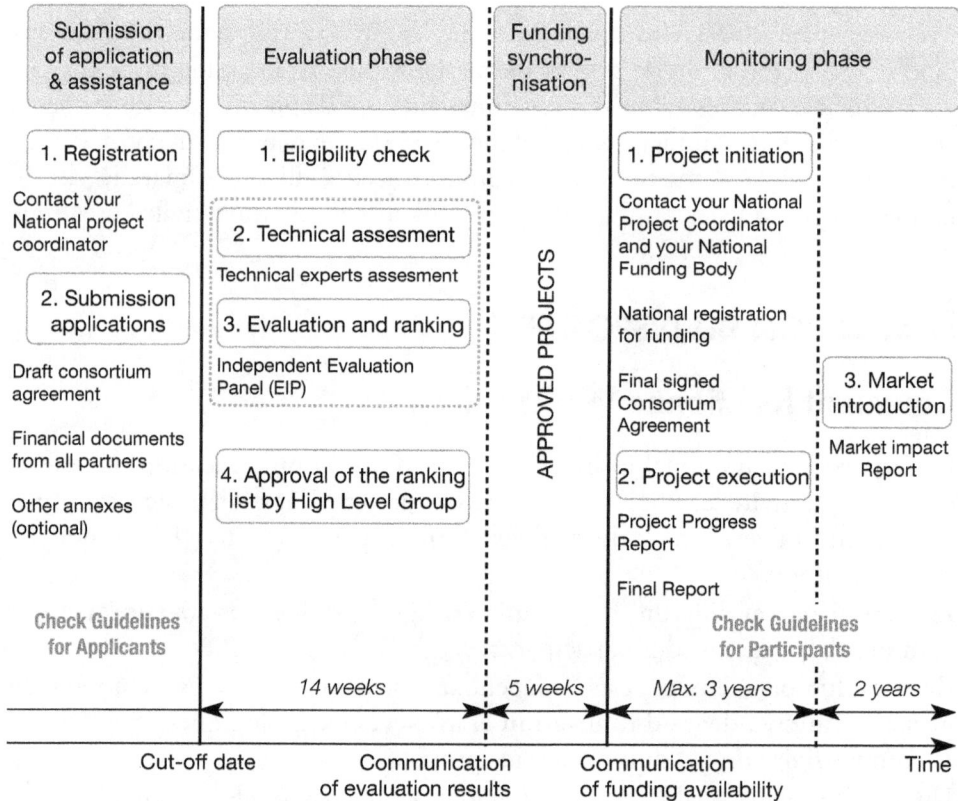

Submission of application & assistance	Evaluation phase	Funding synchro-nisation	Monitoring phase
1. Registration	1. Eligibility check		1. Project initiation
Contact your National project coordinator	2. Technical assesment		Contact your National Project Coordinator and your National Funding Body
2. Submission applications	Technical experts assesment		National registration for funding
Draft consortium agreement	3. Evaluation and ranking		Final signed Consortium Agreement
Financial documents from all partners	Independent Evaluation Panel (EIP)		3. Market introduction
Other annexes (optional)	4. Approval of the ranking list by High Level Group		2. Project execution
			Market impact Report
			Project Progress Report
			Final Report
Check Guidelines for Applicants			**Check Guidelines for Participants**

APPROVED PROJECTS

| 14 weeks | 5 weeks | Max. 3 years | 2 years |

Cut-off date   Communication of evaluation results   Communication of funding availability   Time

2.2. Combien peut-on obtenir de financement ?

OSEO intervient en subvention selon les taux suivants, qui varient en fonction de la typologie de partenaires :

- 40 % des dépenses éligibles pour les *R&D Performing SME*[1] ;
- 30 % des dépenses éligibles pour les entreprises jusqu'à 2 000 personnes ;
- 40 % des coûts complets plafonnés à 100 000 euros pour les laboratoires et universités.

Les entreprises de plus de 2 000 personnes ne peuvent prétendre à un financement EUROSTARS.

---

1. *R&D performing SME* : PME, selon la définition européenne, consacrant au moins 10 % de son chiffre d'affaires ou de son effectif à la R&D.

Un projet type comprend en moyenne trois partenaires et un budget situé entre 800 000 euros et 1,7 million d'euros.

2.3. Modalités pratiques d'obtention de financement

Le dossier, rédigé en anglais et soumis en ligne par le chef de file, doit comprendre les thèmes suivants :
- description générale du projet/budget global ;
- développements technologiques prévus ;
- partenaires et sous-traitants ;
- organisation de la collaboration ;
- contributions techniques et financières ;
- domaines d'application de l'innovation ;
- perspectives commerciales ;
- prévisions de retour sur investissement ;
- autres retombées économiques.

2.4. Quels sont les principaux avantages du dispositif ?

Ce dispositif est très flexible et particulièrement adapté aux PME et aux projets de développement expérimental. Il permet de mettre en place des collaborations internationales avec un nombre limité de partenaires, ce qui facilite la gestion du projet lors de son exécution.

Il permet par ailleurs à la PME de se prévaloir d'un label européen reconnu, gage de viabilité économique du futur produit (ou service) et offre une visibilité internationale aux partenaires.

2.5. Pièges à éviter

Bien que le système soit ouvert en continu, il faut être vigilant quant aux deux dates limites de soumission par an et ne pas les dépasser.

La répartition des activités et des retombées économiques au sein du consortium doit être suffisamment homogène pour permettre à tous les partenaires de présenter des demandes de subventions éligibles à leur autorité nationale.

3.   POINTS D'ATTENTION AU DISPOSITIF

3.1.   Obligations à respecter

Les critères d'éligibilité sont les suivants :
- le porteur du projet EUROSTARS et partenaire principal doit être une *R&D performing SME* ;
- un projet EUROSTARS doit réunir au moins deux entités indépendantes de deux pays membres d'EUROSTARS ;
- la durée du projet ne doit pas dépasser trois ans, sauf exception dûment justifiée ;
- la phase de commercialisation doit intervenir deux ans après la fin du projet ;
- la PME porteuse du projet doit participer à 50 % au minimum du coût total du projet ;
- la signature du contrat d'aide est subordonnée à la production d'un accord de consortium validé par OSEO ;
- le consortium lié au projet devra être équilibré, c'est-à-dire qu'aucun participant ne pourra contribuer à plus de 75 % du coût total du projet ;
- le projet d'accord de consortium devra recenser l'ensemble des contributions prévisionnelles de chacun des partenaires, ainsi que les modalités de préservation des droits des partenaires français en matière d'appropriation et d'exploitation des résultats ;
- les dépenses engagées devront être certifiées par un commissaire aux comptes.

3.2.   Bien comprendre les contraintes spécifiques au dispositif

Ce dispositif étant, par nature, très flexible et visant à promouvoir les PME les plus dynamiques, il n'y a pas de contrainte particulière, d'autant plus qu'il n'existe pas non plus de thématique imposée.

3.3.   Nos conseils et recommandations

Les critères d'évaluation du projet seront les suivants :
- qualité du partenariat ;
- équilibre ;
- valeur ajoutée ;
- capacités technologiques et managériales ;
- méthodologie et planning ;

- étapes clés et livrables ;
- implication financière des partenaires ;
- technologie et innovation ;
- degré de maturité et risques ;
- niveau d'innovation ;
- impact géographique et sectoriel ;
- marché et concurrence ;
- taille et potentialités pour les PME ;
- accès et risques ;
- délai de mise sur le marché ;
- retour sur investissement ;
- importance stratégique.

4. POUR ALLER PLUS LOIN

4.1. Sources d'information

EUROSTARS : www.eurostars-eureka.eu
OSEO :
http://www.oseo.fr/votre_projet/international/aides_et_financements/
partenariats_technologiques/financement_de_projets_en_europe/
eureka_eurostars/eurostars

4.2. Contacts : organismes référents, prescripteurs pour se lancer

Secrétariat français (OSEO) : eurekafrance@oseo.fr
EURÊKA secrétariat : info@eurostars-eureka.eu

FICHE N° 7

FONDS EUROPÉEN DE DÉVELOPPEMENT RÉGIONAL (FEDER)

Données et chiffres clés
Programme régional sur fonds européen permettant aux PME d'obtenir des financements dans le cadre d'activités de développement expérimental et d'innovation
Approximativement 9 mois entre le dépôt du dossier et le démarrage des travaux
Un financement moyen par projet est de 700 k€ sur les programmes « Innovation » et « TIC », avec en général un acompte de 5 %
Programme très facile d'accès

1. PRÉSENTATION GÉNÉRALE DU DISPOSITIF

1.1. Finalité du dispositif

Le FEDER[1] est un instrument majeur de la politique régionale de l'Union européenne. Celle-ci s'articule autour de **trois objectifs** principaux et s'appuie sur **trois instruments**.

1.1.1. Objectif 1 : Convergence – solidarité entre les régions

L'objectif consiste à accélérer la convergence des États membres et des régions les moins développées en favorisant les conditions de croissance et d'emploi par l'augmentation et l'amélioration de la qualité des investissements dans le capital physique et humain, le développement de l'innovation et de la société de la connaissance, l'adaptabilité aux changements économiques et sociaux, la protection et l'amélioration de la qualité de l'environnement ainsi que l'efficacité administrative. En particulier, cet objectif s'applique aux régions dont le produit intérieur brut par habitant est inférieur à 75 % de la moyenne de l'UE.

---

1. Règlement 1080/2006/CE du Parlement européen et du Conseil du 5 juillet 2006 relatif au Fonds européen de développement régional.

En France, seules la Guadeloupe, la Guyane, la Martinique et la Réunion sont concernées.

Les projets financés touchent notamment l'amélioration des infrastructures de base, l'aide aux entreprises, le traitement des déchets et des eaux usées, la connexion internet haut débit, la formation, la création d'emplois, etc.

1.1.2. Objectif 2 : Compétitivité régionale et emploi

L'objectif consiste, en dehors des régions les moins développées, à renforcer la compétitivité et l'attractivité des régions ainsi que l'emploi en anticipant les changements économiques et sociaux – y compris ceux liés à l'ouverture commerciale – par l'augmentation et l'amélioration de la qualité des investissements dans le capital humain, l'innovation et la promotion de la société de la connaissance, l'esprit d'entreprise, la protection et l'amélioration de l'environnement, l'amélioration de l'accessibilité, l'adaptabilité des travailleurs et des entreprises ainsi que le développement de marchés du travail inclusifs.

Il s'agit en pratique de favoriser la compétitivité et de renforcer l'attractivité des régions qui ne sont pas concernées par l'objectif de « convergence ». Les projets financés relèvent notamment du développement des transports propres, des aides aux centres de recherche, aux universités, aux petites entreprises et aux nouvelles entreprises, etc.

1.1.3. Objectif 3 : Coopération territoriale européenne

L'objectif consiste à renforcer la coopération au niveau transfrontalier par des initiatives conjointes locales et régionales, à renforcer la coopération transnationale par des actions favorables au développement territorial intégré en liaison avec les priorités de la Communauté, et à renforcer la coopération interrégionale et l'échange d'expérience au niveau territorial approprié.

Afin de mettre en œuvre cette politique, la Commission européenne a établi, par voie de règlements, les règles régissant les fonds dits structurels (ou instruments) à savoir : le Fonds européen de développement régional (FEDER) et le Fonds social européen (FSE), ainsi que le Fonds de cohésion.

1.1.4. Instrument 1 : Le Fonds européen de développement régional (FEDER)

Ce fonds contribue au renforcement de la cohésion économique et sociale en corrigeant les principaux déséquilibres régionaux. Il donne effet aux priorités de la Communauté et en particulier à la nécessité de renforcer la compétitivité et l'innovation, de créer et de sauvegarder des emplois durables et d'assurer un développement durable.

1.1.5. Instrument 2 : Le Fonds social européen (FSE)

Le FSE contribue au renforcement de la cohésion économique et sociale en améliorant l'emploi et les possibilités d'emploi, en encourageant un niveau élevé d'emploi et une amélioration quantitative et qualitative de l'emploi. À cet effet, il soutient les politiques des États membres visant à atteindre le plein emploi ainsi que la qualité et la productivité du travail, à promouvoir l'inclusion sociale, notamment l'accès des personnes défavorisées à l'emploi et à réduire les disparités nationales, régionales et locales en matière d'emploi.

1.1.6. Instrument 3 : Le Fonds de cohésion

Le Fonds de cohésion contribue au renforcement de la cohésion économique et sociale de la Communauté, dans une perspective de promotion du développement durable.

Dans le cadre de cet ouvrage sur le financement de l'innovation, nous nous intéresserons uniquement au FEDER, utilisé dans le cadre de l'objectif « Compétitivité régionale et emploi ».

1.2. Projets de recherche et développement ou d'innovation concernés

L'intervention cofinancée par le FEDER est ciblée sur les priorités de l'Union européenne en matière de promotion de la compétitivité et de création d'emplois, notamment dans le domaine de la recherche et du développement technologique (RDT) et de l'innovation.

- **Amélioration des capacités régionales de RDT et d'innovation**, directement liées aux objectifs régionaux de développement économique, par un soutien en faveur de centres de compétence industriels ou axés sur une technologie spécifique ; par la promotion de la RDT industrielle, des PME et du transfert de technologies ; par le développement de la prévision technologique et de l'évaluation comparative au niveau international des politiques de promotion de l'innovation ; et par un soutien en faveur de la collaboration entre entreprises et des politiques conjointes en matière de RDT et d'innovation.
- **Stimulation de l'innovation et de l'esprit d'entreprise** dans tous les secteurs de l'économie régionale et locale par un soutien en faveur de la commercialisation de produits, de processus et de services nouveaux ou améliorés par les PME ; par un soutien en faveur des réseaux et des grappes d'entreprises ; par l'amélioration de l'accès des PME aux financements ; par la promotion des réseaux de coopération entre les entreprises et les établissements d'enseignement supérieur

et de recherche adéquats ; et par un accès plus aisé pour les PME aux services d'appui aux entreprises, ainsi que par un soutien en faveur de l'intégration de technologies plus propres et innovantes dans les PME.

- **Promotion de l'esprit d'entreprise**, notamment en facilitant l'exploitation économique des idées nouvelles et en encourageant la création de nouvelles entreprises par les établissements d'enseignement supérieur et de recherche concernés, et les entreprises existantes.
- **Création d'instruments d'ingénierie financière et de pépinières** propices à la capacité de développement technologique et de recherche des PME et à l'encouragement de l'esprit d'entreprise et de la formation de nouvelles entreprises, en particulier des PME faisant une utilisation intensive de la connaissance.

Les États membres doivent élaborer, pour la période 2007-2013, un cadre de référence stratégique national (CRSN) qui assure la cohérence des interventions des fonds avec les orientations stratégiques de la Communauté. Le cadre de référence stratégique national doit contenir différents éléments, parmi lesquels :

- une analyse des disparités, des retards et du potentiel de développement, en tenant compte des tendances de l'économie européenne et mondiale ;
- la stratégie retenue sur la base de cette analyse, y compris les priorités thématiques et territoriales ;
- la liste des programmes opérationnels pour les objectifs Convergence et Compétitivité régionale et emploi ;
- une description de la manière dont les dépenses au titre des objectifs Convergence et Compétitivité régionale et emploi contribueront aux priorités de l'UE en matière de promotion de la compétitivité et de création d'emplois ;
- la dotation annuelle indicative de chaque Fonds par programme.

Dans son CRSN, la France a choisi, pour le FEDER, les axes stratégiques suivants :

- promouvoir l'innovation et l'économie de la connaissance ;
- développer les TIC au service de l'économie et de la société de l'information ;
- soutenir les entreprises dans une démarche de développement territorial.

Chacun de ces axes stratégiques est déployé en régions.

2. DESCRIPTION DU DISPOSITIF

2.1. Comment fonctionne le dispositif ?

Le financement par les Fonds structurels est attribué en fonction d'un système décentralisé de responsabilité partagée entre la Commission européenne et les

États membres. La Commission négocie et approuve les programmes opérationnels proposés par les États membres, puis alloue les ressources. Les États membres et leurs régions gèrent les programmes, les mettent en œuvre en sélectionnant les projets, les contrôlent et les évaluent.

Pour chaque programme opérationnel, les États membres nomment une autorité de gestion (un organisme public local, régional ou national, ou un organisme public ou privé). En général, il s'agit de la préfecture de région.

Il existe deux procédures distinctes :

* le guichet ouvert : dépôt des dossiers au fil de l'eau ;
* les appels à projets : dépôt sur la base d'un cahier des charges qui précise l'objet, la thématique d'intervention, les destinataires, les critères d'appréciation et de sélection des dossiers.

Dans la mesure où ces procédures sont définies au niveau régional, il n'est pas possible, dans le cadre de cet ouvrage, de détailler l'ensemble des dispositifs et leurs modalités de mise en œuvre. Néanmoins, quelques grandes lignes sont exposées.

2.2.   Combien peut-on obtenir de financement ?

Le montant des financements est très variable (de moins d'une centaine de milliers d'euros jusqu'à plusieurs millions d'euros). Sur les programmes « Innovation » et « TIC », le financement moyen par projet est de 700 000 euros.

2.3.   Modalités pratiques d'obtention de financement

Pour déposer une demande de financement par les Fonds structurels, il faut contacter l'autorité de gestion compétente ou rechercher les appels à propositions (ou les appels d'offres). Il est par ailleurs nécessaire de connaître les conditions d'accès et les procédures d'attribution (par exemple les demandes et la sélection des programmes en cours, les appels à propositions sur des thèmes spécifiques ou les mises en concurrence avec échéances imposées).

Les critères de sélection du projet sont convenus par le comité de suivi de chaque programme opérationnel et publiés (par exemple sur le site Web de l'autorité de gestion). Les projets seront évalués en fonction de ces critères. Il faut savoir qu'un projet de recherche ou d'innovation soumis à un programme FEDER sera jugé aussi bien sur sa contribution au développement économique de l'État membre ou de la région que sur sa qualité scientifique ou technologique.

Par ailleurs, le financeur, par l'intermédiaire d'un service instructeur, instruit votre projet et va suivre son déroulement jusqu'au paiement de l'aide européenne. Il est donc nécessaire de le tenir informé de tout changement affectant votre projet. C'est ce service qui va en contrôler la réalisation et en particulier vérifier les justificatifs.

Pour percevoir la subvention européenne, il faut justifier des dépenses prévues dans le plan de financement de votre dossier à la rubrique « Coût estimatif du projet ». L'aide européenne est plafonnée au montant prévu dans le dossier de demande. On ne peut donc jamais dépenser plus de FEDER que prévu dans le dossier.

Une fois le dossier accepté en comité régional de programmation, le bénéficiaire reçoit une convention qui prévoit le versement d'un acompte de 5 %. La subvention européenne est versée une fois les factures acquittées par le bénéficiaire et vérifiées par le service instructeur.

Comme tout financement public, le FEDER est l'objet de contrôles de différents organismes :
- la préfecture de région ;
- un organisme national appelé la CICC (Commission interministérielle de coordination des contrôles) ;
- la Commission européenne.

2.4. Quel est le principal avantage du dispositif ?

Le principal avantage de ce dispositif réside dans le fait que le financeur et le financé agissent en proximité, ce qui simplifie l'accès au financement.

2.5. Bien comprendre les contraintes spécifiques au dispositif

Chaque région définit sa propre stratégie de financement ainsi que les modalités pratiques. Il est donc nécessaire d'aller sur le site « Europe en France, portail des fonds européens en France » afin de trouver l'information pertinente sur les mécanismes en vigueur dans sa région.

2.6. Entreprises concernées

Tous les acteurs de la recherche et de l'innovation (entreprises, universités, organismes de transfert de technologie, organisations en groupement, établissements d'enseignement supérieur, etc.) peuvent participer, selon les programmes et les initiatives que les États membres et les régions ont prévus.

3.   POINTS D'ATTENTION AU DISPOSITIF

3.1.   Obligations à respecter

Il est à noter qu'une subvention européenne du FEDER s'accompagne toujours d'une obligation de publicité du financement européen auprès des interlocuteurs et des bénéficiaires du projet (partenaires, usagers, clients…).

3.2.   Nos conseils et recommandations

Il est impératif de contacter au préalable l'autorité de gestion compétente afin de déterminer si le projet est *a priori* finançable, c'est-à-dire qu'il contribue au déploiement de la stratégie régionale en matière d'innovation.

4.   POUR ALLER PLUS LOIN

4.1.   Sources d'information

- Site Web « Europe en France, portail des fonds européens en France » : http://www.europe-en-france.gouv.fr/Configuration-Generale-Pages-secon-daires/FEDER
- Délégation interministérielle à l'aménagement du territoire et à l'attractivité régionale (DATAR) :
http://territoires.gouv.fr/la-datar

4.2.   Contacts : organismes référents, prescripteurs pour se lancer

Site Web « Europe en France, portail des Fonds européens en France » : http://www.europe-en-france.gouv.fr/Configuration-Generale-Pages-secon-daires/FEDER
puis sélectionner la région.

FICHE N° 8

PROGRAMME-CADRE POUR LA COMPÉTITIVITÉ ET L'INNOVATION

1. FINALITÉ DU DISPOSITIF ET BUDGET

Le programme-cadre de la compétitivité et de l'innovation (PCI ou CIP en anglais) vise à améliorer la compétitivité des entreprises européennes, en particulier les PME. Ce programme a pour vocation d'aider les projets innovants, y compris l'éco-innovation, et de faciliter l'accès au financement. Il encourage la diffusion des technologies de l'information (TIC) et promeut l'utilisation durable des ressources et les énergies renouvelables. Ce programme est déployé entre 2007 et 2013 et dispose d'un budget total de 3,6 milliards d'euros.

Le CIP est divisé en trois programmes.

1.1. Programme pour l'innovation et l'esprit d'entreprise (PIE)

Ce programme pour l'innovation et l'esprit d'entreprise prévoit des actions destinées à soutenir :

- l'accès au crédit pour le démarrage et la croissance des PME et l'investissement dans des projets d'innovation ;
- la mise en place d'un environnement favorable à la coopération des PME, en particulier dans le domaine de la coopération transfrontalière ;
- toutes les formes d'innovation dans les entreprises ;
- l'éco-innovation ;
- la culture de l'esprit d'entreprise et de l'innovation ;
- la réforme économique et administrative liée à l'entreprise et à l'innovation.

Ce programme déploie différents instruments financiers auprès des PME via des intermédiaires ou des institutions financières internationales partenaires (BERD, BEI, FEI…) : apports en fonds propres et dette. Il intervient par ailleurs indirectement en accordant des subventions à différents fonds de capital-investissement, avec pour but de stimuler le capital-risque.

1.2. Programme d'appui stratégique en matière de technologies de l'information et de la communication (TIC)

Ce programme prévoit des mesures visant à :

- mettre en place l'espace unique européen de l'information et à renforcer le marché intérieur des produits et services liés aux TIC et des produits et services basés sur les TIC ;
- encourager l'innovation par la généralisation des TIC et par des mesures incitant à investir dans ces technologies ;
- mettre en place une société de l'information ouverte à tous et des services plus efficaces et plus rentables dans des domaines d'intérêt public, ainsi qu'à améliorer la qualité de la vie.

Ce programme se base sur des appels à projets.

1.3. Énergie intelligente pour l'Europe (EIE)

Ce programme prévoit des mesures visant notamment à :
- encourager l'efficacité énergétique et l'utilisation rationnelle des ressources énergétiques ;
- promouvoir les sources d'énergie nouvelles et renouvelables et à encourager la diversification énergétique ;
- promouvoir l'efficacité énergétique et l'utilisation de sources d'énergie nouvelles et renouvelables dans les transports.

Ce programme se base sur des appels à projets.

2. RÉGIME JURIDIQUE ET BUDGET

Le régime juridique applicable est la décision 1639/2006/CE du Parlement européen et du Conseil du 24 octobre 2006 établissant un programme-cadre pour l'innovation et la compétitivité (CIP).

L'enveloppe financière pour l'exécution du CIP, pour la période allant du 1er janvier 2007 au 31 décembre 2013, est de :
- 2,1 milliards d'euros pour le PIE ;
- 728 millions d'euros pour le programme d'appui stratégique en matière de TIC ;
- 727 millions pour le programme EIE.

3. PROJETS D'INNOVATION CONCERNÉS

Ce programme-cadre ne couvre pas les actions de recherche et de développement technologique et de démonstration. Il contribue à combler, en termes de financement, le fossé entre la recherche et l'innovation et favorise toutes les formes d'innovation.

FICHE N° 8.1

PROGRAMME-CADRE POUR LA COMPÉTITIVITÉ ET L'INNOVATION – PIE

1.   DESCRIPTION DU DISPOSITIF

1.1.   Comment fonctionne le dispositif ?

Les différents instruments financiers doivent permettre aux PME d'accéder plus facilement au crédit à certaines étapes de leur développement : amorçage, démarrage, expansion et transmission. Les instruments applicables couvrent également les investissements réalisés par les PME dans des activités telles que le développement technologique, l'innovation, y compris l'éco-innovation, le transfert de technologies et l'expansion transfrontalière de leur activité.

Ce dispositif s'adresse, *via* des intermédiaires financiers ou d'institutions financières internationales partenaires, aux PME innovantes et aux PME ayant un important potentiel de croissance.

1.1.1.   Mécanisme en faveur des PME innovantes et à forte croissance (MIC)

Le MIC est géré par le Fonds européen d'investissement (FEI). Le MIC remplit les fonctions suivantes :
- contribuer à la création et au financement de PME et réduire le déficit de fonds propres et de capitaux à risque qui empêche les PME d'exploiter leur potentiel de croissance, afin d'améliorer le marché européen du capital-risque ;
- soutenir les PME innovantes ayant un potentiel de croissance élevé et notamment celles qui mettent en œuvre des projets de recherche, de développement ou d'innovation.

1.1.2.   Mécanisme de garanties pour les PME (GPME)

Le mécanisme GPME remplit les fonctions suivantes :
- fournir des contre-garanties ou, le cas échéant, des cogaranties aux régimes de garantie opérant dans les pays participants ;
- fournir des garanties directes à d'autres intermédiaires financiers appropriés.

Ces fonctions sont prises en charge par quatre guichets :
- financement par l'emprunt (prêt ou crédit-bail) ;
- microcrédit ;

- garanties pour des investissements de fonds propres ou quasi-fonds propres dans des PME ;
- titrisation de portefeuilles de crédits consentis à des PME.

1.1.3. Dispositif de renforcement des capacités (DRC)

Le DRC est géré avec des institutions financières internationales, dont la Banque européenne pour la reconstruction et le développement (BERD), la Banque européenne d'investissement (BEI), le FEI et la Banque de développement du Conseil de l'Europe (CEB). Le DRC remplit les fonctions suivantes :
- améliorer les compétences techniques en matière d'investissement et de technologie des fonds et des autres intermédiaires financiers qui investissent dans des PME innovantes ou des PME ayant un potentiel de croissance ;
- stimuler l'offre de crédit aux PME en améliorant les procédures d'évaluation des demandes de crédit des PME.

Le DRC est composé des actions « capital d'amorçage » (subventions destinées à stimuler l'offre de capital-risque au bénéfice de PME) et « partenariat » (subventions aux intermédiaires financiers pour couvrir le coût de l'assistance technique nécessaire à l'amélioration de leurs procédures d'évaluation des demandes de crédit des PME).

1.2. Combien peut-on obtenir de financement ?

Dans la mesure où il existe de nombreux dispositifs de nature différente, nous ne donnerons que quelques exemples.

1.2.1. Dispositif GPME

La Société de caution mutuelle de l'artisanat et des activités de proximité (SIAGI) apporte sa garantie aux établissements bancaires avec qui elle a signé des conventions. Dans le cadre de son programme « Projets de croissance d'entreprise », les montants de crédits garantis vont de 7 500 à 250 000 euros, sur une durée de trois à dix ans.

Le Crédit coopératif quant à lui propose un prêt « éco-financement » destiné au financement des investissements à caractère environnemental (montant maximum de 3 millions d'euros, sur une durée comprise entre trois et vingt ans, avec une remise de 30 points de base sur le taux habituel applicable).

1.2.2. Dispositif MIC

Le fonds Demeter 2 est un fonds commun de placement à risque (FCPR) de 203 millions d'euros dédié aux entreprises des secteurs des éco-industries et des éco-énergies. 60 % des montants sont investis dans des opérations de capital développement, 20 % dans des opérations de capital-risque et 20 % dans des opérations de capital transmission (LBO) ou des prises de participation majoritaires. Parmi les sujets nouveaux pris en charge par Demeter 2 figurent notamment l'aménagement et la construction durable ainsi que les transports « propres » (notamment les véhicules électriques).

1.3. Modalités pratiques d'obtention de financement

Dans le cadre des dispositifs MIC et GPME, les PME doivent contacter directement le fonds ayant signé une convention avec le FEI[1] [2].

Dans le cadre du dispositif DRC, les PME doivent contacter directement les institutions financières internationales partenaires (Banque européenne pour la reconstruction et le développement [BERD], Banque européenne d'investissement [BEI], FEI et Banque de développement du Conseil de l'Europe [CEB]).

**Chaîne de partage des risques des prêts
aux petites et moyennes entreprises (PME)**

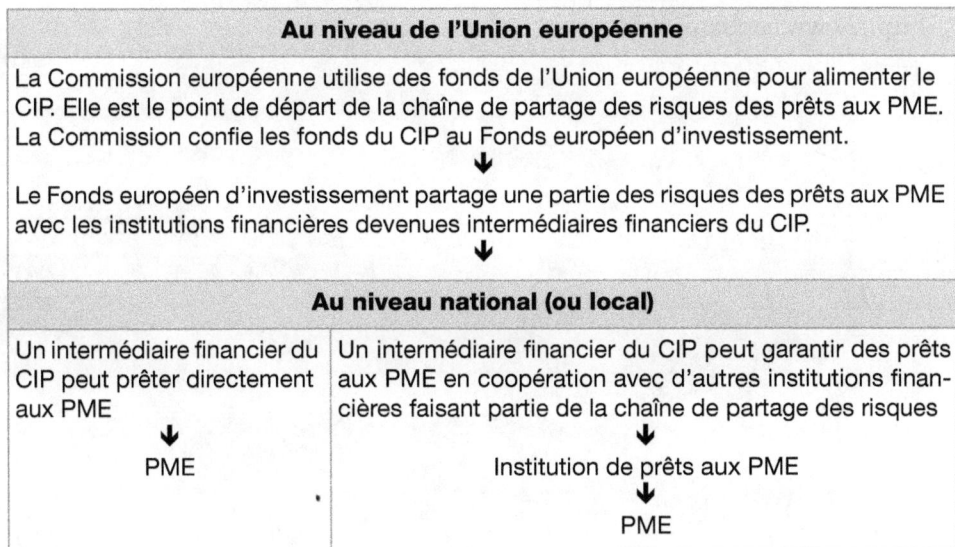

Au niveau de l'Union européenne
La Commission européenne utilise des fonds de l'Union européenne pour alimenter le CIP. Elle est le point de départ de la chaîne de partage des risques des prêts aux PME. La Commission confie les fonds du CIP au Fonds européen d'investissement. ↓
Le Fonds européen d'investissement partage une partie des risques des prêts aux PME avec les institutions financières devenues intermédiaires financiers du CIP. ↓

Au niveau national (ou local)	
Un intermédiaire financier du CIP peut prêter directement aux PME ↓ PME	Un intermédiaire financier du CIP peut garantir des prêts aux PME en coopération avec d'autres institutions financières faisant partie de la chaîne de partage des risques ↓ Institution de prêts aux PME ↓ PME

---

1. Voir http://www.access2finance.eu/en/Attachments/List_of_Deals_28_04_2010.pdf
2. Voir http://www.access2finance.eu/fr/France/cip/index.htm

2. Pour aller plus loin

2.1. Sources d'information

Site de la Commission pour le programme PCI : http://ec.europa.eu/cip/index_fr.htm

2.2. Contacts : organismes référents, prescripteurs pour se lancer

- Site du Fonds européen d'investissement (FEI) :
  http://www.eif.org/what_we_do/equity/venture/index.htm
- Site du financement de l'Union européenne pour les PME :
  http://www.access2finance.eu/fr/France/what_is_available.htm
- Site de la Banque européenne pour la reconstruction et le développement (BERD) :
  http://fr.ebrd.com/pages/homepage.shtml
- Site de la Banque européenne d'investissement (BEI) :
  http://www.eib.org/?lang=fr
- Site de la Banque de développement du Conseil de l'Europe (CEB) :
  http://www.coebank.org/

FICHE N° 8.2

PROGRAMME-CADRE POUR LA COMPÉTITIVITÉ ET L'INNOVATION – TIC

Données et chiffres clés	
Programme ambitieux, sur une thématique stratégique, permettant aux PME de mettre sur le marché des innovations	
	Approximativement 12 mois entre la remise du dossier et le démarrage des travaux
	Un budget par projet jusqu'à 10 M€
	Programme difficile d'accès

1.   DESCRIPTION DU DISPOSITIF

1.1.   Comment fonctionne le dispositif ?

Le programme d'appui stratégique en matière de TIC peut être mis en œuvre au travers de projets, d'actions relatives aux bonnes pratiques et de réseaux thématiques. L'aide communautaire contribue aussi à activer la coordination et la mise en œuvre d'actions visant à développer la société de l'information dans l'ensemble des États membres.

Les actions suivantes sont soutenues :

- projets pilotes et projets de première application commerciale ;
- actions visant à propager les bonnes pratiques et à partager les expériences acquises dans la Communauté ;
- réseaux thématiques regroupant diverses parties intéressées autour d'un objectif donné, de manière à faciliter les activités de coordination et le transfert de connaissances.

Par exemple, le projet « BEST energy » (http://www.bestenergyproject.eu/) s'intéresse à l'amélioration de l'efficacité énergétique des établissements recevant du public et de l'éclairage public en utilisant les technologies de l'information (management de l'énergie [consommation et production] et développement d'outils d'aide à la décision).

Le projet e-Codex (http://www.e-codex.eu/) s'intéresse quant à lui à l'amélioration de l'accès à la justice et à l'interopérabilité entre les différents ministères de la Justice au niveau européen.

De nombreux exemples de projets sont fournis sur le site suivant : http://ec.europa.eu/information_society/activities/ict_psp/projects/portfolio/index_en.htm

1.2. Combien peut-on obtenir de financement ?

En fonction de la ligne budgétaire, les montants financés peuvent aller jusqu'à 10 millions d'euros par projet.

1.3. Modalités pratiques d'obtention de financement

Le financement s'obtient par la soumission de propositions de projet dans le cadre d'appels à propositions. La soumission se fait en ligne via un système électronique sur le site de la Commission (*Electronic Proposal Submission System* – EPSS). Toutes les propositions sont composées d'une partie administrative, qui se remplit en ligne, et d'une partie technique, qui doit être téléchargée sur le site. L'ensemble des modalités de réponse (délais, contenu, forme…) est indiqué dans l'appel et ses annexes.

La taille des consortiums candidats est variable, en fonction de la nature de l'instrument financier mobilisé. La durée maximale des projets est fixée à 36 mois.

Entre la date de début de l'appel et la date de démarrage d'un projet retenu, il s'écoule en général 12 mois.

Il est à noter que les États membres peuvent par ailleurs lancer des appels d'offres dans le cadre d'une procédure de marchés publics.

1.4. Quels sont les principaux avantages du dispositif ?

Les taux de financement sont élevés et les montants en jeu importants. Le dispositif permet donc de financer des programmes relativement coûteux.

La sélection rigoureuse des projets nécessite de bien les structurer et de ne soumettre que des projets de grande qualité, sachant que la compétition est sévère.

1.5. Bien comprendre les contraintes spécifiques au dispositif

Le « ticket d'entrée » est cher : monter un projet CIP est consommateur de ressources (jusqu'à 2 hommes/mois).

L'aide d'un conseil extérieur est fortement recommandée, compte tenu des règles de fonctionnement très spécifiques et de la pression exercée sur les ressources internes lors du montage en particulier, mais aussi lors des périodes de « Reporting » périodique à la CE lorsque le projet est lancé.

Il faut s'assurer que le projet est en conformité avec la stratégie et les objectifs de l'entreprise (et non adapter un projet afin qu'il corresponde au CIP).

2. POINTS D'ATTENTION AU DISPOSITIF

2.1. Obligations à respecter

La convention de subvention est un contrat signé avec la Commission, contenant des engagements stricts et fermes.

Le projet est suivi régulièrement par la Commission européenne, notamment afin de valider que le travail est bien réalisé dans le budget imparti et en conformité avec les termes de la convention.

2.2. Pièges à éviter

Dans le processus de réponse aux appels à propositions, il faut s'assurer que les projets de recherche portés par l'entreprise sont en adéquation avec le thème de l'appel. Une erreur à ne pas commettre serait d'adapter son projet aux thèmes de l'appel à propositions.

La dimension collaborative impose de trouver un consensus avec tous les participants du projet et de définir les modalités de gestion de la propriété intellectuelle. Les partenaires du projet ne sont pas de « simples fournisseurs » : il faut que le collaboratif soit inscrit dans la culture des entreprises participantes.

2.3. Nos conseils et recommandations

Les projets se préparent très en amont, car le processus est long et rigoureux, consommateur de temps et de ressources.

Les projets proposés doivent être en parfaite adéquation avec les attentes du financeur. Par conséquent, la lecture de l'appel à propositions doit être approfondie (partie contextuelle et aspects spécifiques de la ligne budgétaire).

Il est recommandé de se faire aider par un conseil spécialisé qui l'accompagnera dans l'ensemble des démarches, notamment dans le cas où l'entreprise ne dispose pas des compétences et des ressources en interne.

3. POUR ALLER PLUS LOIN

3.1. Sources d'information

- Site de la Commission pour le programme CIP :
  http://ec.europa.eu/cip/index_fr.htm
- Site Technologies de l'information et de la communication :
  http://ec.europa.eu/information_society/activities/ict_psp/index_en.htm

FICHE N° 8.3

PROGRAMME-CADRE POUR LA COMPÉTITIVITÉ ET L'INNOVATION – EIE

Données et chiffres clés	
Programme ambitieux, sur une thématique stratégique, permettant aux PME de mettre sur le marché des innovations	
⏰	Approximativement 12 mois entre la remise du dossier et le démarrage des travaux
€	Un budget par projet jusqu'à 2 M€, avec des taux de financement élevés (75 %)
🔓	Programme difficile d'accès

1. DESCRIPTION DU DISPOSITIF

1.1. Comment fonctionne le dispositif ?

Les actions suivantes sont soutenues.

1.1.1. Efficacité énergétique et utilisation rationnelle des ressources (SAVE)

Les mesures en faveur de l'efficacité énergétique et de l'utilisation rationnelle des ressources énergétiques visent à :
• améliorer l'efficacité énergétique et l'utilisation rationnelle de l'énergie, notamment dans les secteurs de l'industrie et du bâtiment ;
• soutenir l'élaboration de mesures législatives et leur mise en œuvre.

1.1.2. Ressources énergétiques nouvelles et renouvelables (Altener)

Les actions en faveur des sources d'énergie nouvelles et renouvelables visent à :
• promouvoir les sources d'énergie nouvelles et renouvelables pour la production centralisée et décentralisée d'électricité, de chaleur et de froid et à soutenir ainsi la diversification des sources d'énergie ;

- intégrer les sources d'énergie nouvelles et renouvelables dans le milieu local et dans les systèmes énergétiques ;
- soutenir l'élaboration de mesures législatives et leur mise en œuvre.

1.1.3. Énergie et transports (STEER)

Les actions en faveur de l'efficacité énergétique et de l'utilisation de sources d'énergie nouvelles et renouvelables dans les transports visent à :
- soutenir les initiatives portant sur tous les aspects énergétiques des transports et la diversification des carburants ;
- encourager l'utilisation de carburants d'origine renouvelable et l'efficacité énergétique dans les transports ;
- soutenir l'élaboration de mesures législatives et leur mise en œuvre.

1.1.4. Initiatives intégrées

Les actions combinant plusieurs des domaines spécifiques visés ci-dessus (SAVE/Altener/STEER) ou se rapportant à certaines priorités communautaires visent à :
- intégrer l'efficacité énergétique et les sources d'énergie renouvelables dans plusieurs secteurs économiques ;
- associer différents instruments, outils et acteurs dans le cadre de la même action ou du même projet.

Par ailleurs, le dispositif fournit un soutien aux projets liés aux premières applications commerciales de techniques, processus, produits ou pratiques innovants ayant un intérêt communautaire et dont la démonstration au niveau technique a déjà été faite avec succès. La conception de ces techniques, processus, produits ou pratiques vise à ce qu'ils soient plus largement utilisés au sein des pays participants et à ce que leur adoption par le marché soit facilitée.

Par exemple, le projet *Certification for HydrO : Improving Clean Energy* (http://www.ch2oice.eu/) s'intéresse à l'élaboration d'une procédure de certification des installations de production d'électricité à partir d'énergie hydraulique, notamment dans le but d'améliorer l'impact environnemental de l'usine.

Le projet BIOSIRE (http://www.biosire.eu) quant à lui vise à assurer le passage à la propulsion électrique et aux biocarburants de différents types de véhicules touristiques, à augmenter l'utilisation des huiles de cuisson usagées pour ces véhicules et à identifier les sources potentielles de production et d'utilisation de biocarburant.

De nombreux exemples de projets sont fournis sur le site suivant : http://www.eaci-projects.eu/iee/page/Page.jsp.

1.2. Combien peut-on obtenir de financement ?

Les coûts éligibles sont financés à hauteur de 75 %. Les budgets des projets sont généralement compris entre 500 000 euros et 2 millions d'euros.

1.3. Modalités pratiques d'obtention de financement

Le financement s'obtient par la soumission de propositions de projet dans le cadre d'appel à propositions. La soumission se fait en ligne via un système électronique sur le site de la Commission (*Electronic Proposal Submission System* – EPSS). Toutes les propositions sont composées d'une partie administrative, qui se remplit en ligne, et d'une partie technique qui doit être téléchargée sur le site.

L'ensemble des modalités de réponse (délais, contenu, forme…) est indiqué dans l'appel et ses annexes.

Les consortiums candidats doivent être constitués d'au moins trois organisations indépendantes établies dans au moins trois États membres (ou associés) différents. La durée maximale des projets est fixée à 36 mois.

Entre la date de début de l'appel et la date de démarrage d'un projet retenu, il s'écoule en général 12 mois.

Il est à noter que les États membres peuvent par ailleurs lancer des appels d'offres dans le cadre d'une procédure de marchés publics.

1.4. Quels sont les principaux avantages du dispositif ?

Les taux de financement sont élevés et les montants en jeu importants. Le dispositif permet donc de financer des programmes relativement coûteux.

La sélection rigoureuse des projets nécessite de bien les structurer et de ne soumettre que des projets de grande qualité, sachant que la compétition est sévère.

1.5. Bien comprendre les contraintes spécifiques au dispositif

Le « ticket d'entrée » est cher : monter un projet CIP est consommateur de ressources (jusqu'à 2 hommes/mois).

Il faut s'assurer que le projet est en conformité avec la stratégie et les objectifs de l'entreprise (et non adapter un projet afin qu'il corresponde au CIP).

2.   POINTS D'ATTENTION AU DISPOSITIF

2.1.   Obligations à respecter

La convention de subvention est un contrat signé avec la Commission, contenant des engagements stricts et fermes.

Le projet est suivi régulièrement par la Commission européenne, notamment afin de valider que le travail est bien réalisé dans le budget imparti et en conformité avec les termes de la convention.

2.2.   Pièges à éviter

Dans le processus de réponse aux appels à propositions, il faut s'assurer que les projets de recherche portés par l'entreprise sont en adéquation avec le thème de l'appel. Une erreur à ne pas commettre serait d'adapter son projet aux thèmes de l'appel à propositions.

La dimension collaborative impose de trouver un consensus avec tous les participants du projet et de définir les modalités de gestion de la propriété intellectuelle. Les partenaires du projet ne sont pas de « simples fournisseurs » : il faut que le collaboratif soit inscrit dans la culture des entreprises participantes.

2.3.   Nos conseils et recommandations

Les projets se préparent très en amont, car le processus est long et rigoureux, consommateur de temps et de ressources.

Les projets proposés doivent être en parfaite adéquation avec les attentes du financeur. Par conséquent, la lecture de l'appel à propositions doit être approfondie (partie contextuelle et aspects spécifiques de la ligne budgétaire).

Il est recommandé de se faire aider par un conseil spécialisé qui accompagnera l'entreprise dans l'ensemble des démarches, notamment dans le cas où celle-ci ne dispose pas des compétences et des ressources en interne.

3.   POUR ALLER PLUS LOIN

3.1.   Sources d'information

Site de la Commission pour le programme CIP : http://ec.europa.eu/cip/index_fr.htm

3.2.   Contacts : organismes référents, prescripteurs pour se lancer

Site Énergie intelligente pour l'Europe : http://ec.europa.eu/energy/intelligent/
Site du point de contact national : http://www.pcn-eie.fr/

FICHE N° 9

PROGRAMME LIFE+

Données et chiffres clés
Un programme dédié à l'environnement s'intéressant aux activités en aval de la R&D (démonstration)
Approximativement 12 mois entre la fin de l'appel d'offres et le démarrage des travaux
Un budget moyen par projet de 2 M€, avec un financement couvrant 50 % des coûts éligibles
Programme difficile d'accès

1. PRÉSENTATION GÉNÉRALE DU DISPOSITIF

1.1. Finalité du dispositif

L'objectif général de LIFE+ est de contribuer à la mise en œuvre, à l'actualisation et au développement de la politique et du droit communautaires en matière d'environnement.

LIFE+ se décompose en trois programmes distincts.

1.1.1. LIFE+ « Nature et biodiversité »

L'objectif est de protéger, conserver, restaurer, surveiller et faciliter le fonctionnement des systèmes naturels, des habitats naturels et de la faune et de la flore sauvages, en vue d'enrayer la perte de biodiversité, y compris la diversité des ressources génétiques.

1.1.2. LIFE+ « Politique et gouvernance en matière d'environnement »

L'objectif général est de stabiliser les concentrations de gaz à effet de serre de sorte que le réchauffement mondial ne soit pas supérieur à 2 °C.

Ce programme se décline en plusieurs thématiques, pour lesquelles des activités de démonstration et/ou d'innovation doivent être réalisées :

- eau ;
- air ;
- sol ;
- environnement urbain ;
- bruit ;
- substances chimiques ;
- environnement et santé ;
- ressources naturelles et déchets ;
- forêts ;
- innovation ;
- approche stratégique ;
- gouvernance ;
- ONG.

1.1.3. LIFE+ « Information et communication »

L'objectif est d'assurer un flux d'informations efficace et régulier afin de donner une base pour la prise de décisions en matière d'environnement et mettre à disposition des citoyens une information accessible sur l'état et les tendances de l'environnement.

1.2. Régime juridique et budget

Le régime juridique applicable est le règlement 614/2007/CE du Parlement européen et du Conseil du 23 mai 2007 concernant l'instrument financier pour l'environnement (LIFE+).

L'enveloppe financière pour l'exécution du LIFE+, pour la période allant du 1er janvier 2007 au 31 décembre 2013, est de 2,15 milliards d'euros.

1.3. Projets concernés

Il est à noter que ce n'est pas un instrument financier intégralement dédié à la R&I dans la mesure où il a été conçu comme complémentaire au 7e PCRD (fiche n° 4), au programme CIP (fiche n° 8) et aux fonds structurels (fiche n° 7). En pratique, il s'intéresse aux projets d'innovation, en aval des activités de R&D. À titre d'exemple, si le volet « Environnement » du 7e programme-cadre se concentre sur la R&D, les projets innovants LIFE+ constituent des projets de démonstration en aval reposant sur des activités amont de R&D.

2.   DESCRIPTION DU DISPOSITIF

2.1.   Comment fonctionne le dispositif ?

Un appel à projets est lancé annuellement. En 2011, l'appel à projets a été lancé le 25 février, avec une date de dépôt au ministère de l'Écologie, du Développement durable, des Transports et du Logement (MEDDTL) fixée au 18 juillet de la même année. Ce ministère a la possibilité de rédiger un avis national sur chacune des propositions lors de leur transmission à la Commission.

Le dossier est ensuite déposé à la Commission européenne qui se prononce sur l'admissibilité des projets puis procède à l'évaluation. La signature des conventions de financement a lieu en général 16 mois après le début de l'appel d'offres.

2.2.   Combien peut-on obtenir de financement ?

Il n'existe pas de limite minimale ou maximale pour un projet financé dans le cadre de LIFE+. Cependant, ce programme a vocation à financer des projets ambitieux, d'une certaine ampleur et avec un budget substantiel. La Commission européenne avance le chiffre d'un million d'euros de subvention en moyenne par projet.

Le taux maximal de cofinancement de l'Union européenne pour les projets LIFE+ correspond à 50 % du total des coûts éligibles du projet.

2.3.   Modalités pratiques d'obtention de financement

Le séquencement de l'appel d'offres est le suivant :
* publication de l'appel à projets ;
* dépôt des projets au MEDDTL ;
* dépôt des projets à la Commission ;
* phase d'admissibilité et d'évaluation ;
* réunion du Comité LIFE+ et signature des conventions ;
* démarrage des projets retenus.

Hormis la phase de dépôt au MEDDTL, les modalités sont similaires à celles du 7e PCRDT (*cf.* fiche n° 4).

Le versement de l'aide se fait de la façon suivante :
* pour les projets durant moins de deux ans ou recevant une subvention européenne inférieure à 300 000 euros, 70 % du montant de l'aide est attribué au démarrage du projet et 30 % à la fin du projet ;

- pour les projets durant entre deux et quatre ans ou bien bénéficiant d'une subvention entre 300 000 et 2 millions d'euros, 40 % du montant de l'aide est attribué au démarrage du projet, 40 % faisant l'objet d'un paiement intermédiaire et 20 % à la fin du projet ;
- pour les projets durant plus de quatre ans ou recevant une subvention européenne supérieure à 2 millions d'euros, 40 % du montant de l'aide est attribué au démarrage du projet, 20 % à un premier niveau d'avancement des dépenses, 20 % à un second niveau d'avancement des dépenses et 20 % à la fin du projet.

Les critères de sélection sont les suivants :

- qualité et cohérence techniques ;
- qualité et cohérence financières ;
- contribution aux objectifs généraux de LIFE+ ;
- valeur ajoutée européenne ;
- caractère transnational (non éliminatoire) ;
- conformité avec les priorités annuelles nationales (le cas échéant).

2.4. Quels sont les principaux avantages du dispositif ?

Les taux de financement sont élevés et les montants en jeu importants. Il permet donc de financer des programmes coûteux dont la commercialisation éventuelle n'est prévue que dans plusieurs années et dont les premiers bénéfices sont éloignés.

La sélection rigoureuse des projets nécessite de bien structurer les projets et de ne soumettre que des projets de grande qualité, sachant que la compétition est sévère.

2.5. Bien comprendre les contraintes spécifiques au dispositif

Le programme concerne spécifiquement des projets innovants mettant en œuvre une technique ou une méthode qui n'a encore jamais été appliquée/testée et qui offre des avantages (chiffrés) en termes environnementaux par rapport aux bonnes pratiques actuelles.

Des outils de suivi, d'évaluation et de diffusion des résultats doivent être mis en place.

2.6. Entreprises concernées

L'ensemble des entreprises, organismes, institutions publiques et/ou privées peuvent bénéficier d'un financement au titre du programme LIFE+.

3. POINTS D'ATTENTION AU DISPOSITIF

3.1. Pièges à éviter

Dans les évaluations négatives, reviennent régulièrement (en complément des aspects de cohérence) l'absence ou le manque d'éléments de mesures qualitative et quantitative concernant les engagements sur les objectifs environnementaux généraux, les résultats attendus et l'impact escompté.

Souvent, les évaluateurs mentionnent la faiblesse ou l'imprécision des objectifs du projet ainsi que l'absence de moyens et d'outils de contrôle. Il faut donc prévoir systématiquement une action visant à mettre en place des outils et méthodes adaptés en matière de suivi, de contrôle, d'évaluation des résultats, d'impact, d'information et de communication.

La mise en œuvre de ces instruments devra être intégrée dans les actions de gestion du projet et de communication.

3.2. Nos conseils et recommandations

Il est recommandé de :
- bien dimensionner le projet en termes d'ambition, d'objectifs, de résultats, d'impacts, de durée, de budget, etc. ;
- bien expliciter les enjeux environnementaux avant de parler du projet en tant que tel ;
- donner des précisions, des objectifs chiffrés et des engagements associés à des indicateurs de résultats et d'impacts ;
- garantir une cohérence technique entre les objectifs, les enjeux du projet et les actions proposées pour atteindre ces objectifs.

Le MEDDTL a mandaté l'association Enviropea jusqu'en 2013 pour apporter gratuitement une aide méthodologique aux porteurs de projet (mise en forme de la proposition/mise en cohérence technique et financière du projet/organisation d'ateliers d'écriture/appui et conseil aux candidats retenus dans la phase de révision), avec l'objectif d'améliorer la qualité des projets.

4. POUR ALLER PLUS LOIN

4.1. Sources d'information

Programme LIFE+ : http://ec.europa.eu/environment/life/index.htm

Exemple de projets LIFE+ :

http://ec.europa.eu/environment/life/bestprojects/bestenv2010/index.htm

Site du ministère de l'Écologie, du Développement durable, des Transports et du Logement – Anne-Laure Barberousse (volet « Politique et gouvernance en matière d'environnement ») : http://www.developpement-durable.gouv.fr/-Life-.html

4.2.   Contacts : organismes référents, prescripteurs pour se lancer

Site d'Enviropea, organisme mandaté par le MEDDTL, Jean-Pierre Dutruge : coordinateur de l'équipe d'assistance technique LIFE+ France : www.enviropea.com

FICHE N° 10

RAPID

Données et chiffres clés
Un dispositif spécifiquement dédié aux PME, visant des projets d'innovation duale (militaire et civil)
Approximativement 4 mois entre la remise du dossier et le démarrage des travaux
Un budget maximal par projet de 2 M€
Programme facile d'accès

1.   PRÉSENTATION GÉNÉRALE DU DISPOSITIF

1.1.   Finalité du dispositif

Le dispositif RAPID s'intéresse aux projets de recherche industrielle ou de développement expérimental, présentant des applications militaires mais aussi des retombées pour les marchés civils (innovation duale).

Le programme RAPID est mis en œuvre par la Direction générale de l'armement (DGA) et par la Direction générale de la compétitivité, de l'industrie et des services (DGCIS) qui apportent une expertise complémentaire sur les projets proposés. Ce programme renforce leur action stratégique en matière de développement des entreprises.

Il est financé par la DGA avec une dotation annuelle du fonds de compétitivité des entreprises (FCE) de 40 millions d'euros en 2011. Les collectivités territoriales peuvent aussi participer au financement des projets si elles en émettent le souhait.

1.2.   Projets de recherche et développement concernés

Les projets présentés doivent être en adéquation avec les orientations technologiques du ministère de la Défense. Celles-ci sont décrites dans le document de politique et d'objectifs scientifiques (POS) et le plan stratégique de recherche et technologie (PSR&T), disponibles sur le site Internet de la DGA.

2. DESCRIPTION DU DISPOSITIF

2.1. Comment fonctionne le dispositif ?

C'est un dispositif de subvention. Toute PME autonome de moins de 250 salariés et toute entreprise de taille intermédiaire (ETI) autonome de moins de 2 000 salariés – seule ou en consortium avec une entreprise ou un organisme de recherche – peut ainsi faire acte de candidature.

2.2. Modalités pratiques d'obtention de financement

Le dossier de candidature comporte :
* une fiche de synthèse du projet ;
* une fiche de présentation de chaque partenaire ;
* la dernière liasse fiscale complète ;
* une fiche financière des dépenses pour chaque partenaire ;
* un document de description détaillée du projet.

L'éligibilité du dossier de candidature est examinée sous une semaine.

Un projet éligible est instruit durant cinq à neuf semaines après son dépôt. Un projet non sélectionné donne lieu à une réponse formelle immédiate à la société.

Un projet est sélectionné sur les critères suivants :
* sa qualité technologique et son caractère innovant ;
* son adéquation aux orientations scientifiques et technologiques de la Défense ;
* ses perspectives d'application civile et militaire ;
* ses retombées économiques ;
* la qualité de son partenariat en termes de complémentarité ;
* sa cohérence d'ensemble.

Un projet sélectionné peut ensuite faire l'objet d'une convention de subvention.

Ce dispositif est conçu pour être extrêmement réactif afin d'accorder, dans un délai de quatre mois entre le dépôt du dossier et le début des travaux, un financement des projets sélectionnés.

2.3. Combien peut-on obtenir de financement ?

Dans le cadre du dispositif RAPID, les aides ne dépasseront pas le montant maximal de 2 millions d'euros par projet, les projets pouvant être réalisés sous forme de recherche partenariale (deux entités maximum).

2.4. Quels sont les principaux avantages du dispositif ?

La mise en œuvre du dispositif est très rapide (de l'ordre de quatre mois), que ce soit lors de la phase d'éligibilité ou bien lors de la phase d'instruction.

3. POUR ALLER PLUS LOIN

3.1. Sources d'information

- Le portail de l'armement (DGA) : www.ixarm.com
- Prospective, recherche et innovation de la DGA : http://www.ixarm.com/-Prospective-Recherche-et-

3.2. Contacts : organismes référents, prescripteurs pour se lancer

- Portail de la DGA (programme RAPID) :
  http://www.ixarm.com/Projets-d-innovation-duale-RAPID
- DGA : dispositif.rapid@dga.defense.gouv.fr
  (David Lenoble : +33 (0)1 46 19 64 31).

FICHE N° 11

CRÉDIT D'IMPÔT RECHERCHE (CIR)

1. PRÉSENTATION GÉNÉRALE DU DISPOSITIF

1.1. Raison d'être du dispositif et budget

Le crédit d'impôt recherche est un dispositif fiscal déclaratif visant à favoriser la R&D. Réformé et rénové en 2008, il permet à la France de se doter de l'un des meilleurs dispositifs au sein des pays de l'OCDE. Ce choix reflète l'ambition de faire de la France un pays leader en matière de technologie.

Pour respecter ses engagements européens fixés par la stratégie de Lisbonne, la France aurait dû atteindre un niveau annuel de dépenses de R&D de 3 % de son PIB pour 2010, dont 2 % financés par les entreprises. Ce niveau d'investissement en matière de R&D n'a pas été atteint par de nombreux États membres et a été reconduit par la Commission européenne dans sa communication sur la stratégie de l'UE pour 2020.

Pour atteindre cet objectif, les entreprises implantées en France devront réaliser un investissement annuel complémentaire de R&D de 15 milliards d'euros pour atteindre 39 milliards d'euros.

La dépense fiscale relative au CIR s'élève à 4,5 milliards d'euros pour 2010. Elle relève du budget du ministère de l'Enseignement supérieur et de la Recherche et constitue le principal moyen d'incitation à la recherche mis en place par les pouvoirs publics.

1.2. Entreprises concernées

Le CIR bénéficie aux entreprises soumises à un régime réel d'imposition en matière d'impôt sur les sociétés (IS) ou de l'impôt sur le revenu, dans la catégorie des bénéfices industriels et commerciaux ou des bénéfices agricoles.

Quelques cas particuliers d'entreprises exonérées d'IS peuvent aussi bénéficier du CIR : JEI, entreprises nouvellement créées, entreprises implantées en ZFU ou au sein d'un pôle de compétitivité, entreprises implantées en zone de restructuration de la défense…

Il permet aux entreprises de toutes tailles et de tous secteurs d'obtenir le financement par l'État de 30 % de leurs dépenses de R&D, dès lors qu'elles engagent des dépenses éligibles en France et dans l'Espace économique européen.

Le CIR bénéficie en priorité aux PME et aux ETI (81 % de son montant) et au secteur de l'industrie (70 % de son montant).

2. FONCTIONNEMENT DU DISPOSITIF

2.1. Comment fonctionne le dispositif ?

Le dispositif a été créé par la loi de finances pour 1983. Ses dispositions ont été modifiées à de nombreuses reprises par la loi et les règlements. Il a fait l'objet de multiples commentaires par voie d'instructions fiscales.

Avant sa réforme par la loi de finances pour 2008, le calcul du CIR comprenait deux composantes :

- une partie en volume ;
- une partie en accroissement liée à l'évolution des dépenses de R&D d'une année sur l'autre.

L'entreprise souhaitant bénéficier du CIR doit avoir engagé des travaux de recherche qui soient éligibles.

Les activités de recherche éligibles au CIR sont définies par les textes légaux. Les définitions utilisées sont très largement inspirées du Manuel de Frascati de l'OCDE. Elles relèvent de :

- **la recherche fondamentale** : faire progresser les connaissances, la compréhension des phénomènes sans envisager d'application ou d'utilisation particulière ;
- **la recherche appliquée** : discerner les applications possibles de la recherche fondamentale ou trouver des solutions nouvelles dans un but pratique déterminé ;
- **le développement expérimental** : développer de nouveaux produits, procédés, services ou améliorer substantiellement des produits, procédés, services existants.

Dans les entreprises, les projets de recherche relèveront le plus souvent du développement expérimental. Chacun des projets doit répondre cumulativement aux trois critères distincts suivants :

- présenter une **nouveauté** technique par rapport à « l'état de l'art »[1] existant au moment où les travaux sont engagés ;

---

1. Connaissances accessibles et utilisables par l'homme du métier normalement compétent dans le domaine en cause sans qu'il ait besoin de faire preuve d'une activité inventive.

- présenter des **incertitudes** techniques dont la résolution n'est pas évidente pour l'homme du métier qui doit faire preuve d'activité inventive pour les lever ;
- présenter un **progrès** technique. L'amélioration qui en découle doit être substantielle.

Il est donc nécessaire d'engager une analyse détaillée des différents projets de R&D et de vérifier si les trois critères de nouveauté, incertitude et progrès sont remplis.

La méthode consiste ensuite à appliquer sur une base de dépenses éligibles un taux fixe afin d'obtenir un montant de crédit d'impôt déductible.

Ce taux est de 30 % sur les dépenses afférentes à des projets de recherche éligibles jusqu'à 100 M€. Le taux est de 5 % au-delà sans plafond.

Les dépenses prises en compte sont les suivantes.

Dépenses éligibles	Dépenses à soustraire des dépenses éligibles
Dotations aux amortissements des immobilisations	Subventions publiques perçues
Rémunérations et cotisations sociales obligatoires des personnels de recherche	Avances remboursables perçues
Frais de fonctionnement (évalués forfaitairement à 50 % de la ligne précédente + 75 % des dotations aux amortissements des immobilisations[*])	Déduction de leur CIR des factures de R&D émises par les organismes privés agréés
Frais engagés auprès de sous-traitants agréés établis en France ou dans l'Espace économique européen, sous certaines conditions de plafond (entreprise liée ou non)	Dépenses exposées auprès de tiers pour bénéficier du CIR[*]
Frais engagés auprès d'organismes publics (montant doublé)	
Frais de maintenance et de défense de brevets	
Frais liés à la normalisation	
Frais de veille technologique	
Avances remboursables perçues à compter de 2008 et remboursées à compter de cette même année	

[*] À compter des dépenses exposées à partir du 1er janvier 2011.

Pour les entreprises faisant appel pour la première fois à ce dispositif, pour les dépenses exposées à compter du 1er janvier 2011, le taux est de 40 % la première année, 35 % la deuxième (sauf dans le cas où un lien de dépendance existe avec une autre entreprise ayant déjà utilisé le dispositif).

Les dépenses considérées sont celles constatées sur l'année civile, quelle que soit la date de clôture de l'exercice.

Le montant de CIR calculé ci-dessus donne lieu à l'établissement d'une déclaration type n° 2069 A.

Il s'impute sur l'IS (article 220 B du CGI).

Si l'IS est insuffisant, il fait naître une créance imputable sur l'IS des trois années suivantes. La fraction non imputée est remboursable la quatrième année.

2.2. Quels sont les principaux avantages du dispositif ?

- Un enjeu financier majeur : le dispositif n'est pas plafonné même si l'avantage est réduit au-delà de 100 millions d'euros.
- Une amélioration systématique de la trésorerie :
  - le CIR est imputé sur l'IS. Il consiste donc en une diminution de l'impôt à payer et constitue une créance sur l'État remboursable (*cf.* paragraphe 2.1.3) ;
  - cette créance est mobilisable auprès d'organismes financiers (BNP Paribas Factor, Société Générale, OSEO) ;
  - il existe un dispositif de remboursement immédiat pour certaines entreprises et sous conditions (entreprises nouvelles, JEI, gazelles, entreprises en difficulté…) ;
  - la loi de finances rectificative pour 2008 a institué la possibilité de demander un acompte sur remboursement du CIR pour les entreprises qui prévoient que le CIR dont elles sont titulaires sera supérieur au montant de l'IS dont elles seront redevables. Cette mesure conjoncturelle de soutien à l'activité a été reconduite pour 2009 ;
  - l'article 15 de la loi de finances pour 2011 a pérennisé le remboursement anticipé pour les PME indépendantes (au sens communautaire).
- Un mode de calcul simple (en volume uniquement) qui permet d'anticiper l'impact du CIR sur les budgets de recherche futurs.
- Une aide renforcée pour les collaborations privées/publiques (les dépenses engagées par des organismes publics sont prises pour le double de leur montant sous conditions).

- Une aide à l'emploi par l'incitation à l'embauche de jeunes docteurs (doublement des montants sous conditions).
- La possibilité de comptabiliser le CIR en subvention d'exploitation, compte 74. En normes IFRS, le CIR relève de la norme IAS20 et est considéré comme une subvention publique. Ainsi, le CIR devient une composante du résultat d'exploitation (EBITDA) qu'il impacte positivement.
- Élément dorénavant facilement budgétable, le CIR n'est plus une préoccupation de fin d'année lorsqu'il convient de déclarer les résultats. Il doit, bien au contraire, être pris en compte dès l'engagement des dépenses quand se forge la décision d'engager ou non tels ou tels travaux de recherche. Il peut largement influencer l'orientation des budgets de recherche en favorisant les projets ayant le caractère d'éligibilité. Le CIR consistera donc en une composante importante du mécanisme de décision au sein de la stratégie de recherche.
- Des taux majorés et incitatifs pour les primo-déclarants.

3. POINTS D'ATTENTION AU DISPOSITIF

3.1. Obligations à respecter

Les dépenses retenues doivent être impérativement sécurisées en raison des contrôles dont le CIR fait l'objet du fait des enjeux budgétaires croissants qu'il représente pour l'État. Il est donc indispensable de constituer un dossier justificatif très complet qu'il convient de conserver soigneusement.

Le dossier devra être composé de :

- une **partie technique**, qui comportera un argumentaire technique faisant apparaître par projet ou thématique l'état de l'art au stade initial, la nouveauté, les progrès et les incertitudes techniques ainsi que les travaux réalisés au cours de l'année de CIR considérée ;
- une **partie financière**, qui devra être composée par le détail des chiffrages et toutes les pièces justificatives à l'appui de la demande de CIR : suivi des temps par projet, éléments de paie, CV et diplômes des chercheurs, factures des prestataires, contrats…

Le droit de reprise de l'administration fiscale s'exerce jusqu'à la fin de la troisième année suivant celle du dépôt de la déclaration n° 2069 A. Cela suppose la mise en place d'outils et méthodes qui s'inscrivent dans la durée. En effet, il est pratiquement impossible de reconstituer ce document *a posteriori* et de réunir l'ensemble des pièces justificatives qui doivent être apportées à l'appui des dépenses valorisées.

La déclaration doit impérativement être déposée dans les délais légaux : pour un exercice fiscal correspondant à l'année civile, la date de dépôt sera au 15 avril N+1 au plus tard.

Dans le cas d'une intégration fiscale, les CIR des filiales sont remontés au niveau de la société mère, seule redevable de l'IS. La règle des 100 millions d'euros (*cf.* paragraphe 2.1.2) est mise en œuvre au niveau de chaque filiale et non en consolidant les dépenses au niveau du groupe.

Une entreprise ne peut se prévaloir des taux majorés dès lors qu'elle a bénéficié du CIR au cours des cinq années précédentes. Il en est de même s'il existe un lien de dépendance[1] de droit ou de fait entre cette entreprise et une autre entreprise ayant bénéficié du CIR au cours de la même période de cinq années.

3.2.   Pièges à éviter

Le dispositif a été simplifié lors de sa réforme en 2008. Cependant, le législateur, pour des raisons de lutte contre des abus possibles mais non démontrés du dispositif, a introduit des mesures restrictives. Dès lors, pour l'utilisateur non averti, les quelques pièges qui subsistaient ont été accrus. Néanmoins, il est possible de les éviter grâce notamment à l'intervention d'un spécialiste du CIR.

Il en est ainsi essentiellement :

- de l'éligibilité des projets : les projets sont éligibles jusqu'au moment où les incertitudes techniques sont levées. Les travaux postérieurs à la levée de ces incertitudes et les dépenses y afférentes ne sont donc pas éligibles ;
- de l'éligibilité de certaines dépenses : les factures d'un sous-traitant privé qui réalise des travaux de recherche éligibles ne peuvent être valorisées au titre du CIR que dans la mesure où ce prestataire a été préalablement agréé par le MESR et a exercé son activité dans l'EEE ;
- de l'existence d'un lien de dépendance entre l'entreprise et un sous-traitant qui peut avoir des incidences sur les modalités de calcul de son CIR. Ainsi, lorsqu'un lien de dépendance est caractérisé entre l'entreprise et son sous-traitant, qu'il soit agréé ou public, les dépenses retenues seront plafonnées à hauteur de 2 millions d'euros (contre 10 millions d'euros en l'absence de lien de dépendance) ;
- de l'incidence induite par la comptabilisation du CIR en subvention. Cette subvention viendra, d'une part, accroître le montant de la valeur ajoutée

---

1. Au sens de l'article 39-12° du CGI.

retenue pour le calcul de la CVAE et du plafonnement du CET et, d'autre part, impacter le calcul de la participation de salariés ;
- du plafonnement à trois fois le montant total des autres dépenses qui ouvrent droit au CIR, des dépenses sous-traitées auprès de prestataires privés agréés ;
- de la déduction des dépenses exposées auprès de tiers pour bénéficier du CIR ;
- des nouvelles obligations déclaratives qui s'imposent aux entreprises exposant plus de 100 millions d'euros de dépenses brutes.

3.3. Nos conseils et recommandations

Il est indispensable de mettre en place des **procédures internes** pour fédérer les compétences pluridisciplinaires nécessaires à l'élaboration du dossier justificatif (techniques, juridiques, financières…).
Ces procédures devront s'articuler autour :
- d'un plan de management afin de déterminer les rôles et responsabilités de chacun ;
- d'un planning directeur afin de définir les grands jalons ;
- d'une cartographie de la R&D ;
- d'outils de pilotage et de reporting, d'outils collaboratifs incluant une base documentaire commune ;
- d'une identification exhaustive des sources d'information comptables, juridiques, fiscales et scientifiques.

Il peut être aussi nécessaire de sécuriser le dossier, notamment vis-à-vis de l'administration fiscale. Deux procédures peuvent être mises en œuvre.

3.3.1. Procédure d'avis préalable

La procédure de demande d'avis préalable permet aux entreprises qui le souhaitent de s'assurer auprès de l'administration fiscale que le projet de recherche est éligible au CIR. L'administration dispose d'un délai de trois mois pour répondre. L'absence de réponse vaut accord tacite. En cas de réponse négative, un nouvel examen est possible.
La loi de modernisation de l'économie (LME) du 4 août 2008, confirmée par le décret du 27 août 2009 (n° 2009-1046), précise les deux points importants suivants :
- l'ouverture du rescrit à deux organismes supplémentaires : OSEO et l'Agence nationale de la recherche (ANR), aux côtés du ministère de l'Enseignement supérieur et de la Recherche (MESR) ;

- la possibilité pour ces organismes d'intervenir directement ou indirectement dans la procédure de rescrit fiscal. Selon le décret du 27 août 2009, il existe deux modèles de demande :
  - le rescrit dit « conventionnel », régi par l'article L. 80 B 3° du Livre des procédures fiscales (saisine par le contribuable de l'administration fiscale qui interroge le MESR, l'ANR ou OSEO),
  - le rescrit direct du CIR, régi par l'article L. 80 B 3° bis du Livre des procédures fiscales (saisine directe par le contribuable du MESR, de l'ANR ou d'OSEO).

Pour sécuriser l'éligibilité au CIR du programme de dépenses de recherche auprès de l'administration fiscale, il est donc possible d'adresser directement la demande de rescrit à OSEO. L'avis d'OSEO permet de valider le caractère scientifique et technique du programme de R&D de l'entreprise, de déterminer le périmètre et la cohérence des dépenses éligibles au CIR, en conformité avec le Code général des impôts, et d'obtenir des réponses aux questions spécifiques relatives au projet de R&D. Cet avis sera opposable à l'administration fiscale en cas de contrôle fiscal ultérieur.

Le dépôt de la demande de rescrit direct auprès d'OSEO peut se faire en ligne via un extranet sécurisé, après l'obtention par l'entreprise de son habilitation. Afin que cet avis soit valable, le dossier de demande de rescrit doit être déposé impérativement avant le démarrage des dépenses. Par ailleurs, cet avis est pleinement pertinent si les déclarations de l'entreprise sont précises, complètes et sincères.

Pour optimiser l'appréciation et le délai d'analyse des experts OSEO, le dossier doit comporter les éléments utiles définis selon le questionnaire à remplir. Pour déposer une demande de rescrit du CIR auprès d'OSEO, il existe trois possibilités pour l'entreprise :

- par un extranet sécurisé (demander une habilitation pour y accéder) ;
- par courrier recommandé avec accusé de réception ;
- par porteur.

3.3.2. Procédure du contrôle sur demande

La LME du 4 août 2008 a élargi la procédure du contrôle sur demande qui peut être mise en œuvre par toute entreprise exposant des dépenses de R&D éligibles au CIR. Toute entreprise peut donc désormais, et sans condition de chiffre d'affaires, adresser une demande de contrôle à l'administration fiscale afin que certains points fassent l'objet d'une prise de position. Néanmoins, il est recommandé d'utiliser cette procédure avec parcimonie et à bon escient, car elle n'est pas encadrée par les garanties habituelles du contribuable contrôlé et l'absence de réponse ne vaut pas acceptation.

4. POUR ALLER PLUS LOIN

4.1. Sources légales/réglementaires du dispositif

Sur le dispositif, nous vous recommanderons de vous reporter au :
- BOI 4-A-1-00 n° 27 du 8 février 2000 ;
- BOI 4-A-10-08 n° 108 du 26 décembre 2008 ;
- BOI 4 A-1-12 n° 9 du 2 février 2012.

Sur les dépenses externalisées, se reporter au :
- BOI 4-A-15-09 du 16 octobre 2009 ;
- BOI 4-A-2-11 du 26 avril 2011.

Pour les opérations de recherche éligibles, nous vous recommanderons de vous reporter :
- aux articles 49 *septies* F et suivants de l'annexe III du CGI ;
- à l'instruction fiscale 4 A-3-12, sur les définitions de la R&D, publiée au BOI le 23 février 2012.

Sur la demande d'avis préalable et le contrôle sur demande, nous vous recommanderons de vous reporter au :
- BOI 13 L-8-10 du 29 juillet 2010 ;
- BOI 13 L-11-10 du 9 septembre 2010 ;
- BOI 13 L-8-09 du 11 juin 2009.

4.2. Impacts économiques du CIR

- Maryline Rosa et Frédérique Sachwald, « Le crédit d'impôt recherche en 2011 », *in* OSEO, *Rapport sur l'évolution des PME*, 2011, p. 103.
- Rapport au Parlement sur le crédit impôt recherche, MESR, avril 2011.
- Rapport du Comité d'évaluation des dépenses fiscales et des niches, annexe E, Inspection générale des finances, juin 2011.
- Benoît Mulkay et Jacques Mairesse, « Évaluation de l'impact du crédit d'impôt recherche », Rapport pour le ministère de l'Enseignement supérieur et de la Recherche, novembre 2011.

4.3. Sources d'information

- Livre blanc du Medef, *Le Crédit d'impôt recherche : « Parole aux acteurs de la Recherche »*, décembre 2009.

- Lettre d'information de la fiscalité de la recherche (ACIES) : www.acies-cg.com
- Franck Debauge (directeur associé ACIES), *Guide pratique du crédit d'impôt recherche*, collection « Finance », Eyrolles, 2ᵉ édition, novembre 2011.
- Site internet du MESR : www.enseignementsup-recherche.gouv.fr.
- Manuel de Frascati, OCDE.
- OSEO : www.oseo.fr.

4.4. Contacts : organismes référents, prescripteurs pour se lancer

- ACIES : 69, rue de la République 69002 Lyon. Tél. : 04 78 92 40 00 (www.acies-cg.com).
- DFCG : 99, boulevard Haussmann 75008 Paris.
- Ministère de l'Enseignement supérieur et de la Recherche : 1, rue Descartes 75005 Paris.
- OSEO : Service « Rescrit du CIR » TSA 50191 – 27-31, avenue du Général-Leclerc 94710 Maisons-Alfort. Et à partir du site oseo.fr : https :// extranet.oseo.fr/oseo_ec

5. PANORAMA DE CE QUI EXISTE À L'ÉTRANGER EN MATIÈRE DE DISPOSITIF ÉQUIVALENT

Un panorama synthétique des dispositifs incitatifs 2009 en matière de R&D est disponible sur le site d'ACIES à l'adresse suivante :
http://www.acies.fr/pdf_2006/
Panorama_synthetique_des_dispositifs_Dec09.pdf

FICHE N° 12

DISPOSITIF « JEI »

1. PRÉSENTATION GÉNÉRALE DU DISPOSITIF

1.1. Raison d'être et finalité du dispositif et budget annuel alloué aux financements

Le statut de la « jeune entreprise innovante » (JEI) a été mis en place par la loi de finances pour 2004. Il a pour vocation de soutenir les jeunes entreprises très actives en recherche et développement et de leur permettre de passer le cap difficile des premières années de leur développement, sous réserve qu'elles répondent à certaines conditions.

Ce statut de « jeune entreprise innovante » confère, aux PME qui engagent des dépenses de R&D représentant au moins 15 % de leurs charges déductibles fiscalement, un certain nombre d'avantages le rendant très attractif :

- une exonération d'impôt sur les bénéfices ;
- une exonération d'impôt sur les plus-values de cession de titres pour les associés de la JEI ;
- un allégement des charges sociales patronales sur les salaires versés aux salariés participant à la recherche.

1.2. Dépenses de recherche et développement concernées

Les JEI doivent engager **au cours de chaque exercice** des dépenses de R&D qui représentent au moins **15 % de leurs charges déductibles fiscalement**.

Pour être éligibles, ces dépenses doivent se rattacher à des projets de recherche fondamentale ou de recherche appliquée ou de développement expérimental.

Les dépenses de R&D prises en compte pour apprécier le critère de 15 % de dépenses de R&D sont définies par référence à la nature des dépenses éligibles au crédit d'impôt recherche[1] à l'exclusion des plafonds et forfaitisations. En effet, ces derniers ne sont pris en compte que pour la détermination des dépenses éligibles au CIR.

---

1. *Cf.* fiche n° 11 sur le crédit d'impôt recherche : sont éligibles les dotations aux amortissements, les dépenses de personnels de recherche, les dépenses forfaitaires de fonctionnement, les frais de dépôt et maintenance de brevets, les frais de défense.

Ne sont pas prises en compte les dépenses de veille technologique et celles relatives à l'élaboration de nouvelles collections (secteur textile, habillement, cuir).

Sont également exclues les dépenses de recherche engagées auprès d'autres JEI.

Les dépenses de R&D à prendre en compte[1] pour le critère de 15 % sont donc :

- les dotations aux amortissements ;
- les dépenses de personnels de recherche ;
- les autres dépenses de fonctionnement. Ces dépenses sont retenues pour leur montant réel, mais à titre de simplification, l'administration admet que soit retenu un montant de 75 % des dotations aux amortissements éligibles au CIR et 60 % des dépenses de personnel éligibles au CIR ;
- les dépenses sous-traitées auprès de prestataires agréés ou publics ;
- les dépenses confiées à des prestataires publics sont prises pour leur montant réel, elles ne sont pas doublées. Il n'est pas fait application des plafonds de 2, 10 et 12 millions d'euros du d *ter* de l'article 244 *quater* B II du CGI ;
- les frais de dépôt et maintenance de brevets et de certificats d'obtention végétale ;
- les frais de défense de brevets et de certification d'obtention végétale, ainsi que les primes et cotisations afférentes à des contrats d'assurance de protection juridique prévoyant la prise en charge des dépenses exposées pour leur montant réel ;
- certaines dépenses de normalisation.

1.3. Entreprises concernées

Aucune condition relative au régime d'imposition n'est exigée.

Le dispositif est applicable aux entreprises qui relèvent du régime des micro-entreprises, du régime réel normal ou réel simplifié, du régime de l'évaluation administrative ou de la déclaration contrôlée.

La qualification de JEI est applicable à toutes les formes d'entreprises :

- entreprises individuelles relevant de l'impôt sur le revenu, que ce soit dans la catégorie des BIC ou des BNC ;
- sociétés ou groupements fiscalement transparents[2] ;
- sociétés soumises à l'impôt sur les sociétés (IS) de plein droit ou sur option ;

---

1. Instruction fiscale du 27 septembre 2011 BOI 4-A-3-11.
2. Articles 8, 8 *ter*, 239 *quater* et 239 *quater* C du CGI.

- entreprises redevables de l'IS soumis sur tout ou partie de leurs résultats au taux normal (associations, fondations, établissements stables d'une société étrangère…).

La qualification de JEI est conditionnée au respect des **cinq conditions cumulatives** suivantes :

- être une PME au sens communautaire ;
- avoir moins de huit ans ;
- avoir un volume minimal de dépenses de recherche ;
- être indépendante ;
- être réellement nouvelle.

Le **respect de ces cinq conditions s'apprécie à la clôture de chaque exercice ou période d'imposition** au titre desquels l'entreprise souhaite bénéficier du régime de la JEI.

1.3.1. Être une PME au sens communautaire

L'entreprise doit respecter simultanément les deux conditions suivantes :

- employer moins de 250 personnes ;
- réaliser un chiffre d'affaires inférieur à 50 millions d'euros ou disposer d'un total de bilan inférieur à 43 millions d'euros.

1.3.2. Avoir moins de huit ans

Le régime de la JEI est temporaire. Il s'appliquera jusqu'en 2013, dernière année au cours de laquelle il sera possible de constituer une JEI.

Il bénéficie aux entreprises créées depuis moins de huit ans.

Une entreprise ne peut prétendre à la qualification de JEI que jusqu'à sa huitième année.

1.3.3. Engager un volume minimal de dépenses de recherche

L'entreprise doit avoir réalisé, à la clôture de chaque exercice, des dépenses de recherche représentant au moins 15 % des charges fiscalement déductibles au titre de ce même exercice. Ces dépenses de recherche sont calculées sur la base de celles retenues pour le CIR[1].

Le rescrit du 17 mars 2009 apporte une certaine souplesse au critère dans le calcul du ratio de 15 %. En effet, il admet que la rémunération des dirigeants d'entreprises individuelles ou des associés de sociétés soumises au régime des

---

1. *Cf.* le paragraphe 1.2. Dépenses de recherche et développement concernées.

sociétés de personnes comme les SARL de famille ou les EURL qui n'ont pas opté pour l'IS, soit prise en compte aux deux membres du rapport dépenses de recherche/charges fiscalement déductibles pour l'appréciation du ratio de 15 %, même si ces rémunérations constituent une modalité pratique de répartition de résultat de l'entreprise non déductible des charges.

Le montant pris en compte est plafonné au salaire net moyen annuel des cadres dans les secteurs privé et semi-public, connu à la date de clôture de l'exercice. Cette donnée est disponible sur le site de l'INSEE.

1.3.4. Être indépendante

Pour pouvoir bénéficier du statut de JEI, l'entreprise doit être indépendante. Son capital doit ainsi être détenu à 50 % au moins par :
- des personnes physiques ;
- ou une PME au sens communautaire dont le capital est détenu au moins à 50 % par des personnes physiques ;
- ou des sociétés de capital-risque, des FCR, des sociétés de développement régional, des sociétés financières d'innovation (SFI) ou des sociétés unipersonnelles d'investissement à risque (SUIR), à la condition qu'il n'existe pas de lien de dépendance au sens des 2ᵉ et 4ᵉ alinéas du 12 de l'article 39 entre la JEI et ces sociétés ou fonds ;
- ou des associations ou fondations reconnues d'utilité publique à caractère scientifique ou des établissements publics de recherche et d'enseignement ou leurs filiales.

La condition de détention du capital doit être respectée tout au long de l'exercice au titre duquel l'entreprise concernée souhaite bénéficier du statut spécial.

1.3.5. Être réellement nouvelle

Elle ne doit pas avoir été créée dans le cadre d'une concentration, d'une restructuration, d'une extension d'activité préexistante ou d'une reprise d'une telle activité.

2. FONCTIONNEMENT DU DISPOSITIF

2.1. Comment fonctionne le dispositif ?

Comme pour le CIR, la Direction générale de la recherche et de l'innovation du ministère délégué à la Recherche assure l'expertise scientifique pour les agréments au statut de JEI, en particulier pour les entreprises qui demandent à bénéficier du « rescrit ».

2.2. Modalités pratiques d'obtention du régime

Le bénéfice du dispositif est soumis à une option.

- Elle doit être effectuée dans les neuf premiers mois de l'exercice pendant lequel l'entreprise satisfait aux critères de la JEI (la date de notification de l'option correspond à la date de réception au centre des impôts ou à la direction des services fiscaux dont l'entreprise dépend).
- L'option est irrévocable uniquement lorsque l'entreprise remplit effectivement les conditions requises pour bénéficier de la qualification de JEI.

2.2.1. Le rescrit

- Afin de sécuriser son éligibilité au dispositif de la JEI, l'entreprise peut solliciter l'avis de l'administration (article L. 80 B 4° du Livre des procédures fiscales – LPF) :
  - cette demande n'est pas obligatoire ;
  - le caractère préalable de la demande n'est pas requis.
- La demande doit être adressée sur papier libre selon un modèle fixé par arrêté du ministre du Budget à la Direction des services fiscaux du département dans lequel l'entreprise dépose ses déclarations de résultat.
- L'administration dispose d'un délai de trois mois pour répondre. Le défaut de réponse équivaut à un accord tacite.
- En cas de réponse négative, l'entreprise peut demander un nouvel examen de son dossier dans un délai de deux mois. L'administration dispose à nouveau d'un délai de trois mois pour faire connaître sa position (article L. 80 CB du LPF).
- Après instruction et réponse de l'administration, celle-ci doit informer les services de gestion et de contrôle du ministère de la Recherche et des organismes chargés du recouvrement des cotisations patronales de sécurité sociale.
- L'avis favorable sur son statut de JEI accordé à une entreprise sur le respect du volume minimal de dépenses de recherche valide également l'éligibilité de son projet de recherche au CIR.

3. QUELS SONT LES PRINCIPAUX AVANTAGES DU DISPOSITIF ?

3.1. Avantages fiscaux pour l'entreprise

3.1.1. Exonération d'impôt sur les bénéfices sur les cinq premiers exercices

Période d'exonération

- Exonération totale d'impôt sur le revenu (IR) ou d'impôt sur les sociétés (IS) pendant les trois premiers exercices bénéficiaires (36 mois maximum) : ces exercices peuvent être consécutifs ou non, mais compris dans la limite des huit premières années d'activité de la société.
- Exonération partielle de 50 % pendant les deux exercices suivants (24 mois maximum).
- Les conditions d'éligibilité doivent être réunies pour chaque exercice.

L'article 37 de la loi de finances rectificative pour 2011 a réduit chaque période d'exonération à 12 mois pour les exercices ou périodes d'imposition commençant après le 31 décembre 2011.

Tableau de comparaison des exonérations d'impôts sur les bénéfices applicables

Période d'exonération	Régime applicable jusqu'au 31 décembre 2011 inclus	Régime applicable à compter du 1er janvier 2012
1er bénéfice	100 %	100 %
2e bénéfice	100 %	50 %
3e bénéfice	100 %	0 %
4e bénéfice	50 %	0 %
5e bénéfice	50 %	0 %

Champ de l'exonération

- L'exonération totale ou partielle s'applique tant aux bénéfices qu'aux plus-values, une fois imputés les déficits reportables.
- L'exonération ne s'applique pas aux :
  - produits de participation ;
  - subventions, libéralités et abandons de créance ;
  - excédents de produits financiers sur frais financiers.
- Cette exonération d'impôt n'est pas cumulable avec :
  - l'avantage fiscal des entreprises nouvelles prévu par l'article 44 *sexies* du CGI ;

- l'avantage fiscal des entreprises exerçant ou créant une activité en zone franche urbaine (ZFU), prévu par l'article 44 *octies* A du CGI ;
- l'avantage fiscal des entreprises exerçant ou créant une activité en Corse, prévu par l'article 44 *decies* du CGI ;
- l'avantage fiscal des entreprises réalisant certains investissements en Corse, prévu par l'article 244 *quater* E du CGI.

Articulation avec le CIR

- Une entreprise peut cumuler les avantages du statut de JEI avec le bénéfice du CIR[1].
- L'entreprise bénéficiant du régime JEI peut profiter sous certaines conditions d'un remboursement anticipé du CIR[2].

3.1.2. Exonération d'impôt forfaitaire annuel

Exonération d'imposition forfaitaire annuelle (IFA) pendant toute la période où elle conserve le statut de JEI.

Si la société perd sa qualité de JEI, l'entreprise n'est redevable de l'IFA qu'au 1er janvier de l'année suivant celle au cours de laquelle elle ne remplit plus les conditions d'application de ce statut.

3.1.3. Exonération de taxe foncière et/ou de cotisation foncière des entreprises (CET) sur décision des collectivités locales concernées, pendant sept ans

Les exonérations sont subordonnées à des délibérations des collectivités locales.

En matière de taxe foncière, l'exonération ne peut porter que sur les immeubles appartenant à la JEI et dans lesquels elle exerce son activité au 1er janvier de l'année d'imposition.

La durée d'exonération est au plus de sept ans. La PME éligible au statut de JEI peut bénéficier de cette exonération l'année de ses sept ans, mais pas l'année suivante.

Ces exonérations sont soumises à des obligations déclaratives préalables et annuelles.

Ces exonérations ne peuvent se cumuler avec d'autres exonérations de taxe foncière ou CET.

---

1. Article 244 *quater* B I du CGI.
2. Article 199 *ter* B du CGI.

Les entreprises doivent opérer un choix qui est irrévocable et qui doit être exercé dans le délai prévu pour le dépôt des déclarations obligatoires.

3.1.4.   Les avantages fiscaux accordés aux JEI sont soumis au plafond des aides *de minimis*

Les aides fiscales accordées aux entreprises placées sous le régime de la JEI ne peuvent excéder le plafond des aides *de minimis* fixé par la Commission européenne[1].

- Le plafond *de minimis* octroyés à la JEI ne peut dépasser 200 000 euros par période glissante de trois ans.
- Le plafond des avantages fiscaux accordés aux entreprises **entre le 1er janvier 2009 et le 31 décembre 2010** a été porté temporairement à 500 000 euros.

Sont concernées par ce plafond les exonérations d'impôt sur les bénéfices, la taxe foncière et la CET.

L'exonération de charges sociales et le crédit d'impôt recherche[2] ne sont pas visés par ce plafond.

3.2.   Exonération d'imposition sur les plus-values de cession des titres de la JEI

Les conditions pour bénéficier de cette exonération sont les suivantes :
- le cédant doit avoir conservé les titres pendant au moins trois ans (après leur libération) ;
- les parts ou actions doivent avoir été souscrites depuis le 1er janvier 2004 ;
- le cédant, son conjoint et leurs ascendants et descendants ne doivent pas avoir détenu ensemble plus de 25 % des droits sociaux depuis la création de la société.

Lorsque ces conditions sont réunies, les cédants sont exonérés de l'impôt sur le revenu au taux forfaitaire de 18 %, mais restent soumis aux prélèvements sociaux de 12,1 %. Cette exonération implique une restitution de la déduction fiscale pour souscription des titres (article 199 *terdecies* O A du CGI).

---

1. Règlement de la Commission n° 1998/2006 du 15 décembre 2006.
2. Les dépenses relatives à l'élaboration de nouvelles collections (secteur textile, habillement, cuir) sont à prendre dans le calcul du plafond.

3.3. Allègement de charges sociales patronales

Les JEI bénéficient également d'une exonération de charges sociales patronales sur les salaires versés aux salariés et à certains mandataires sociaux participant à la recherche.

3.3.1. Salaires exonérés

Les chercheurs : scientifiques ou ingénieurs, cadres dans l'entreprise, travaillant à la conception ou à la création de connaissances, produits, procédés, méthodes ou systèmes nouveaux.

Sont assimilés aux ingénieurs les salariés qui, sans posséder un diplôme d'ingénieur, ont acquis cette qualification au sein de leur entreprise.

Les techniciens sont des personnels travaillant en étroite collaboration avec les chercheurs pour assurer le soutien technique indispensable aux travaux de R&D et qui, notamment, préparent les substances, matériaux et appareils pour la réalisation d'essais et d'expériences, prêtent leur concours aux chercheurs pendant le déroulement des essais et expériences ou les effectuent sous le contrôle de ceux-ci, ont la charge de l'entretien et du fonctionnement des appareils et équipements nécessaires à la R&D.

Les gestionnaires de projets de R&D sont des cadres dans l'entreprise ayant en charge l'organisation, la coordination et la planification du projet dans ses aspects administratif, financier et technologique.

Les personnels chargés de tests pré-concurrentiels qui conçoivent, réalisent ou font réaliser des tests techniques nécessaires au développement ou à la mise au point du produit ou procédé.

Les juristes chargés de la protection industrielle et des accords de technologie liés au projet, cadres dans l'entreprise, ont la charge de l'élaboration, du dépôt, de la gestion et de la défense des titres de propriété industrielle, des accords juridiques de toute nature liés au projet et notamment aux transferts de technologies.

Cette exonération concerne également les rémunérations versées aux mandataires sociaux relevant du régime général de Sécurité sociale (gérant minoritaire de SARL ou SELARL, président-directeur et directeurs généraux de SA, dirigeants de SAS). Le mandataire social est réputé participer à titre principal au projet de R&D de l'entreprise s'il exerce, en son sein, une activité de recherche ou une activité de gestion de ce projet.

3.3.2. Cotisations exonérées

L'exonération porte sur les cotisations patronales d'assurance maladie, maternité, invalidité, décès, vieillesse et allocations familiales.

Elle ne porte pas sur la retraite complémentaire, ni sur les cotisations supplémentaires mises à la charge de l'employeur, ni sur les cotisations accidents du travail ou maladies professionnelles.

3.3.3. Cotisations plafonnées

L'article 175 de la loi de finances pour 2011 a réduit les avantages accordés aux JEI en matière d'exonération sociale. À cet effet, il a introduit un double plafond au-dessus duquel les exonérations ne s'appliquent plus :
- par personne : le plafond de rémunération mensuelle brute par personne est fixé à 4,5 fois le SMIC ;
- un plafond annuel par établissement équivalent à trois fois le plafond annuel de la Sécurité sociale soit 103 860 euros pour 2010. L'article 37 de la loi de finances rectificative pour 2011 a porté cette limite pour 2012 à cinq fois le plafond annuel de la Sécurité sociale soit 181 860 euros.

Par ailleurs, l'article 175 a instauré une diminution progressive des exonérations entre la quatrième et la septième année qui ont été augmentées pour les cotisations sociales versées à compter du 1er janvier 2012 par l'article 37 de la loi de finances rectificative pour 2011.

**Tableau de comparaison des limites d'exonération
des cotisations sociales applicables**

Limites d'exonération	Taux d'exonération pour les cotisations versées à compter du 1er janvier 2011	Taux d'exonération pour les cotisations versées à compter du 1er janvier 2012
jusqu'au dernier jour de la 3e année	100 %	100 %
jusqu'au dernier jour de la 4e année	75 %	80 %
jusqu'au dernier jour de la 5e année	50 %	70 %
jusqu'au dernier jour de la 6e année	30 %	60 %
jusqu'au dernier jour de la 7e année	10 %	50 %

3.3.4. Conditions et modalités d'exonération

L'exonération est appliquée à titre provisionnel. Elle est limitée mensuellement à 249 salariés. Une régularisation est effectuée au plus tard dans les trois mois suivant la clôture de l'exercice en fonction de l'effectif moyen de l'exercice écoulé.

Cette exonération de charge est accordée jusqu'à la septième année suivant celle de la création de l'entreprise, à la condition de respecter les cinq conditions exposées précédemment.

Cependant, afin de ne pas pénaliser ces JEI, l'article 47 de la loi de finances pour 2008 permet aux JEI qui ne respectent pas l'une des conditions prévues au cours d'une année de réintégrer le dispositif, en demandant à l'administration fiscale, sous forme d'un rescrit, de constater que l'entreprise répond à nouveau à toutes les conditions exigées par l'article 44 *sexies*-0 A. Ce document faisant foi, par la suite, auprès de l'URSSAF pour bénéficier de l'exonération en faveur des JEI.

Cette possibilité de retour dans le dispositif n'est accordée que pour les exonérations de charges sociales.

L'entreprise doit être à jour de ses cotisations sociales patronales et salariales de Sécurité sociale, de ses cotisations versées au Fonds national d'aide au logement et de son versement transport.

L'exonération ne peut pas se cumuler avec une autre aide de l'État à l'emploi.

Cette mesure s'applique depuis le 1er avril 2004. Le décret n° 2004-581 du 21 juin 2004 a précisé les modalités de son application.

4. POINTS D'ATTENTION AU DISPOSITIF

4.1. Pièges à éviter

Il est impératif de ne pas oublier que ces aides sont limitées en montant et dans le temps.

- Un plafonnement de l'exonération fiscale par période glissante de trois ans attaché à la législation des aides d'État (règles *de minimis*).
- Un arrêt définitif des exonérations avec la huitième année d'existence de la société.

4.2. Que se passe-t-il si, à la clôture de l'exercice, l'entreprise perd son statut de JEI ?

La sortie du statut de JEI est définitive, même si la PME réunit de nouveau, au cours d'un exercice ultérieur, les conditions nécessaires pour bénéficier du statut de JEI. Cette sortie s'accompagne simultanément d'une perte des avantages fiscaux et sociaux.

4.2.1. Impôt sur le revenu ou sur les sociétés

L'entreprise qui a perdu le statut de JEI pour une année peut bénéficier pour cette année-là et la suivante d'une sortie progressive du régime, en appliquant un taux d'exonération partiel de 50 % sur les bénéfices imposables de ces deux années.

Ceci n'est toutefois possible que si l'entreprise n'a pas déjà épuisé le quota des 24 mois d'exonération partielle auquel elle avait droit durant la période où elle avait le statut de JEI.

4.2.2. CET et taxe foncière sur les propriétés bâties

La durée de l'exonération est, au plus, de sept ans, mais cet avantage cesse définitivement de s'appliquer :

- l'année qui suit le septième anniversaire de la création de la JEI (cas des entreprises déjà créées au moment de la délibération), la PME éligible au statut de JEI peut par conséquent bénéficier de cette exonération au titre de l'année de ses sept ans, mais pas l'année suivante ;
- la seconde année qui suit la période pendant laquelle les conditions ne sont plus remplies : une PME qui perd le statut de JEI au cours d'une année peut encore en bénéficier cette même année, mais pas la suivante.

4.2.3. Charges patronales

Si, au cours d'une année, la PME ne répond plus à l'une des cinq conditions simultanément requises, elle perd définitivement le bénéfice de cette exonération.

La perte du statut de JEI peut cependant s'accompagner dans certains cas d'une sortie progressive du régime.

4.3. Éligibilité au statut de JEU (jeune entreprise universitaire)

Afin de favoriser la création d'entreprises dans le secteur universitaire, la loi de finances pour 2008 crée le statut de JEU. Ce statut, qui est une variante de la JEI, permet à l'entreprise éligible/la JEU de bénéficier des mêmes avantages fiscaux et sociaux.

Ainsi, la loi de finances pour 2008 a étendu le dispositif de la JEI à une entreprise dirigée ou détenue directement à hauteur de 10 % au moins par un ou plusieurs étudiants, personnes titulaires depuis moins de cinq ans d'un master ou d'un doctorat, enseignants ou chercheurs, et qui a pour activité principale la valorisation de leurs travaux de recherche. Ce dernier critère, exigé pour une JEU, remplace celui tenant à la réalisation de 15 % de dépenses en R&D (valable pour la JEI).

5.   Pour aller plus loin

5.1.   Sources d'information

- Article 13 de la loi de finances pour 2004 (n° 1003-1311 du 30 décembre 2003).
- Article 175 de la loi de finances pour 2011 (n° 2010-1657 du 29 décembre 2010).
- Article 37 de la loi de finances rectificative pour 2011 (n° 2011-1978 du 28 décembre 2011).
- Articles 44 *sexies*-O A, III-7, 1383 D et 1466 D du CGI.
- Article L. 80 B 4° du Livre des procédures fiscales.
- Article L. 80 C8B du Livre des procédures fiscales.
- Instruction n° 165 du 21 octobre 2004, BOI 4 A-9-04.
- Instruction n° 34 du 30 mars 2009, BOI 4 A-7-09 (JEU).
- Instruction n° 86 du 4 octobre 2010, BOI 13 L-11-10, § 182 et suivants et annexe 4.
- Instruction fiscale n° 69 du 27 septembre 2011, BOI 4 A-3-11.
- Rescrit fiscal du 17 mars 2009.
- Site OSEO : www.oseo.fr
- Site du MESR : www.enseignementsup-recherche.gouv.fr
- Site APCE : www.apce.com
- Site URSSAF : http://www.urssaf.fr/

5.2.   Publications

Feuillet Rapide Francis Lefebvre 52/11.

FICHE N° 13

BUSINESS ANGELS

1. PRÉSENTATION GÉNÉRALE

1.1. Finalité et budget annuel alloué aux financements

Les *business angels* sont des personnes physiques qui investissent une part de leur patrimoine dans une entreprise innovante à potentiel, et qui mettent également à disposition de l'entrepreneur leur expérience, leurs compétences, leurs réseaux relationnels, et leur enthousiasme.

Ils sont un maillon essentiel du financement des entreprises à potentiel. Ils interviennent généralement tôt en amont dans le processus de création (parfois en aval), après l'intervention du *love money*[1], des soutiens publics et prêts d'honneur, et avant l'intervention des professionnels du capital-risque sur des fourchettes allant de 50 à 500 000 euros.

En 2011, FRANCE ANGELS, association française ayant pour vocation de fédérer et faire connaître les réseaux de *business angels* existants et de susciter la création de nouveaux réseaux, a répertorié environ 4 500 *business angels* en France à travers 85 réseaux. Par comparaison, on en compte environ 40 000 en Grande-Bretagne et plus de 400 000 aux États-Unis. Au cours des cinq dernières années, les *business angels* ont financé près de 1 500 entreprises pour un montant global de 200 millions d'euros.

Pour les neuf premiers mois de l'année 2011, FRANCE ANGELS donne les chiffres suivants :

- 320 entreprises financées ;
- 40 millions d'euros investis ;
- 70 % des entreprises réalisent un CA de moins de 500 000 euros ;
- Plus de deux tiers investis dans les domaines technologiques (NTIC, Clean-Tech, MedTech).

1.2. Projets concernés

Si les critères de sélection de chaque *business angel* peuvent être sectoriels, tous les secteurs sont concernés. Ce qui compte, c'est le potentiel de l'entreprise et

---

1. Le *love money* représente l'argent prêté ou donné par les proches (famille, amis…) à un particulier ou à un couple, dans le but de créer une entreprise ou pour acquérir un bien immobilier.

la personnalité des entrepreneurs. L'objectif reste l'éclosion de sociétés nouvelles à potentiel qui, faute de financement adéquat d'amorçage, ne voient pas le jour.

Le projet financé doit être réellement « innovant ». Ce terme s'entend au sens large et ne renvoie pas forcément à une innovation à caractère technologique, mais aussi aux secteurs des services par exemple.

1.3.   Entreprises concernées

Les *business angels* interviennent à tous les stades de la vie de l'entreprise : création, développement, reprise. Toutefois, leur action se situe principalement en phase d'amorçage.

70 % des entreprises financées présentent un chiffre d'affaires inférieur à 500 000 euros, et deux tiers des entreprises sont issues des entreprises innovantes des secteurs Nouvelles Technologies de l'Information et de la Communication (NTIC), Cleantech (secteur de l'environnement) et Medtech (secteur médical).

Une entreprise innovante doit :
- présenter soit une innovation technique, soit une innovation commerciale ou de service ;
- ou être positionnée sur une niche spécifique extrêmement prometteuse avec chiffres à l'appui.

Elle doit refléter un caractère novateur et démontrer un véritable potentiel de croissance.

1.4.   Qui sont-ils ?

Un *business angel* est une personne physique qui décide d'investir une partie de son patrimoine financier dans des sociétés innovantes à fort potentiel. Souvent ancien entrepreneur lui-même, ses conseils et son carnet d'adresses sont généralement aussi précieux que les sommes qu'il peut apporter à la société.

On distingue deux grands profils de *business angel :*
- l'ancien chef d'entreprise, le cadre supérieur et le jeune retraité, dont la fourchette d'investissement est comprise entre 5 000 et 200 000 euros par an ;
- un nouveau profil : des personnes plus jeunes, entre 35 et 40 ans, qui ont réalisé une forte plus-value lors de la cession de leur propre entreprise ou lors de la revente de stock-options acquises dans des sociétés ayant connu un fort développement. Ces investisseurs souhaitent commencer une nouvelle

expérience et chercheront naturellement à s'impliquer dans la gestion de l'entreprise financée.

Leur motivation sera de deux ordres :

- ceux dont la motivation première – les plus nombreux – est de s'investir auprès des chefs d'entreprise afin de vivre des aventures entrepreneuriales, transmettre leur savoir et leur expérience, tout en espérant réaliser une plus-value à terme ;
- les autres, dont la motivation première est la défiscalisation de leur patrimoine. En effet ces derniers pourront opter pour un certain nombre de véhicules d'investissement (FIP, FCPI, etc.), en fonction des avantages fiscaux de chacun. Le régime fiscal mis en place par le législateur a pour objet l'incitation au développement de l'activité de *business angel* et à soutenir le marché du capital investissement.

Ainsi, et à titre d'exemple :

- la loi du 21 août 2008, dite loi TEPA, amendée par la loi de finances pour 2011, autorise les personnes redevables de l'ISF souscrivant au capital de PME ou de fonds d'investissement de proximité, sous condition, à bénéficier d'une réduction d'ISF, à hauteur de 45 000 euros annuels ;
- la loi Madelin prévoit que, pour toute souscription au capital d'une PME, un crédit d'impôt de 25 % des sommes investies est octroyé, à condition de garder les titres pendant cinq ans.

Les différentes formes d'organisations de *business angel* existantes en France :

- **les réseaux associatifs** : relativement nombreuses, ce sont des structures vouées à mettre en relation entrepreneurs et investisseurs. Les *business angels* adhérant à ces structures mutualisent l'analyse des dossiers mais prennent seuls la décision d'investir. Les associations de *business angels*, qu'elles soient géographiques, nationales ou sectorielles co-investissent de plus en plus entres elles afin de réunir les fonds nécessaires pour l'entreprise ;
- **les réseaux « sociétés d'investissement de *business angels* »** dits **SIBA (sociétés de gestion et de portefeuille)** : la création d'une société d'investissement vise à mettre dans un « pot commun » les investissements disponibles. Certains réseaux souhaitent se doter, en parallèle de la structure associative (*cf.* ci-dessus), de ce type de société pour compléter les investissements des *business angels* individuels. On parlera alors « d'organisation mixte » (association + société d'investissements). Créer une société d'investissement oblige à une discipline rigoureuse des membres et à des règles strictes de fonctionnement (conseil d'administration, président...) et de décision d'investissement (comité d'investissement). Ce type de structure gagne ainsi en efficacité en termes de qualité, de vitesse de décision, mais aussi en nombre et montant

d'investissement. On se rapprochera alors parfois du capital investissement (*cf.* fiche n° 14 « Capital investissement ») ;

- **les clubs :** non juridiquement constitués, ce sont plutôt des investisseurs potentiels amis ou ayant la même expertise professionnelle. Beaucoup plus difficiles d'accès, ils ont en revanche des moyens potentiellement importants. Ces différents réseaux et clubs sont pour la plupart répertoriés dans l'annuaire des membres de FRANCE ANGELS (www.franceangels.org).

2. FONCTIONNEMENT

2.1. L'accès au réseau des *business angels*

Le secteur du financement des jeunes entreprises à potentiel est un secteur très diffus. En effet, beaucoup d'investisseurs interviennent sur ce marché, et selon des motivations parfois très différentes. Avant d'aller voir les réseaux de *business angels*, il est recommandé de passer par des étapes préliminaires qui sont les incubateurs d'entreprises (*cf.* entre autres le réseau RETIS[1]), les chambres de commerce et d'industrie (CCI) qui disposent de services complets d'aide à la création d'entreprise et à l'innovation, mais aussi les associations d'anciens élèves qui pourront permettre l'accès à un véritable réseau d'« anciens », ou encore les fondations d'aide à l'innovation.

Au sein de chacun de ces organismes, le porteur de projet pourra avoir accès au réseau d'investisseurs à même de soutenir son projet.

2.2. Combien peut-on obtenir de financement ?

Les *business angels,* à travers les différentes formes d'organisations possibles, sont susceptibles de financer des investissements de 50 à 700 000 euros (très rarement davantage).

Selon FRANCE ANGELS, un *business angel* investit en moyenne 40 000 euros par an, répartis dans quatre projets. Certains investissent 5 000 euros, d'autres vont jusqu'à 150 000 euros ou plus. C'est une moyenne : pour financer un projet de l'ordre de 200 000 euros, un entrepreneur devra donc souvent s'entourer de plusieurs *business angels*. Un réseau de *business angels* permet facile-

---

1. Le réseau RETIS réunit 53 technopoles, 36 centres européens d'entreprises et d'innovation (CEEI) et les 30 incubateurs conventionnés par le ministère délégué à la Recherche (www.retis-innovation.fr).

ment à ses adhérents de mutualiser leurs fonds afin d'apporter l'argent nécessaire au projet porté par l'entrepreneur.

Pour des montants de l'ordre de 700 000 euros, les structures de *business angels* (associations et SIBA) coopèrent entres elles et co-investissent.

2.3. Le processus d'investissement par les *business angels*

Dans le cas où l'entreprise a épuisé les premiers recours pour trouver un financement (famille, amis et connaissances), il est nécessaire de lever des fonds plus importants pour lancer réellement l'activité.

2.3.1. Le dépôt de dossier

- Préalable : le porteur du projet doit avoir rédigé son *business plan*, document qui doit inclure toutes les données du projet aptes à en présenter tous les tenants et aboutissants : technologie, brevets, politique commerciale, marketing, comptes prévisionnels, besoin de financement, etc. Une aide à ce niveau est essentielle, car monter un *business plan* nécessite beaucoup d'expérience.
- Étape 1 : le porteur de projet doit identifier quel réseau de *business angels* sera le plus à même de l'aider. Pour cela, il faut aller dans la rubrique « Trouver un réseau de BA » en fonction de la proximité géographique (les réseaux régionaux) et/ou en fonction de la spécialisation (les réseaux par secteur d'activité et/ou anciens de Grandes Écoles).
- Étape 2 : **il faut ensuite se rendre sur le site internet du réseau choisi afin de télécharger la fiche présentation de projet. Il faut répondre à toutes les questions, sur la base du *business plan*, de manière claire et concise avant de la renvoyer par courriel au réseau. Certains réseaux utilisent une plateforme** en ligne (*Gust* ou autre solution équivalente) pour réceptionner et sélectionner les dossiers ; si c'est le cas, il faut se connecter à cette plateforme, créer un compte, et compléter le dossier en ligne.
- Étape 3 : le réseau sollicité va étudier le projet via le dossier rempli et recontactera l'entreprise au plus tard dans les trois semaines suivant sa réception.
- Étape 4 : sous réserve d'acceptation du dossier par le réseau, voici comment fonctionne le processus d'investissement par les *business angels* dans un projet.

2.3.2. Le processus d'investissement

Si le projet est présélectionné, le porteur de projet est alors invité à le présenter devant les investisseurs membres du comité de sélection. C'est une étape clé :

ce n'est pas tant la qualité technique du projet qui sera jugée que l'adéquation entre la personnalité du porteur du projet et le projet en lui-même. Les investisseurs seront extrêmement sensibles aux qualités humaines du porteur : sera-t-il un bon manager ? Saura-t-il affronter les aléas du projet, la pression, les vicissitudes ? Saura-t-il y faire face ?

À ce stade, les *business angels* sont très sensibles à la présentation d'un prototype, d'une maquette déjà bien finalisée pour les projets les plus techniques.

Si le projet est sélectionné, il sera présenté à l'ensemble des investisseurs du réseau au cours de ce que l'on peut appeler de véritables *road-shows*. En moyenne, un projet sur huit reçus est sélectionné par le réseau.

Si plusieurs investisseurs sont intéressés par le potentiel du projet, ils formeront alors un groupe d'investissements qui instruiront le dossier. Cette phase de *Due Diligences* prend la forme de rendez-vous successifs avec l'entrepreneur. Ces réunions de travail permettront d'analyser dans le détail le *business plan*, de vérifier la véracité des informations, d'étudier la personnalité du porteur de projet et son profil entrepreneurial de manière plus approfondie.

Chaque investisseur émet une proposition d'investissement.

Le porteur de projet décide avec quel(s) investisseur(s) il va s'associer. Il faut que toutes les parties soient sûres de pouvoir/vouloir travailler ensemble. La relation qui se noue entre l'investisseur et le porteur, outre ces aspects financiers, est avant tout basée sur la qualité de la relation de confiance qu'ils auront su établir entre eux.

Les parties choisissent une structure juridique adaptée (en règle générale la SAS), rédigent les statuts et le pacte d'actionnaires, véritable document juridique, où devront être fixées les règles de fonctionnement entre les parties ; les points suivants devront être négociés :

- le niveau d'intervention dans le management stratégique et opérationnel de la société ;
- les règles de gouvernance entre actionnaires et managers définissant la répartition des pouvoirs ;
- le niveau d'information et de connaissance à transmettre ;
- les conditions de désengagement (sortie du capital) ou de renforcement de l'investisseur à terme ;
- les conditions de renforcement ultérieur du capital par des tiers (*cf.* fiche n° 14, « Capital investissement »).

Le montage financier est finalisé.

2.4. Quels sont les principaux avantages ?

En phase d'amorçage, l'entrepreneur n'apporte pas encore suffisamment de crédibilité pour intéresser les institutions financières classiques ou les sociétés de capital investissement. Celles-ci s'intéressent essentiellement aux entreprises technologiques innovantes qui ne représentent cependant qu'une petite minorité des créations d'entreprises. Par ailleurs, elles sont tenues à un certain nombre de contraintes, critères d'analyse, règles, calendriers prédéfinis qui alourdissent inévitablement les procédures de sélection et de décision.

C'est à ce niveau que réside l'intérêt de l'intervention du *business angel,* dont la motivation est avant tout de participer à une aventure entrepreneuriale. Il pourra donc, outre le financement, apporter un réel soutien à l'entrepreneur, en termes d'expérience *business* : conseils, aide à la négociation pour l'achat d'investissements, orientation vers des sources d'information, mise en contact direct avec des clients potentiels ou des fournisseurs, relationnel technique ou encore politique pour obtenir des subventions ou des financements…

Il pourra également fournir un conseil efficace dans le cadre du plan de sortie : introduction en Bourse sur un marché réglementé ou organisé, cession des parts de gré à gré, entrée d'un nouvel actionnaire, recours au LBO/MBO, fusion/absorption…

3. Points d'attention au dispositif

3.1. Obligations à respecter / Pièges à éviter

S'affranchir d'un réseau de bénévoles ou d'intermédiaires appointés dans la phase préliminaire serait une erreur. En effet, ce premier réseau va permettre d'entrer en contact avec un réseau plus large d'investisseurs validés et expérimentés. C'est l'accès à ce réseau qui permettra de trouver le ou les investisseurs prêts à suivre le porteur de projet.

Une bonne appréhension de l'expérience de l'investisseur et des résultats obtenus dans d'autres cas permet de mieux comprendre l'apport respectif de chacun et la contribution que le nouvel investisseur pourra accorder au développement de la société. Il est donc nécessaire d'engager dès le début un dialogue ouvert et constructif. Une bonne compréhension des motivations et des attentes du *business angel* est fondamentale pour bien cerner la façon dont il entend travailler avec le ou les actionnaires et l'équipe dirigeante.

Les discussions avec ce dernier constituent une étape majeure pour évaluer sa motivation, l'état de sa connaissance du marché et connaître les solutions d'investissement comme les modes de gouvernance envisagés en cas d'accord.

3.2. Bien comprendre les contraintes spécifiques

Une fois que le *business angel* aura investi dans l'entreprise, deux formes de « vie commune » pourront alors prévaloir avec le porteur de projet :

- soit le *business angel* qui aura pris une participation très minoritaire restera passif quant à la gestion de l'entreprise ;
- soit, au contraire, il souhaitera s'y impliquer : il interviendra alors plus en tant que conseil stratégique, et à ce titre, participera aux réunions clés où les grandes décisions sont prises. Il sera davantage considéré comme un conseil, et veillera à ne pas s'impliquer dans le détail de la mise en œuvre pratique des décisions prises à haut niveau.

Il faudra donc que soit définie en amont la forme que prendra cette intervention, soit en tant que conseil stratégique ou membre actif du conseil d'administration. C'est pourquoi, une fois de plus, nous ne saurons qu'insister sur l'importance de la relation humaine au-delà de l'aspect purement business. Il est indispensable que les deux personnes s'entendent suffisamment bien pour que les relations entre elles s'équilibrent et que chacun en tire bénéfice au profit du développement de l'entreprise. Il faudra que le porteur sache coopérer au mieux et le plus intelligemment possible avec le *business angel* pour tout ce qu'il peut apporter au-delà de l'argent.

Il est évident qu'en cas de désaccord (situation assez rare cependant), c'est tout le projet qui risque de se retrouver en peine.

Notons aussi que la disponibilité du *business angel* sera un élément critique : très souvent, son expérience s'avérant indispensable, *a fortiori* à ce stade de développement de l'entreprise, le porteur aura recours à son expertise ou son avis.

FRANCE ANGELS met à disposition un guide pratique « Business angels *et gouvernance* » disponible dans la partie « Boîte à outils » de son site Internet.

3.3. Nos conseils et recommandations

Le pacte d'actionnaires, prévoyant les principes généraux qui s'appliqueront de manière intangible, est le document de référence qui, en cas de problème, fera foi. C'est pourquoi il est important de trouver dans sa rédaction le bon équilibre entre les devoirs et les obligations de chacun. La rédaction et la revue critique par un ou des conseil(s) extérieur(s) spécialisé(s) sera essentielle.

4. POUR ALLER PLUS LOIN

4.1. Sources d'information

- FRANCE ANGELS : www.franceangels.org
- APCE, Association pour la création d'entreprise : www.apce.com
- OSEO Capital PME : www.capitalpme.oseo.fr
- Secrétariat général de la Défense nationale : 10 fiches pratiques « Levée de fonds et maîtrise de l'information stratégique ».

4.2. Contacts : organismes référents, prescripteurs pour se lancer

- FRANCE ANGELS : www.franceangels.org.
- AFG, Association française de la gestion financière : www.afg.asso.fr/
- APCE, Association pour la création d'entreprise : www.apce.com
- Réseau des CCI régionales : www.cci.fr

FICHE N° 14

CAPITAL INVESTISSEMENT

1. PRÉSENTATION GÉNÉRALE

1.1. Finalité du dispositif

Le capital investissement se définit comme la prise de participation en capital dans des entreprises non cotées, dans le but de financer leur démarrage, leur développement, ou encore leur cession/transmission. Les investisseurs ont pour objectif la réalisation, par la cession ou la vente de leur part à plus ou moins long terme (trois à dix ans selon les secteurs économiques), de plus-values. Ces « sorties » peuvent se faire soit de gré à gré (rachat par le management, vente à d'autres investisseurs, vente de la société…), soit par introduction en Bourse.

Le capital investissement joue un rôle majeur dans l'économie. Il représente un soutien fondamental de l'entreprise non cotée tout au long de son existence. Il contribue directement à la création d'entreprises, à la promotion de l'innovation et de nouvelles technologies, à la croissance, à l'emploi et au renouvellement du tissu économique. Il intervient plus particulièrement dans ce cadre auprès de jeunes entreprises innovantes.

Le capital investissement a représenté en 2010 plus de 6,5 milliards d'euros de financements pour 1 685 entreprises soutenues. La tendance à la reprise des investissements après la crise de 2008 est confirmée au premier semestre 2011 (4,3 milliards d'euros de financements pour 946 entreprises soutenues)[1].

1.2. Type de capital investissement

Le capital investissement intervient à quatre étapes clés de la vie de l'entreprise et répond donc à des besoins différents :
- le capital-risque (ou capital création, incluant le capital amorçage) : ce type de capital investissement intervient aux prémices de l'entreprise, lorsqu'il s'agit de passer d'une idée à la réalisation d'un prototype ou au lancement d'un produit. La structure juridique de l'entreprise doit toutefois avoir été créée. Il intervient le plus souvent auprès des jeunes entreprises du type JEI

---

1. Grant Thornton/AFIC, *L'Activité du capital investissement français* (Études 2009, 2010 et S1 2011).

(*cf.* fiche n° 12), agissant principalement dans des secteurs technologiques et à fort potentiel (7 % des investissements en capital investissement au premier semestre 2011, y compris l'amorçage) ;

• le capital développement : concerne les entreprises de généralement plus de trois ans, qui ont franchi le stade du capital-risque et donc validé le potentiel de leur marché et qui ont besoin de financements additionnels pour supporter et accélérer leur croissance (soit interne, à base de besoin en fonds de roulement, soit externe, pour des acquisitions) (24 % des investissements en capital investissement au premier semestre 2011) ;

• le capital transmission (*Buy-Out*) : de loin le plus important en valeur, intervient lors de la cession ou du rachat de la société. Il est souvent associé à des opérations à effet de levier avec endettement type LBO (*Leveraged Buy-Out*). Le LBO consiste à racheter une société par le biais de l'endettement bancaire. Le capital transmission a été le plus touché par la crise. Il a accusé une chute de 88 % entre 2008 et 2009. Néanmoins, l'année 2010 est l'année de la reprise (+ 120 %). On distingue cinq grandes catégories de LBO :
  – le MBO (*Management Buy-Out*), le plus classique, rachat des titres par le management en place,
  – le MBI (*Management Buy-In*), rachat des titres par une nouvelle équipe de managers,
  – le BIMBO (*Buy-In Management Buy-Out*), qui implique le rachat des titres par une équipe mixte interne et externe,
  – le LBU (*Leveraged Build-Up*), qui consiste en un MBO ou MBI, suivi d'opérations de croissance externe,
  – l'OBO (*Owner Buy-Out*), qui consiste en une opération de vente partielle des titres *via* une holding suivie de la cession totale ;

• le capital retournement ou de restructuration : intervient lorsque l'entreprise traverse une crise et doit restructurer ses fonds propres (entre 1 et 2 % du capital investissement suivant les années). Étant moins directement liées au financement de l'innovation, ces deux dernières catégories d'investissements ne seront pas traitées dans la présente fiche.

Souvent, le capital investissement se distingue par son soutien à des projets ayant une forte composante technologique et un fort potentiel, et par sa capacité à financer des pertes pour favoriser le développement de cette technologie. On comprend donc bien que la sélection des projets (financer les meilleurs et écarter les projets aux perspectives moins prometteuses) est essentielle. Cette étape passe par l'analyse minutieuse du *business plan*, d'autant plus que la particularité de ce type d'investissement est de rémunérer le risque pris sur la plus-value réalisée lors de la sortie du capital, lorsque le projet a confirmé sa viabilité.

Capital investissement et cycle de vie de l'entreprise

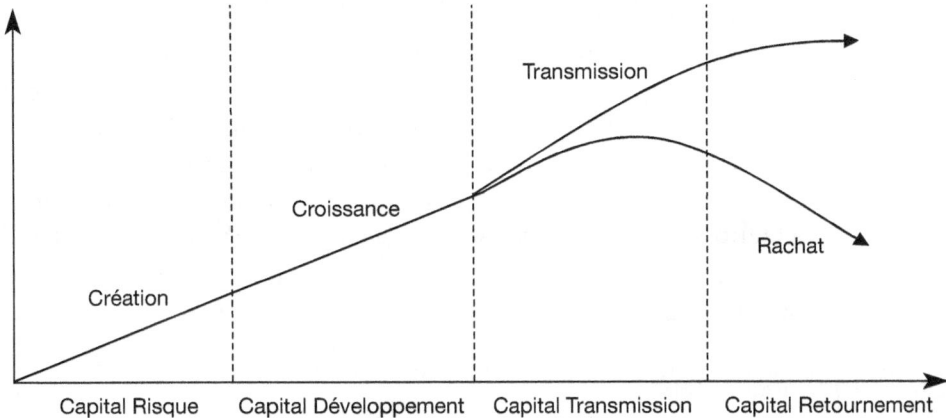

Source : www.afic.asso.fr

Le capital investissement permet d'améliorer considérablement le financement des entreprises à fort potentiel de croissance, en créant des conditions favorables pour l'octroi de prêts bancaires : il offre des ressources en fonds propres, dites « longues », pouvant être complétées par les partenaires bancaires classiques qui y verront un gage de sécurité supplémentaire.

1.3. Entreprises concernées

Le capital investissement concerne principalement les PME non cotées (80 % des investissements, fin 2008). Plus d'un tiers des entreprises financées sont actives dans des secteurs technologiques innovants. Ce ratio est d'ailleurs beaucoup plus important si l'on considère le seul segment du capital-risque, qui intervient plus particulièrement auprès de jeunes entreprises innovantes (ayant ou non le label JEI). Ses domaines de prédilection sont les technologies de l'information, de la communication, les biotechnologies et plus généralement tous les marchés en forte croissance. Depuis quelques années, les investisseurs s'ouvrent de plus en plus aux technologies du développement durable (*CleanTech* et *GreenTech*) en misant notamment sur les énergies renouvelables.

1.4. Organismes financeurs

Plus de 270 sociétés d'investissement[1] sont actives en France. Parmi elles, une soixantaine atteint une taille conséquente. La plupart ont été créées sous l'effet

---

1. Se reporter à l'annuaire des adhérents de l'AFIC (Association française des investisseurs en capital).

conjoint de l'engouement pour les start-up Internet dès 1996 et de la création des fonds communs de placement dans l'innovation (FCPI) en 1997, après celle des fonds communs de placement à risque (FCPR) en 1983.

Les investisseurs institutionnels ont commencé à se désengager sous les effets des nouvelles réglementations Bâle III et Solvency II. Certains ont cédé leurs sociétés d'investissement aux équipes gérant les fonds ou à d'autres intervenants. Il est encore trop tôt pour évaluer l'impact de ce mouvement à la fois sur le volume des opérations mais également sur la façon dont celles-ci sont traitées.

Certaines sociétés ont vocation à investir au niveau régional alors que d'autres privilégient des investissements nationaux voire internationaux, notamment au niveau européen.

On y trouve notamment :

- des filiales ou ex-filiales de grands groupes bancaires, dont la plupart des grandes banques françaises ou de la Caisse des dépôts et consignations en direct ou *via* ses filiales ;
- des groupes industriels internationaux, souvent spécialisés et intervenant généralement sur leurs propres secteurs d'activités (ex. : Alstom, Orange, Schneider Electric, Siemens…) ;
- des filiales (ou ex-filiales) de capital-risque de grandes compagnies d'assurances (ex. : AXA, Groupama, AGF…) et même la Banque postale ;
- de nombreuses sociétés indépendantes se sont aussi créées, s'appuyant sur des banques privées ou des conseillers en gestion de patrimoine ;
- des sociétés « mixtes » (nous citerons Rhône-Alpes-Création) dont les actionnaires sont à la fois publics (la Région, la Caisse des dépôts et consignations) et privés (des banques implantées localement) dont la vocation sera double : à la fois offrir un rendement aux investisseurs, mais aussi contribuer au développement de projets innovants localement et donc, de fait, répondre à une mission d'intérêt général.

Ces sociétés s'appuient sur des « véhicules d'investissements », c'est-à-dire des dispositifs fiscaux mis en place par les pouvoirs publics au regard du rôle dynamisant du capital investissement pour inciter les investisseurs à se tourner vers des entreprises non cotées en Bourse. Ils sont au nombre de quatre en France :

- les sociétés de capital-risque (SCR) mises en place dans les années 1980 ;
- les fonds communs de placement à risque (FCPR) ;
- les fonds communs de placement dans l'innovation (FCPI – *cf.* fiche n° 15) ;
- les fonds d'investissement de proximité (FIP).

Afin d'attirer encore davantage le grand public vers le capital investissement, les FCPI et FIP mis en place plus récemment (1997 et 2003) intègrent également un avantage fiscal à l'entrée pour les investisseurs, sous la forme d'une réduction de l'impôt sur le revenu. Ce n'est pas le cas des SCR et FCPR.

Les FCPI et les FIP ont représenté 8 % des nouveaux fonds levés en 2010, contre les trois quarts pour les FCPR. Les SCR sont, elles, minoritaires.

2. DESCRIPTION DU DISPOSITIF

2.1. Structuration du projet

Afin de donner envie aux investisseurs potentiels de soutenir le projet de développement et d'innovation, il faut impérativement présenter de façon claire, précise et concise le *business plan.* Il est donc recommandé de :

- présenter un document clair et concis de moins de 20 pages où les investisseurs pourront se faire une idée rapide des tenants et aboutissants du projet ;
- rédiger une accroche et une introduction soignées afin de rapidement capter l'intérêt de l'investisseur ;
- soigner la présentation (plan clair, phrases courtes, choix judicieux des caractères d'impression, des titres…) ;
- être complet, même si le document n'est pas volumineux : il faut qu'il soit cohérent, réaliste, argumenté et documenté. Tous les aspects du dossier doivent être traités ;
- être vendeur : il faut mettre en avant les points forts du projet. Présenter un prototype ou une maquette peut être un plus.

Les informations nécessaires au *business plan* sont les suivantes :

- un sommaire ;
- une note de synthèse reprenant les points clés (une page) ;
- l'approche stratégique (le marché, l'environnement concurrentiel, les produits ou services, les perspectives de développement, etc.) ;
- l'approche marketing (les produits, leurs avantages concurrentiels, les réseaux de distribution, la politique de tarification, etc.) ;
- la production (les brevets, type et spécificités des produits, les points clés, etc.) ;
- les aspects juridiques (type de société, détention de brevets, de marques, contentieux éventuels, etc.) ;
- les aspects financiers (situation actuelle, bilan, compte de résultat, trésorerie, prévisionnels, etc.) ;

- une synthèse résumant les besoins et les attentes envers le financeur (à titre indicatif) ;
- des annexes (tous les documents nécessaires à la compréhension du projet) et éventuellement prototype, modèle, plans, etc. ;
- un point sur l'équipe projet, avec un CV détaillé pour chacun des porteurs (parcours professionnel, points forts, réalisations passées, etc.). Cela permettra aussi à l'investisseur d'apprécier la complémentarité des profils.

2.2. Sélection de l'investisseur

En fonction des attentes (apport de fonds, apport de fonds plus apport d'expertise sectorielle, recherche de fonds propres pour restructurer une entreprise en phase difficile...), les besoins seront différents. De même, le projet n'est pas susceptible d'intéresser tous les investisseurs. C'est ainsi au porteur de faire le tri et de solliciter les investisseurs pertinents selon les quatre critères suivants.

2.2.1. Critère financier

En effet, il existe différents types d'investisseurs et de capital-risqueurs, qui interviennent à différentes hauteurs de budget.

- Aussi, si l'entreprise est en phase d'amorçage avec des besoins entre 50 000 euros et 1 à 2 millions d'euros, faut-il solliciter en premier lieu les *business angels* (*cf.* fiche n° 13), les structures d'aide à la création existantes dans la région concernée (fonds d'amorçage) ou encore les FIP ayant une activité dans ladite région. Ces structures peuvent également faciliter les levées de fonds pour accéder plus facilement à des prêts bancaires.
- Si les besoins se situent entre 2 et 10 millions d'euros pour financer la croissance de l'entreprise, il faut se tourner alors vers des sociétés de capital-risque, composées de capital-risqueurs chevronnés. Ces derniers interviennent souvent à plusieurs dans le cadre de « tour de table » conduit par l'investisseur principal *(lead investor).*
- Enfin, si l'entreprise sort de la phase de décollage et que les besoins vont au-delà de 5 millions d'euros, il est préférable de se tourner vers des sociétés de capital développement.

2.2.2. Critère du secteur

Certains investisseurs sont spécialisés dans certains domaines scientifiques ou secteurs d'activités, tels que les biotechnologies, les TIC... Si le projet est un projet scientifique, c'est alors vers ces investisseurs que l'entreprise doit se tourner. Au-delà de l'apport en capital, ils peuvent apporter une expertise sectorielle, mais aussi de coaching stratégique.

2.2.3. Critère géographique

Selon le lieu où l'entreprise souhaite développer son projet, il est recommandé de s'adresser à des organismes spécialisés dans le capital investissement à l'échelle départementale ou régionale. La proximité géographique reste souvent un critère de choix majeur pour l'investisseur principal, celui qui dans le cadre d'un tour de table sera responsable du suivi de l'investissement et du développement de l'entreprise.

Le quatrième critère concerne le stade où l'entreprise souhaite profiter du capital investissement, à la création, au développement ou à la cession de la société.

Dans tous les cas, il est recommandé de prendre en compte la notoriété du leveur de fonds, son parcours, son expérience, les levées de fonds qu'il a déjà réussies et d'obtenir des références.

L'annuaire de l'AFIC (*cf.* Contacts) précise les zones, secteurs et tickets d'intervention des investisseurs répertoriés. Il est également conseillé d'activer le réseau du ou des porteur(s) afin de trouver le ou les investisseurs à même de soutenir le projet : expert-comptable, chambre de commerce et d'industrie, incubateurs, plateformes de soutien à l'innovation…

2.3. Les trois phases avant la signature de l'accord

Nous distinguons une première phase ou **phase d'approche** :

- la phase d'approche, c'est-à-dire celle où l'entreprise va prendre contact avec le capital-investisseur, lui envoyer son *business plan* et avoir une première réponse de sa part, est relativement rapide. Les capital-investisseurs ne financent presque jamais un dossier qui n'est pas introduit par une personne qu'ils connaissent au préalable. Il est donc fortement recommandé soit de trouver une opportunité de les rencontrer directement (conférences, salons…), soit de trouver dans son réseau une personne susceptible d'introduire l'entreprise. Ce n'est sans doute pas aussi difficile que cela puisse paraître au départ, car les investisseurs font également des démarches de leur côté pour étendre leur réseau ;

- après présentation et analyse du *business plan*, le capital-investisseur émettra un premier avis rapidement, entre quinze jours et un mois. Si celui-ci est positif, l'entrepreneur et le capital-investisseur entrent dans une phase beaucoup plus longue, pouvant durer plusieurs mois, au cours de laquelle ce dernier va chercher à connaître le projet en détail.

La deuxième phase dite d'**étude approfondie** :

- si la réponse est positive, on entre alors dans une phase beaucoup plus longue, qui peut durer jusqu'à neuf mois et durant laquelle le capital-investisseur va chercher à connaître le projet en détail : cette phase est incertaine pour l'entrepreneur comme pour le capital-investisseur car elle n'est pas encadrée contractuellement. Il est donc indispensable de savoir de combien de temps l'entreprise dispose : a-t-elle besoin de fonds dans trois mois, dans six mois ou dans un an ?

- le capital-investisseur n'apprécie pas d'être pressé par le temps pour investir, même si le financement de nouvelles technologies nécessite aujourd'hui des réponses rapides (d'un jour à deux mois). Il est également impératif que l'entreprise puisse montrer un calendrier précis des opérations au capital-investisseur : à partir du moment où l'argent sera apporté, à quoi va-t-il être consacré, selon quel échéancier ?

- il est important d'être réaliste voire prudent sur les éléments prévisionnels à court terme transmis initialement et qui vont se réaliser (ou pas) durant cette phase ;

- le meilleur conseil que l'on puisse retenir dans ce domaine est donc le suivant : plus l'entreprise montrera que le projet est opérationnel et rentable, plus le capital-investisseur sera enclin à traiter le dossier rapidement. Il faut pouvoir, à ce stade, suivre plusieurs pistes, car le processus n'est pas terminé ;

- cette phase se termine par l'émission d'une lettre d'intention qui va préciser les conditions financières et juridiques dans lesquelles le capital-investisseur envisage, sous réserve des *Due Diligences* (voir ci-dessous : Phase 3), de réaliser l'investissement. Cette lettre, en général non contraignante juridiquement, spécifie les conditions d'exclusivité.

Il faut savoir que les critères de sélection sont principalement et de manière générale au nombre de quatre :

- la qualité de l'innovation technologique de produit (ou de service) ;

- le *time to market* : l'accès au marché doit être relativement rapide pour une meilleure visibilité quant aux rendements futurs ;

- le management, l'équipe : elle devra inspirer la confiance et démontrer sa capacité à « porter » le projet jusqu'au bout ;

- les possibilités pour l'investisseur d'une sortie à un horizon à moyen terme (de trois à six ans) : cession industrielle, LBO, marchés financiers...

La troisième phase ou *Due Diligence* :
- lorsque les parties sont parvenues à un accord préalable sur les termes de l'investissement, le capital-investisseur commence ce qu'il appelle les *Due Diligences* ;
- les *Due Diligences* représentent l'ensemble des opérations d'audit et de vérifications préalables à un investissement dans une entreprise. Ces vérifications doivent permettre d'évaluer la conformité comptable et juridique des documents présentés, ainsi que les risques liés à l'investissement ;
- généralement, les *Due Diligences* se décomposent en une phase « légère », au cours de laquelle le capital-investisseur lui-même vérifie un certain nombre de points généraux, et une phase « lourde », pour laquelle il mandate des conseils spécialisés afin de valider des points précis.

2.4. Les modalités d'intervention du capital-investisseur

En fonction de ce qui sera décidé, les modalités d'intervention en capital investissement seront alors plus ou moins sophistiquées. Selon les cas, l'investisseur pourra :
- souscrire des actions de préférence avec une clause de liquidité (cas général) ;
- souscrire des actions ordinaires ;
- souscrire des actions à dividende prioritaire ou assorties de « bons de souscription d'actions » (ABSA) ;
- accorder des avances en compte courant d'associé ou via l'émission d'obligations convertibles ou d'obligations avec bons de souscription d'actions attachées (OBSA).

3. QUELS SONT LES PRINCIPAUX AVANTAGES ET INCONVÉNIENTS ?

3.1. Les avantages du capital investissement

Du côté de l'entrepreneur, le capital investissement constitue une vraie réponse à un besoin réel des entreprises : celui du financement et de l'accompagnement de leurs projets risqués à moyen et long termes. Il apporte le carburant nécessaire à la croissance des entreprises capable de leur permettre de passer du stade de TPE à celui de PME, et du stade de PME à celui de *leader* sur leurs segments de marché. Le dispositif va donc permettre à une entreprise d'obtenir des fonds à un moment crucial de son existence et pendant lequel elle n'aurait pas eu accès au financement « classique », comme l'emprunt bancaire, par exemple (financement de pertes d'un projet au sein d'une structure existante, recrutements dans le secteur des services, etc.).

L'augmentation des fonds propres consolide la structure financière de l'entreprise, sans l'endetter. Le chef d'entreprise obtient ainsi des fonds sans demande de garantie, à un stade de développement où il est souvent difficile de se faire accorder des prêts bancaires. L'entrée au capital d'investisseurs constitue un formidable effet de levier pour accéder au financement bancaire, car il crédibilise le projet de l'entreprise et sécurise ses banquiers.

La légitimité du partenariat repose sur la relation de confiance qui lie l'entrepreneur et l'investisseur en capital autour d'un projet commun. Cette relation s'appuie sur un engagement à moyen et long termes entre les parties, au travers duquel un certain nombre d'objectifs sont fixés, et les moyens pour les atteindre définis et mis en œuvre. **L'intervention de l'investisseur en capital aux côtés de l'entrepreneur crée ainsi une réelle dynamique pour l'entreprise, qui bénéficie non seulement de ressources, mais aussi de compétences complémentaires, ainsi que de modes de gestion et de gouvernance modernes et efficaces. Ce partenariat réussi permettra ainsi de mieux maîtriser les risques inhérents au développement de la nouvelle activité.**

Outre l'apport en capital, l'investisseur, s'il est spécialisé sur une branche d'activité, peut également apporter une expertise sectorielle ou industrielle et un coaching stratégique.

De plus, certains de ces dispositifs offrent des avantages fiscaux notables :

- les fonds d'investissement de proximité (FIP) ou fonds communs de placement dans l'innovation (FCPI) permettent de défiscaliser une partie de l'investissement et des plus-values réalisées, à la condition de conserver les titres au moins cinq ans (*cf.* fiche n° 15) ;
- les fonds communs de placement à risque (FCPR) présentent l'avantage d'être exonérés de toutes taxes (sauf prélèvements sociaux) s'ils restent bloqués cinq ans.

3.2. Les inconvénients du capital investissement

3.2.1. Le risque d'une forte dilution

La première conséquence de l'arrivée d'un investisseur est la dilution des actionnaires en place. C'est pourquoi le dirigeant doit faire attention à ne pas « donner » trop de capital dès la première levée de fonds, au risque de perdre le contrôle qu'il avait sur son entreprise. Il faut qu'il veille à trouver le bon équilibre entre l'entrée d'un ou de plusieurs nouveaux actionnaires, sources de financement, et la dilution de ses intérêts et de son pouvoir au sein des instances de décision de l'entreprise (conseil d'administration). Dans certains cas, extrêmes certes, on a pu voir des dirigeants se faire « débarquer ». Le dirigeant doit rester actionnaire majoritaire le plus longtemps possible afin d'être maître de son projet et des décisions à prendre.

Les investisseurs déjà présents peuvent aussi être en danger s'ils ne détiennent plus qu'une part insignifiante du capital.

Il sera donc raisonnable de définir bien en amont les mécanismes de prise de capital à travers un pacte d'actionnaires, véritable contrat passé entre le porteur du projet et ses futurs partenaires associés au capital. Il définit :

- la valorisation de l'entreprise déterminant la valeur des parts et le degré de dilution des actionnaires d'origine ;
- les droits de préférence sur les émissions à venir ;
- les pouvoirs et droits de vote ;
- les conditions auxquelles les signataires participent à l'organisation de la société ou à son fonctionnement ;
- les conditions de départ des fondateurs (*good leaver*/*bad leaver*) ;
- les conditions de sortie de l'investisseur : clause de cession des parts et/ou clause de liquidité.

Le pacte d'actionnaires peut être comparé au règlement intérieur d'une copropriété : on prévoit ce qui est autorisé et ce qui est interdit, ainsi que les réponses qu'il est prévu d'apporter à un certain nombre de situations qui pourraient se présenter. Il a souvent vocation à donner plus de droits aux minoritaires que les statuts et leur détention en capital ne le permettraient.

3.2.2. Le risque d'interventionnisme dans la gestion de l'entreprise

Si l'accompagnement par le capital-risqueur/développeur peut être considéré comme une chance, de par l'expertise qu'il apporte en complément des fonds, il peut également s'avérer être un risque dans certains cas. En effet, quelle que soit la forme qu'il prend, le capital investissement confère à l'apporteur de capitaux un droit de regard sur la gestion, la stratégie de l'entreprise-cible. En effet, le plus souvent, la participation au capital de l'entreprise est assortie de droit de vote aux assemblées.

Par conséquent, et assez logiquement, même si les investisseurs n'ont pas vocation à assurer la gestion qui reste du domaine des dirigeants, ils auront tendance à vouloir contrôler les axes stratégiques de l'entreprise et les grandes décisions prises.

Le dirigeant verra donc son pouvoir réduit. Il devra rendre des comptes à ses actionnaires à travers un *reporting* plus ou moins fréquent et lourd. Il devra par ailleurs justifier de ses choix et décisions et, ce faisant, il perdra l'autonomie et la liberté dont il jouissait jusqu'à présent. Ce sera d'autant plus le cas si le projet connait des difficultés par rapport au prévisionnel envisagé au moment de l'investissement.

3.2.3. L'investisseur recherchera un rendement élevé pour équilibrer les risques pris

L'intervention d'un investisseur en capital ne sera pas anodine sur le plan de la stratégie de l'entreprise. Gardons à l'esprit qu'un investisseur en capital va chercher avant tout à maximiser ses plus-values sur une période de temps relativement courte, en participant au développement d'une jeune entreprise innovante ou d'une PME porteuse d'un projet ambitieux de développement.

Par conséquent, la ligne d'horizon de l'investisseur ne sera pas forcément la même que celle de l'entrepreneur porteur du projet. La recherche d'un retour sur investissement sous quatre à six ans peut être contradictoire avec la logique de l'entrepreneur qui sera plus enclin à porter son attention sur le projet en lui-même que sur les espérances de gain.

La logique de fonctionnement d'une société d'investissement à la recherche de gains élevés, afin de rémunérer le risque qu'elle a pris sur des délais courts, est très différente de celle de l'entrepreneur « classique », voire « familial », prêt à éventuellement subir des pertes avant qu'un projet ne devienne rentable à plus long terme.

Ainsi, dans certains cas, on constatera une déviance inévitable entre les critères de choix des projets porteurs d'avenir en recherchant forcément ceux dont la perspective de rentabilité est la plus élevée et à moyen terme ; choix que n'aurait pas forcément fait l'entrepreneur seul.

3.2.4. Les clauses de sortie

Comme nous l'avons vu précédemment, le pacte d'actionnaire précise les conditions auxquelles l'investisseur prévoit de pouvoir sortir du capital. Dans certains cas, la sortie programmée ne pourra se faire aux conditions prévues : marchés financiers déprimés, conjoncture peu propice, pas d'investisseurs industriels (des grandes entreprises souvent) enclins à investir ou pas de réelle volonté de l'entrepreneur de se séparer de son actionnaire de référence.

Il est à noter que les entreprises, dont les résultats du projet vont au-delà des objectifs, arrivent à s'autofinancer et sont donc peu soucieuses de trouver de nouveaux actionnaires.

L'investisseur peut activer une clause qui aurait été prévue dans le pacte d'actionnaire l'autorisant à mandater un tiers afin de vendre la société. Dans ce cas, extrême certes, l'entrepreneur se verrait finalement dépossédé de sa société et de son projet. C'est pourquoi nous insistons sur l'attention à porter à la rédaction de ces clauses de sortie.

4.   POUR ALLER PLUS LOIN

4.1.   Sources d'information

- Étude AFIC/AFG « Les levées de capitaux réalisées par les FIP et les FCPI en 2010 ».
- Étude AFIC/OSEO « Activité d'investissement des FCPI dans les entreprises innovantes 1997-2008 ».
- Étude AFG/AFIC sur la levée des capitaux des FIP et des FCPI créées en 2009.
- Études Grant Thornton/AFIC sur l'activité des acteurs français du capital investissement.
- BOI 4 K-2-07 du 19 avril 2007 sur le régime des fonds d'investissement de proximité.
- BOI 4 K-3-07 du 20 avril 2007 relatif à la réforme du régime des fonds communs de placement dans l'innovation.
- Études et publications de la CDC : http://www.cdcentreprises.fr/etudes_et_publications/index.php

4.2.   Contacts : organismes référents, prescripteurs pour se lancer

- AFIC (Association française des investisseurs en capital) : www.afic.asso.fr
- Association européenne de capital-risque (*European Venture Capital Association*) : www.evca.eu
- OSEO : www.oseo.fr
- Fonds européen d'investissement : http://www.eif.org/
- AFG (Association française de la gestion financière) : www.afg.asso.fr
- APCE (Agence pour la création d'entreprise) : www.apce.com
- EVCA *(European Private Equity and Venture Capital Association)* : www.evca.eu
- Moteur de recherche de la CDC : http://www.cdcentreprises.fr/portefeuille/moteur-fonds.php

FICHE N° 15

FONDS D'INVESTISSEMENT FCPI

1. PRÉSENTATION GÉNÉRALE

1.1. Finalité et budget annuel alloué aux financements

Les FCPI, fonds communs de placement dans l'innovation, sont des « produits d'épargne » proposés essentiellement par les banques et les compagnies d'assurances.

En contrepartie de parts attribuées aux épargnants apportant leurs capitaux, les gérants de FCPI réalisent des opérations de capital-risque à concurrence au moins de 60 % de l'actif du fonds dans des entreprises qualifiées d'innovantes.

Les entreprises sont éligibles au quota de 60 % lorsqu'elles remplissent l'une des conditions suivantes :

- soit avoir réalisé, au cours de l'exercice précédent, des dépenses de recherche éligibles au crédit d'impôt recherche (CIR[1]) représentant au moins 15 % de leurs charges fiscalement déductibles au titre de cet exercice ou, pour les entreprises industrielles, au moins 10 % de ces mêmes charges ;
- soit justifier de la création de produits, procédés ou techniques, dont le caractère innovant et les perspectives économiques sont reconnus par OSEO. Cette qualification « entreprise innovante » par OSEO est valable trois ans.

1.2. Projets de recherche et développement concernés

Les fonds propres apportés par les FCPI concernent, d'une part, les entreprises à haute technologie, innovantes, jeunes et à fort potentiel de croissance et, d'autre part, un large éventail d'entreprises d'âge variable et opérant dans des secteurs différents, dont le potentiel de croissance est plus faible et qui ne peuvent trouver de financement pour leurs projets d'expansion sans l'apport de capital investissement extérieur.

---

1. Sont prises en compte les dépenses énumérées aux a) à g) du II de l'article 244 *quater* B II du CGI. Ne sont pas prises en compte les dépenses de veille technologique et celles relatives à l'élaboration de nouvelles collections (secteur textile, habillement, cuir).

Ainsi, une étude menée par l'AFIC et par OSEO sur la période 1997-2009 montre que, sur 5,5 milliards d'euros levés via plus de 300 FCPI, 3 milliards ont été investis au titre du quota de 60 % dans l'innovation.

Cette étude montre les éléments suivants :

- près d'une entreprise sur deux, dans laquelle des FCPI ont investi, a une activité relevant de l'information et de la communication : prestations informatiques, édition de logiciels, télécommunications, services innovants ;
- 70 % des entreprises investies portent des projets d'innovation qui se diffusent à d'autres secteurs ;
- une centaine d'entreprises nouvelles sont investies chaque année ;
- une entreprise sur deux a moins de quatre ans lors du premier tour de table, mais la montée de l'âge moyen sur la période est due à des premiers tours de table dans des entreprises relativement âgées.

1.3.   Entreprises concernées

Les FCPI ont, de 1997 à 2009, accompagné plus de 1 000 entreprises innovantes : neuf entreprises sur dix sont localisées en France dont la moitié hors Île-de-France, et neuf entreprises sur dix sont toujours en activité après trois années d'exploitation. Les 916 entreprises investies, en vie fin 2009, emploient plus de 54 000 personnes et réalisent près de 10 milliards d'euros de chiffre d'affaires. Une entreprise sur deux est exportatrice.

L'actif du « **FCPI-IR** » (type de FCPI ouvrant des avantages fiscaux aux redevables de l'impôt sur le revenu) doit être constitué pour 60 % au moins de titres, parts ou avances en compte courant de sociétés qui remplissent les quatre conditions cumulatives suivantes :

- avoir son siège dans un État membre de l'Union européenne (UE) ou dans un autre État de l'Espace économique européen (hors Liechtenstein, Suisse et Monaco) et être soumise à l'impôt sur les sociétés (IS) ;
- avoir un effectif de 2 à 2 000 personnes ;
- avoir un capital qui ne doit pas être détenu majoritairement, directement ou indirectement, par une ou plusieurs personnes morales ayant des liens de dépendance avec une autre personne morale. Sont éligibles les sociétés cotées sur un marché réglementé ou organisé (Alternext, Eurolist, AIM, marché libre...), dont la capitalisation boursière est inférieure à 150 millions d'euros ;
- remplir l'une des deux conditions suivantes : avoir réalisé au cours de l'exercice précédent des dépenses de R&D représentant au moins 15 % des

charges fiscalement déductibles (10 % pour les entreprises industrielles) ou bien être qualifiée « entreprise innovante » par OSEO (*cf.* fiche n° 3.4).

Les sociétés holding financières qui ne font pas de R&D peuvent être qualifiées en tant que société mère d'une unité économique innovante, sous certaines conditions supplémentaires : elles doivent détenir exclusivement et à plus de 75 % des filiales innovantes, dont au moins une fait de la R&D les autres contribuant à valoriser les résultats de cette R&D.

La loi de finances rectificative pour 2007 a étendu aux souscriptions de parts de FCPI la réduction d'impôt de solidarité sur la fortune (ISF) instituée par la loi TEPA du 21 août 2007.

Afin d'être éligible au dispositif, l'actif du FCPI dit « **FCPI-ISF** » doit être constitué *a minima* de 40 % de PME de moins de cinq ans qui remplissent les conditions suivantes :

- correspondre à la définition européenne de la PME ;
- être soumises à l'IS ;
- ne pas être cotées sur un marché réglementé ;
- ne pas être qualifiables de société en difficulté ;
- être en phase d'amorçage, de démarrage ou d'expansion ;
- remplir l'une des deux conditions d'éligibilité aux FCPI-IR : avoir réalisé au cours de l'exercice précédent des dépenses de R&D représentant au moins 15 % des charges fiscalement déductibles (10 % pour les entreprises industrielles) ou être qualifiées « entreprise innovante » par OSEO ;
- les règles pour les sociétés holding sont les mêmes que celles applicables dans le cadre des FCPI IR (*cf.* ci-dessus).

1.4. Organismes financeurs

On retrouve le plus souvent les départements et filiales de capital-risque de banques et de compagnies d'assurances disposant d'importants réseaux d'agences ou d'agents qui sont nécessaires pour commercialiser ces produits d'épargne défiscalisés.

On retrouve également des fonds de gestion plus anciens et largement établis qui avaient déjà l'habitude de commercialiser des produits de placement comme les FCPR.

Par ailleurs, de nombreuses sociétés indépendantes se sont créées s'appuyant sur des banques privées ou des conseillers en gestion de patrimoine. Leur objectif est d'offrir à leurs clients un produit d'épargne à haut rendement tout en permettant de réduire leurs impositions.

2. FONCTIONNEMENT

2.1. Cadre légal/réglementaire

Créé en 1997 et complété en 2003 et 2007, le dispositif FCPI arrivait à échéance fin 2010. L'article 38 de la loi de finances pour 2011 a prorogé ce système d'incitation fiscale à l'investissement dans les PME jusqu'au 31 décembre 2012, directement via les holdings ou à travers les FCPI et les FIP, en uniformisant les taux de réduction d'impôts (22 %[1] pour l'IR et 50 % pour l'ISF) et en abaissant les plafonds annuels de déductibilité (de 20 000 euros à 18 000 euros pour les FCPI). Elle fixe de nouveaux critères plus restrictifs pour les sociétés cibles des investissements et précise que le respect des règles d'encadrement incombe aux sociétés bénéficiaires.

À cet égard, les réductions d'ISF et d'IR sont soumises à titre principal aux règles du capital investissement : plafond de 2,5 millions d'euros si la PME au sens communautaire est en phase d'amorçage, de démarrage ou d'expansion, n'est pas qualifiable d'entreprise en difficulté et ne relève pas des secteurs de la construction navale, de l'industrie houillère ou de la sidérurgie. Ce plafond s'apprécie sur une période de 12 mois glissants.

De plus, à titre subsidiaire, si la PME ne répond pas aux conditions précitées ou reçoit des souscriptions au-delà du plafond, les souscriptions sont soumises au respect des règles *de minimis* prévues par le règlement 1998/2006/CE du 15 décembre 2006.

Enfin, l'article 27 de la loi de finances rectificative pour 2011 a complété la liste de l'article 885-0-V bis II du CGI prévoyant l'absence de remise en cause du régime ISF-PME en cas de non-respect de la condition de conservation de cinq ans, dans le cas où les titres font l'objet d'une offre publique d'échange (OPE).

2.2. Comment fonctionne le dispositif ?

Les FCPI émettent des valeurs mobilières de placement qui sont investies dans des sociétés innovantes non cotées ou cotées, de petite capitalisation boursière (moins de 150 millions d'euros).

---

1. La réduction d'impôt initiale de 25 % a été visée par la réduction générale de 10 % de certains avantages fiscaux de l'article 105 de la loi de finances n° 2010-1657 du 29 décembre 2010.

2.3. Combien peut-on obtenir de financement ?

Les montants alloués aux entreprises varient bien évidemment selon la taille de celles-ci et de leurs projets. À titre d'illustration, en 2009, les FCPI ont investi 394 millions d'euros pour 321 entreprises.

60 % des entreprises ont reçu au total plus de 1,5 million d'euros de la part des FCPI. 50 % des tours de table sont compris entre 0,3 et 1,8 million d'euros.

2.4. Modalités pratiques d'obtention du financement

Pour obtenir la qualité d'entreprise innovante, il convient de s'adresser à une des directions régionales d'OSEO, qui procède à un examen technico-économique des conditions dans lesquelles il est prévu de développer les projets d'innovation. L'entreprise innovante doit justifier de la création de produits, procédés ou techniques dont le caractère innovant et les perspectives de développement économique sont reconnus.

Sur la période 1997-2009, 80 % des entreprises investies ont obtenu d'OSEO la qualification « entreprise innovante » au titre des FCPI, drainant ainsi 90 % des montants investis sur la période.

Les frais de dossier sont à la charge de l'entreprise demandeuse (3 000 euros HT).

Une fois reçue la notification de la qualification, l'entreprise peut entreprendre ses démarches directement auprès des FCPI, si la levée de fonds n'est pas déjà en cours. Il arrive, en effet, que l'entreprise soit déjà en négociation avec un ou plusieurs fonds qui lui ont demandé d'obtenir la qualification auprès d'OSEO.

Outre cette délivrance de qualification, OSEO met également à disposition des entreprises des informations relatives à ce dispositif (liste des fonds FCPI, études de l'AFIC...) et propose à l'entreprise d'intégrer la plateforme INVESTnet pour présenter, en toute confidentialité, son projet de levée de fonds à des investisseurs qualifiés.

La qualification « entreprise innovante » n'entraîne aucun droit à être investie par lesdits fonds.

2.5. Quels sont les principaux avantages ?

2.5.1. Pour les entreprises bénéficiaires

- Le dispositif permet d'orienter vers elles des fonds à un moment crucial de leur existence et pendant lequel elles n'auraient pas eu accès au financement « classique ». Ceci est particulièrement vrai pour les sociétés en phase de croissance importante qui souhaitent renforcer leur capacité d'investissement, sans toutefois être encore éligibles à l'emprunt bancaire classique ou aux marchés financiers.

- En période de crise, ce dispositif permet de pallier les insuffisances du marché. De plus, il faut convaincre des souscripteurs qui seront d'autant plus réticents que les profits de l'entreprise porteuse du projet sont éloignés, et le niveau de risque encore élevé.

2.5.2. Pour les souscripteurs

Les versements effectués par les particuliers en 2012 au titre de la souscription de parts de FCPI-IR ouvrent droit à une réduction d'impôt sur le revenu égale à 22 % du montant de ces versements, retenus dans la limite de 12 000 euros (soit un crédit de 2 640 euros) ou 24 000 euros (soit un crédit de 5 280 euros) selon la situation de famille.

- Les particuliers soumis à l'impôt de solidarité sur la fortune (ISF) peuvent imputer sur cet impôt 50 % du montant des versements effectués au titre de souscriptions en numéraires de parts de FCPI-ISF. L'avantage fiscal ne peut être supérieur à 18 000 euros par an.
- La réduction d'impôt sur le revenu et la réduction d'ISF ne peuvent se cumuler pour la souscription au titre d'un même fonds.
- Les souscripteurs sont soumis au respect de certaines conditions, notamment de durée de détention des parts (cinq années). Le non-respect des conditions entraîne un reversement des crédits d'impôt obtenus.
- À la sortie, les plus-values sont exonérées d'impôt, hors prélèvements sociaux.

3. POINTS D'ATTENTION AU DISPOSITIF

3.1. Pour les entreprises bénéficiaires

Pour les entreprises bénéficiaires, il convient de se reporter à la fiche n° 14, concernant les avantages et inconvénients du capital investissement.

S'agissant des clauses de sortie, il convient de relever que l'investisseur en capital-risque prévoit systématiquement les conditions dans lesquelles il pourra sortir du capital. Ces clauses sont précisées dans le pacte d'actionnaire. Dans le cas particulier des FCPI, ces dispositions seront d'autant plus importantes que l'on se heurtera à une contrainte particulière propre à ce type de fonds, qui est le souci de rotation des titres sur des durées relativement courtes (de l'ordre de quatre à cinq ans). Ceci peut générer un conflit d'intérêts, source de désaccords entre la vision à moyen-long terme de l'entrepreneur et celle à plus court terme de l'investisseur en FCPI qui aura une vision plus financière qu'industrielle.

L'article 214-30 du Code monétaire et financier (CoMoFi), dans sa rédaction issue de la loi de finances pour 2011, prévoit que les FCPI peuvent investir leur quota d'investissement dans les entreprises comptant au moins deux salariés et au plus 2 000 salariés (au lieu de 250 salariés selon le critère retenu par la définition de la PME au sens communautaire).

3.2. Pour les souscripteurs

Il est à noter que la disparité de rendement entre les fonds de même génération est significative (étude Ernst & Young 1997-2004), ce qui doit donc conduire l'épargnant à être particulièrement attentif lors de la sélection d'un FCPI.

Selon la doctrine fiscale[1], s'agissant d'un régime placé sous les lignes directrices concernant les aides d'État visant à promouvoir les investissements en capital investissement dans les PME, les FCPI doivent, en application du VI de l'article 885-0 V bis du CGI, investir leur « quota » dans les PME innovantes éligibles (2 salariés à 250 salariés) pour que le porteur de parts puisse bénéficier de la réduction d'ISF.

Par ailleurs, il résulte de l'article du VI nouveau de l'article 199 *terdecies*-0 A du CGI que le bénéfice de la réduction d'IR pour souscription de parts de fonds constitués à compter du 1er janvier 2011 ne peut plus s'appliquer à des parts figurant dans un PEA.

4. POUR ALLER PLUS LOIN

4.1. Sources d'information

4.1.1. Études

- Étude AFIC/OSEO « Activité d'investissement des FCPI dans les entreprises innovantes, Tableau de bord 1997-2009 ».
- Étude AFG/AFIC sur la levée des capitaux des FIP et des FCPI créées en 2009.
- Étude annuelle réalisée par Ernst & Young sur la performance des FCPI de 1997 à 2004.
- Étude Grant Thornton sur l'activité des acteurs français du capital investissement en 2009.

---

1. Instruction du 25 novembre 2011, publiée au BOI 7 S-5-11 du 9 décembre 2011, § 68.

4.1.2. Sources fiscales

- Code général des impôts :
  - article 199 *terdecies*-OA, VI ;
  - article 163 *quinquies* B ;
  - article 150-OA ;
  - article 885 I *ter* ;
  - article 885-O V *bis* III ;
  - article L. 214-30 du Code monétaire et financier ;
  - article L. 214-30-1 créé par l'article 3 de l'ordonnance n° 2011-915 du 1er août 2011 ;
  - article 244 *quater* B II du CGI.
- Instructions fiscales :
  - BOI 4 K-2-07 du 19 avril 2007 sur le régime des fonds d'investissement de proximité ;
  - BOI 4 K-3-07 du 20 avril 2007 relative à la réforme du régime des fonds communs de placement dans l'innovation ;
  - BOI 7 S-7-10 du 24 novembre 2010 commentant en matière d'ISF les dispositions de la loi de finances pour 2010 n° 2010-1657 du 29 décembre 2010 relative aux FCPI ;
  - BOI 7 S-5-11 du 9 décembre 2011 commentant en matière d'ISF les dispositions de la loi de finances pour 2010 n° 2010-1657 du 29 décembre 2010 et de la première loi de finances rectificative pour 2011 n° 2011-900 du 29 juillet 2011 relative aux FCPI.

4.1.3. Publications

- Feuillet rapide Francis Lefebvre n° 56/10.
- Feuillet rapide Francis Lefebvre n° 52/11.

4.2.   Contacts : organismes référents, prescripteurs pour se lancer

- AFIC, Association française des investisseurs en capital : www.afic.asso.fr
- OSEO : www.oseo.fr
- plateforme INVESTnet (OSEO) : http://investnet.capitalpme.oseo.fr/
- AFG, Association française de la gestion financière : www.afg.asso.fr
- Rhône-Alpes Création : www.r-a-c.fr

FICHE N° 16

MARCHÉS FINANCIERS

1. PRÉSENTATION GÉNÉRALE DU DISPOSITIF

1.1. Finalité du dispositif

La Bourse est l'une des sources de financement de l'économie et un lieu de placement de l'épargne. Elle permet aux entreprises privées et publiques, mais aussi aux collectivités locales et à l'État, de se procurer des fonds pour financer leurs investissements (équipements, usines, machines, etc.) en faisant des offres au public par l'émission d'instruments financiers sur le marché.

Le recours aux marchés financiers est un moyen de pouvoir lever des fonds importants sur des projets, où un financement classique par emprunt ne le permettrait pas, et d'accroître le *cash* disponible pour investir dans des projets à long terme.

L'entreprise émettra alors des titres financiers (actions, obligations, et autres droits négociables détachés de ces titres, tels que droits de souscription ou droits d'attribution, etc.).

Nous ne traiterons dans ce dossier que du marché actions, qui semble être le marché le plus pertinent pour le financement de projets majeurs de R&D, nécessitant de forts besoins de financement et sur des rentabilités à long terme (par opposition aux obligations).

1.2. Projets concernés

La raison d'être de l'appel au marché financier est le financement des investissements très importants nécessitant une forte levée de capitaux, avec un retour sur investissement à long terme. L'entreprise doit avoir un potentiel de croissance attractif pour les investisseurs et une taille suffisante en termes de valorisation. Il ne faut donc pas forcément attendre la maturité de l'entreprise pour accéder au marché boursier.

On peut citer ici le cas des sociétés Transgène ou Nicox dont l'objectif est de développer des molécules pour de futurs médicaments en collaboration avec de grands laboratoires pharmaceutiques. Leur *business model* est fondé sur le principe d'investissements en recherche très lourds et générateurs de pertes à court et moyen termes et un retour sur investissement élevé sur un horizon plus lointain lors de la commercialisation des produits.

1.3. Entreprises concernées

Toutes les entreprises sont concernées. On considère néanmoins que les investisseurs potentiels trouveront un intérêt particulier pour les entreprises ayant déjà quelques années d'existence et porteuses de projets suffisamment crédibles et générateurs de profits à terme.

On trouvera donc des grands groupes cherchant à accroître leur trésorerie afin de financer leur développement, mais aussi des PME ou encore des jeunes entreprises innovantes qui cherchent, via le marché financier, des sources de financement permettant d'accompagner leur développement dans une phase où les investissements de démarrage seront très importants et les profits générés lointains.

Comme on le verra plus loin, les investisseurs ne seront pas forcément les mêmes et les marchés seront aussi différenciés.

1.4. Organisme(s) financeur(s)

En règle générale, un certain nombre de fonds d'investissement vont s'intéresser à la mise en vente des actions de la société sur le marché. On peut classer ces fonds de la manière suivante :

- fonds d'investissement qui investissent dans des PME ou des micro-caps ;
- fonds d'investissement spécialisés (BioTech, Pharma…) ;
- des sociétés qui vont y trouver un moyen éventuel de placer leurs liquidités, voire de prendre un certain contrôle sur d'autres sociétés (achat d'actions par paquets, OPA, OPE…) ;
- des investisseurs institutionnels (les « zinzins »), catégorie qui regroupe aussi bien des fonds de pension que des grandes institutions publiques comme la Caisse des dépôts et consignations (CDC), les fonds gérés par des grandes banques de dépôts, des compagnies d'assurance, des grandes entreprises… (ces investisseurs institutionnels se regroupent au sein d'une association : « l'association française des investisseurs institutionnels ») ;
- des particuliers qui peuvent se regrouper dans les clubs d'actionnaires.

Il est à noter que ces fonds ont des comportements très variables en matière d'investissement. Certains vont privilégier des couples rentabilité/risque élevés (cas des fonds d'investissement spécialisés dans les PME et les micro-caps). D'autres, comme les investisseurs institutionnels, vont trouver sur le marché financier un moyen de placer leurs fonds sur du long terme.

2. FONCTIONNEMENT DU DISPOSITIF

2.1. Cadre légal/réglementaire du dispositif

Depuis mai 2005, les marchés d'actions[1] français sont composés d'un marché réglementé (Euronext Paris) et de deux marchés non réglementés (Alternext Paris et le marché libre).

Un marché réglementé est un marché d'instruments financiers (actions, obligations, parts ou actions d'OPCVM, etc.) géré par une entreprise de marché selon des règles de fonctionnement (organisation, déontologie, transparence) contrôlées en France par l'Autorité des marchés financiers (AMF). Cela implique notamment des règles strictes en matière de transparence et de communication.

2.1.1. Euronext Paris

Ce marché unique permet de simplifier et d'améliorer la lisibilité de la cote, grâce notamment à un classement alphabétique des sociétés. Euronext Paris en comptait 870 au 30 novembre 2011[2]. Ces sociétés peuvent être identifiées par une classification en fonction de leur capitalisation[3] :

- les petites capitalisations inférieures à 150 millions d'euros ;
- les moyennes capitalisations, entre 150 millions et 1 milliard d'euros ;
- les grandes capitalisations supérieures à 1 milliard d'euros.

2.1.2. Alternext Paris

Alternext est un système multilatéral de négociation organisé (SMNO). Il s'agit d'un marché à mi-chemin entre un marché réglementé, comme Euronext, et le marché libre, avec des obligations d'information renforcées par rapport à ce dernier. Alternext offre des conditions d'accès simplifiées aux sociétés souhaitant lever des capitaux dans la zone euro. Ces sociétés doivent se conformer à un minimum d'engagements en matière de transparence financière et de garantie apportée aux actionnaires minoritaires. Une garantie de cours est obligatoire en cas de changement de contrôle d'une société afin de permettre aux actionnaires minoritaires de sortir au prix payé par le preneur de contrôle.

---

1. Cette fiche traite uniquement du marché des actions.
2. Source : Euronext Paris.
3. On appelle la capitalisation boursière la valeur d'une société sur le marché boursier à un moment précis. Cette valeur s'obtient en multipliant le nombre d'actions d'une société par son cours de Bourse.

Les abus de marché, comme la manipulation de cours, la diffusion de fausses informations et l'utilisation d'une information privilégiée peuvent être sanctionnés par l'AMF.

2.1.3. Le marché libre

C'est un marché non réglementé, c'est-à-dire qu'il n'est pas soumis au même contrôle que le marché réglementé ou qu'Alternext. Par conséquent, les niveaux de liquidité, de sécurité et d'information offerts aux investisseurs ne sont pas les mêmes. Ainsi, toutes les opérations d'échange, de retrait ou de rachat des titres des actionnaires minoritaires sur ce marché sont réalisées hors intervention et contrôle de l'AMF. Dès qu'elle est cotée sur le marché libre, une entreprise n'a pas d'obligation d'information, sauf pour les sociétés ayant fait appel public à l'épargne.

Bien entendu, selon le projet et le type d'investisseurs recherchés, la société pourra chercher à placer ses titres sur d'autres marchés financiers :

- les Bourses régionales, pour des sociétés implantées localement qui vont chercher un positionnement régional en raison de la proximité et de l'importance de l'implantation locale du projet (Lyon, Nantes, Marseille…) ;
- les Bourses étrangères : en fonction du marché sur lequel la société cherche à se développer, elle pourra rechercher à s'introduire sur des marchés financiers européens (citons les grandes places européennes : Londres, Zurich, Milan, Francfort, Madrid), ou encore les marchés asiatiques ou américains.

Dans le cadre des sociétés très innovantes et intervenant sur des secteurs tels que les biotechnologies, la pharmacie, l'informatique, ou encore l'Internet, le Nasdaq peut s'avérer être le meilleur marché où trouver des investisseurs prêts à parier des fortes sommes sur des projets *high tech*.

Parfois considéré comme une antichambre du New York Stock Exchange pour les entreprises pas encore assez importantes pour être cotées sur ce dernier, le Nasdaq a en réalité conservé en son sein la plupart des compagnies technologiques naissantes qu'il avait accueillies dans les années 1980 et 1990. Il cote aujourd'hui environ 3 200 valeurs, dont beaucoup ont vu leurs cours s'effondrer lorsque leurs paris technologiques ont échoué. Les échanges – en continu – se font sur plusieurs serveurs regroupés dans une pièce unique.

Si les sociétés cotées au Nasdaq sont souvent liées au monde de l'Internet ou de l'informatique, il n'en demeure pas moins que celles-ci peuvent couvrir d'autres secteurs économiques. Il arrive, ainsi, de trouver sur le Nasdaq de grandes entreprises concernant des secteurs d'activité tels que la banque, la distribution, les biotechnologies, l'industrie, les transports, etc.

Le Nasdaq sert de débouché naturel notamment pour les fonds de capital-risque (*cf.* fiche n° 14 « Capital investissement »).

La présence sur ces marchés étrangers nécessite néanmoins de se plier à leurs règles de fonctionnement (respect des SOX[1], etc.), ce qui générera une complexité supplémentaire. Il faudra donc avoir les moyens de ses ambitions...

2.2. Conditions d'admission[2]

2.2.1. Euronext Paris

- 25 % de capital mis à la disposition du public.
- Historique des comptes depuis trois ans (comptes certifiés).
- Aucune obligation en termes de rentabilité ou de distribution de dividendes.

2.2.2. Alternext Paris (deux possibilités d'admission)

- Admission par une offre au public : la société doit placer auprès du public au moins 2,5 millions d'euros. Dans ce cas, il y a un prospectus visé par l'AMF.
- Admission directe dès lors qu'un placement privé a été fait auprès d'investisseurs qualifiés dans les deux ans précédant l'admission, pour un montant minimal de 5 millions d'euros répartis entre au moins cinq investisseurs. Dans ce cas, seul un document d'information, non soumis au visa de l'AMF, est requis.

2.3. Combien peut-on obtenir de financement ?

En général, des grosses sommes allant jusqu'à plusieurs millions d'euros pour les grandes entreprises. Les levées de fonds peuvent ainsi se monter à plusieurs centaines de millions d'euros. Il est recommandé un flottant de départ d'au moins 5 millions d'euros pour les premières introductions en Bourse. Le flottant correspond à la partie des titres placés sur un marché par un émetteur afin d'y être négociés, excluant ainsi la partie détenue par des actionnaires hors du marché.

---

1. Aux États-Unis, la loi de 2002 sur la réforme de la comptabilité des sociétés cotées et la protection des investisseurs est une loi fédérale imposant de nouvelles règles sur la comptabilité et la transparence financière. Le texte est couramment appelé loi Sarbanes-Oxley, du nom de ses promoteurs les sénateurs Paul Sarbanes et Mike Oxley, et est souvent abrégé en SOX.
2. Hors dérogation accordée par Euronext.

2.4. Modalités pratiques d'obtention de financement

La banque ou le syndicat de banques (*pool* bancaire) vont évaluer la capacité de l'entreprise à placer ses actions sur le marché choisi. Elle va agir comme intermédiaire entre l'investisseur et l'entreprise.

Six étapes clés pour accéder au marché sont identifiées :

- évaluation de l'intérêt pour les investisseurs du potentiel de l'entreprise ;
- préparation de l'entreprise à l'introduction du point de vue juridique, financier, comptable. Ceci peut impliquer, parfois, des réorganisations internes et une structuration de l'actionnariat ;
- le cas échéant, montage des dossiers destinés aux autorités de tutelle (AMF…). Ces dossiers doivent apporter toutes les informations nécessaires sur la vie et la situation de l'entreprise : statuts, éléments juridiques, comptables, perspectives, brevets, etc. ;
- organisation du placement : évaluation du prix d'introduction et placement auprès d'investisseurs sélectionnés. Dans ce but, des *road shows* seront organisés sur quelques semaines et seront l'occasion pour l'entreprise de présenter son activité et ses objectifs, son *business plan*, ses produits, etc., afin de maximiser l'intérêt des investisseurs et justifier du prix d'introduction ;
- introduction en Bourse : souvent, l'intermédiaire (la banque chargée du placement) garantit la souscription à un prix donné ;
- le suivi de la vie boursière : les appels au marché pourront se succéder en fonction des besoins en fonds propres liés au développement de l'entreprise et à ses projets. Il existe beaucoup de types de valeurs mobilières que nous ne pourrons lister exhaustivement dans ce cahier : actions ordinaires, obligations convertibles en actions, actions à bon de souscription d'action (ABSA), obligations remboursables en actions (ORA), etc.

2.5. Quels sont les principaux avantages du dispositif ?

Le choix du recours au marché permettra à l'entreprise de lever des fonds très importants, et pouvoir garder les fonds au bilan sur du long terme, alors que dans le cas de l'appel à un capital-risque, par exemple, le montant des fonds serait sans doute plus faible, et l'horizon de disponibilité limité à quatre ou cinq ans.

Ce mode de financement donne une visibilité qui peut être appréciable, accordant une plus grande crédibilité dans les négociations vis-à-vis des partenaires extérieurs, notamment dans le cadre d'accords commerciaux ou industriels.

C'est aussi un moyen puissant de communication : les obligations en matière d'information permanente et périodique (voir ci-après) peuvent être considérées comme un puissant vecteur quant à l'image de la société.

La liquidité des titres est une garantie de pouvoir émettre à nouveau des titres afin d'accroître le financement de l'entreprise. Des titres liquides donnent un meilleur niveau de sécurité pour les investisseurs qui savent qu'ils pourront toujours placer les titres qu'ils détiennent.

Il permettra aussi, en internationalisant le capital, de ne pas dépendre uniquement du marché national, mais aussi d'investisseurs américains ou asiatiques... L'entreprise sera donc perçue comme un acteur international.

La liquidité des titres aura valeur marchande, propre à faciliter les opérations de croissance externe à travers des mécanismes d'OPE, d'OPA, de fusion, etc., dans le but d'acquérir des positions sur des marchés nouveaux, ou encore de nouvelles capacités de R&I.

Enfin, la valorisation de la société sur un marché sera l'occasion de pouvoir effectuer des comparaisons avec des tiers, notamment les concurrents.

3. POINTS D'ATTENTION AU DISPOSITIF

3.1. Obligations à respecter

Les sociétés cotées sont tenues de publier des informations sur leur activité et leur situation financière à différents moments de leur vie : l'information est alors soit permanente, soit périodique, soit occasionnelle (par exemple, au moment d'une opération financière). C'est à ce moment qu'intervient l'AMF, dont l'une des prérogatives est de contrôler l'information publiée par les sociétés.

3.1.1. L'information permanente

Toute société ayant des titres négociés sur un marché réglementé doit faire connaître au public, dans les meilleurs délais, tout fait nouveau la concernant lorsqu'il est de nature à provoquer une variation sensible des cours de Bourse. Cette information prend la forme d'un communiqué qui doit être diffusé par voie électronique de façon effective et intégrale. Les sociétés doivent également la mettre en ligne sur leur site Internet.

3.1.2. L'information périodique

Les sociétés françaises cotées sur un marché réglementé (Euronext Paris) sont soumises à des obligations d'information annuelles, semestrielles et trimestrielles[1].

---

1. Informations devant être publiées par voie électronique, déposées auprès de l'AMF.

Publications annuelles

Dans les quatre mois suivant la clôture de l'exercice, publication d'un rapport financier annuel comprenant :
* les comptes annuels ;
* un rapport de gestion ;
* le rapport des commissaires aux comptes ;
* une déclaration des personnes assumant la responsabilité du rapport.

Publications semestrielles

Dans les deux mois suivant la fin du premier semestre de l'exercice, publication d'un rapport financier semestriel comprenant :
* des comptes condensés ;
* un rapport semestriel d'activité ;
* le rapport des commissaires aux comptes sur l'examen limité des comptes ;
* une déclaration des personnes assumant la responsabilité du rapport.

Publications trimestrielles

Dans les 45 jours suivant la fin des premier et troisième trimestres, publication d'une information trimestrielle comprenant :
* le montant net, par branche d'activité, du chiffre d'affaires du trimestre ;
* une description générale de la situation financière et des résultats ;
* une explication des événements importants.

3.1.3. L'information occasionnelle

Quand elles réalisent des opérations financières, les sociétés sont tenues de diffuser un certain nombre d'informations.

On peut citer trois grands types d'opérations financières donnant lieu à l'établissement d'un document d'information soumis au contrôle de l'AMF :
* les introductions en Bourse ;
* les émissions ou cessions de titres par le biais d'une offre au public (ex. : augmentation de capital) ;
* les offres publiques (OPA, OPE, etc.).

Ces documents d'information sont regroupés dans un document appelé « le prospectus » et contiennent :
* des renseignements relatifs à la société (présentation de la société et de ses organes dirigeants, données sur le capital, sur l'activité de l'entreprise, données économiques, présentation des comptes de la société) ;

- des renseignements relatifs à l'opération elle-même (caractéristiques des titres émis et de l'opération).

En résumé, les documents d'information, en fonction des opérations financières, sont les suivants :

- introduction sur Euronext Paris : prospectus visé par l'AMF (ou document de base + note d'opération) ;
- émission et cession de titres *via* une offre au public : prospectus visé par l'AMF (ou document de référence + note d'opération) ;
- offre publique d'achat (OPA) ou d'échange (OPE), offre publique de retrait (OPR), procédure de garantie de cours consécutive à une cession de bloc de contrôle : note d'information visée par l'AMF ;
- fusion, scission ou apport partiel d'actifs ou de titres : document d'information enregistré par l'AMF.

3.1.4. Quelles obligations d'information sur Alternext ?

Lorsque l'inscription de la société se fait dans le cadre d'une offre au public, la société doit publier un prospectus visé par l'AMF pour informer le marché.

Lorsque l'inscription de la société se fait par un placement privé, la société doit publier un document d'information non visé par l'AMF.

Quel que soit son mode d'inscription sur Alternext, la société doit publier une information périodique et permanente.

3.2.   Pièges à éviter

L'entreprise devra veiller à communiquer régulièrement, dans un souci de transparence, et à fournir une information fiable, crédible et accessible au plus grand nombre. Ainsi, la communication à travers son site web, ou encore *via* la presse financière généraliste ou spécialisée, devra être particulièrement soignée.

Il sera nécessaire de bien maîtriser la communication financière, notamment auprès des analystes financiers, les rendez-vous incontournables consistant en la publication des comptes annuels et semestriels.

- *Sell-side* : information communiquée aux traders.
- *Buy-side* : information plus sectorielle ou spécialisée.
- Analystes indépendants.

Il sera impératif de surveiller le cours de l'action, car ce dernier peut être impacté par des évènements dont l'entreprise pourrait ne pas avoir connaissance ou encore par une rumeur. Ne pas agir en temps opportun pourrait alors causer des dommages graves et forts coûteux à rectifier. Les cours peuvent être par ailleurs volatiles.

Enfin, en termes de coût, il faut prévoir un budget pour :

- l'admission (par exemple un forfait de 10 000 euros pour une capitalisation de 10 millions d'euros sur Alternext) ;
- l'abonnement annuel (par exemple un forfait de 2 800 euros pour un nombre d'actions inférieur à 2,5 millions sur Alternext).

3.3. Bien comprendre les contraintes spécifiques au dispositif

Le recours au marché impose donc beaucoup de contraintes et de règles à respecter :

- une information régulière et contrôlée, qui peut être très lourde et coûteuse à gérer ;
- l'établissement d'un reporting dans le respect des normes comptables imposées par le pays dans lequel on va choisir d'être coté (US-Gaap, IFRS…) ; mais aussi le respect des règles relatives au contrôle interne comme l'impose par exemple la loi Sarbanes-Oxley ;
- des règles de *corporate governance* et de contrôle interne mises en place par l'AMF à respecter strictement ;
- une contradiction peut exister entre les perspectives de l'actionnaire ou de l'investisseur qui seront forcément à court terme, alors que le *business model* de la société nécessite une vision stratégique à plus long terme. Cette contradiction peut être génératrice d'incompréhension. Il faudra donc veiller à beaucoup communiquer et expliquer la stratégie aux actionnaires. Citons le cas de cette société agissant dans le domaine de la biopharmacie : l'annonce du retrait d'un grand laboratoire pharmaceutique dans l'un des projets auquel il était associé a fait plonger le titre. Un effort important de communication a du être fait pour expliquer aux investisseurs en quoi cet aléa ne remettait pas en cause le *business model* et la pérennité de l'entreprise ;
- la volatilité du titre, qui peut résulter dans certains cas de la contradiction décrite plus haut, est génératrice de beaucoup de stress et de pression au sein de l'organisation. En particulier pour les salariés, éventuellement détenteurs de stock-options, qui auront parfois des difficultés à mettre en perspective ces évolutions ;
- enfin, le risque de perte de contrôle de la société, dans le cas d'une offre inamicale de rachat (OPA) n'est pas à sous-estimer, notamment si le capital n'est pas composé d'un « noyau dur » d'actionnaires.

3.4. Nos conseils et recommandations

Il est impératif de :
- bien choisir son ou ses conseils financiers : trouver un banquier qui connaît le secteur, l'histoire de la société, le contexte, les enjeux…
- bien choisir son conseil juridique, car la réglementation et les obligations des sociétés cotées sont très strictes ;
- structurer et organiser la direction financière en conséquence, car le DAF consacrera une grande partie de son temps à la communication financière, même s'il la délègue à une agence de communication financière spécialisée ;
- nommer un responsable des relations avec les investisseurs ;
- ne pas négliger les petits porteurs, qui peuvent « faire » ou « défaire » le cours de Bourse ;
- mettre sur le marché une partie du capital de l'entreprise, ce qui pourra être l'occasion d'une réflexion sur la mise en place d'un mode de rémunération des dirigeants et/ou des salariés (stock-option) plus motivant et plus attrayant pour les futurs recrutements.

4. POUR ALLER PLUS LOIN

4.1. Contacts : organismes référents, prescripteurs pour se lancer

- AMF : www.amf-france.org
- NYSE Euronext Paris : www.euronext.com
- NYSE Alternext Paris : http://www.euronext.com/landing/indexMarket-18812-FR.html
- Fédération française des clubs d'investissement (FFCI) : www.ffci.fr
- Middle Next (Comité des valeurs moyennes européennes) : www.middle-next.com

FICHE N° 17

BANQUE EUROPÉENNE D'INVESTISSEMENT

PRÉSENTATION DU FINANCEUR

La Banque européenne d'investissement est l'institution financière de l'Union européenne. Elle a pour actionnaires les 27 États membres de l'Union, qui ont conjointement souscrit son capital et dont les ministres des Finances constituent son Conseil des gouverneurs.

Ses attributions sont détaillées aux articles 308 et 309 du Traité sur le fonctionnement de l'Union européenne.

Elle a notamment pour mission de « *contribuer, en faisant appel aux marchés des capitaux et à ses ressources propres, au développement équilibré et sans heurt du marché intérieur dans l'intérêt de l'Union. À cette fin, elle facilite, par l'octroi de prêts et de garanties, sans poursuivre de but lucratif, le financement des projets ci-après, dans tous les secteurs de l'économie :*

- *projets envisageant la mise en valeur des régions moins développées ;*
- *projets visant la modernisation ou la conversion d'entreprises ou la création d'activités nouvelles induites par l'établissement ou le fonctionnement du marché intérieur qui, par leur ampleur ou par leur nature, ne peuvent être entièrement couverts par les divers moyens de financement existant dans chacun des États membres ;*
- *projets d'intérêt commun pour plusieurs États membres, qui, par leur ampleur ou par leur nature, ne peuvent être entièrement couverts par les divers moyens de financement existant dans chacun des États membres* ».

En 2010, la BEI a prêté 63 milliards d'euros à l'intérieur de l'Union européenne.

La BEI soutient ainsi la réalisation des grands objectifs européens dans les domaines suivants :

- petites et moyennes entreprises (encourager les petites entreprises à investir) ;
- cohésion et convergence (limiter les déséquilibres économiques et sociaux dans les régions défavorisées) ;
- lutte contre le changement climatique (limiter les effets du réchauffement de la planète et s'y adapter) ;
- protection de l'environnement et communautés durables (investir dans un environnement naturel et urbain plus propre) ;

- promotion d'une énergie durable, compétitive et sûre (produire des ressources énergétiques de substitution et réduire la dépendance à l'égard des importations) ;
- économie de la connaissance (promouvoir une économie qui stimule la connaissance et la créativité au travers d'investissements dans les technologies de l'information et de la communication ainsi que dans le capital humain et social) ;
- réseaux transeuropéens (construire des réseaux transfrontaliers dans les secteurs des transports, de l'énergie et des communications).

Économie de la connaissance (recherche et développement, innovation)

En ce qui concerne l'économie de la connaissance, la BEI dispose de plusieurs outils de financement :

- prêts de premier rang ;
- prêts ou garanties pour des projets dont le profil de risque et les gains potentiels sont relativement élevés, au travers du mécanisme de financement avec partage des risques (*cf.* fiche n° 17.1) ;
- prises de participations et des contre-garanties du FEI, qui stimulent la création et le développement de PME innovantes par l'apport de fonds propres, sous forme de capital-risque ou par un accès facilité au crédit bancaire.

En 2010, la BEI a prêté 17 milliards d'euros pour des projets relatifs à l'économie de la connaissance.

D'autres instruments financiers sectoriels existent, notamment dans les domaines du transport et de l'énergie.

Transport

La BEI finance, au travers des dispositifs suivants, les réseaux transeuropéens (réseaux d'infrastructures de transport, d'énergie et de télécommunication) et les actions portant sur l'efficacité énergétique et la réduction des émissions dans le secteur européen des transports :

- prêts ordinaires ;
- expertise sur les partenariats public-privé (PPP) ;
- mécanisme de financement structuré, visant à faire correspondre les types de financement aux besoins des projets d'infrastructure à grande échelle ;

- instrument de garantie de prêts pour les projets de RTE de transport (LGTT), outil spécialement conçu pour permettre une plus grande participation du secteur privé aux projets de RTE exposés à un risque d'insuffisance du trafic ;
- fonds d'infrastructure Marguerite, fonds expressément conçu pour prendre des participations directes dans des projets de RTE ;
- mécanisme européen pour des transports propres (*cf.* fiche n° 17.2).

Énergie

La BEI soutient un certain nombre d'actions, essentiellement sous forme de prêts, dans les domaines suivants :
- durabilité (réduction de la dépendance vis-à-vis des ressources fossiles et des émissions de CO_2) ;
- compétitivité de l'approvisionnement énergétique et recours précurseur à des technologies à faible intensité de carbone et à des solutions d'un haut rendement énergétique ;
- sûreté de l'approvisionnement (diversification des sources d'énergie).

Les activités de capital-risque sont déployées par le fonds européen d'investissement (Groupe BEI), qui n'agit qu'au travers d'intermédiaires financiers.

FICHE N° 17.1

PRÊTS SUBVENTIONNÉS MFPR DE LA BANQUE EUROPÉENNE D'INVESTISSEMENT (BEI)

1. PRÉSENTATION GÉNÉRALE DU DISPOSITIF

1.1. Raison d'être et finalité du dispositif et budget annuel alloué aux financements

La Banque européenne d'investissement et la Commission européenne se sont associées pour créer ce mécanisme de financement avec partage des risques (MFPR, en anglais *Risk Sharing Finance Facility – RSFF*) destiné à améliorer l'accès au financement par l'emprunt pour les entreprises du secteur privé ou même les institutions publiques, qui développent des projets et des activités à forte intensité de R&D.

Reposant sur le principe du partage des risques de crédit entre la Communauté européenne et la BEI, le MFPR renforce la capacité de la Banque d'accorder des prêts ou des garanties en faveur de projets dont le profil de risque financier et les gains potentiels sont plus élevés. Doté d'un volant de capitaux de 2 milliards d'euros provenant à parts égales de la BEI et du 7e programme-cadre de recherche de la Commission (2007-2013), le MFPR permet à la BEI de prêter plus de 10 milliards d'euros pour financer des investissements de R&I. À la mi-2010, 6 milliards d'euros étaient déjà engagés.

1.2. Projets de recherche et développement ou d'innovation concernés

Le MFPR permet de financer des investissements en faveur de la R&I dans une grande variété de types d'activités, comprenant la recherche de base et la recherche fondamentale, la recherche appliquée et la recherche industrielle, le développement expérimental et le développement avant commercialisation, la phase de définition et les études de faisabilité, les activités pilotes ou de démonstration et l'innovation.

Les projets concernés s'inscrivent généralement dans les grandes initiatives européennes de recherche, notamment les infrastructures de recherche, les plateformes technologiques européennes, les initiatives technologiques conjointes et les projets réalisés dans le cadre du programme EURÊKA.

Le MFPR permet aussi de financer des infrastructures de recherche, nationales ou européennes, situées dans des universités, des parcs scientifiques ou dans d'autres établissements de recherche.

Le champ des activités admissibles est vaste et couvre des investissements matériels classiques et des équipements aussi bien que les investissements immatériels, tels que le coût d'exploitation de la R&D, les salaires des chercheurs, le personnel de gestion et d'appui, les services collectifs, les fournitures, les frais d'acquisition et de protection de droits de propriété intellectuelle.

Les secteurs plus particulièrement investis sont les suivants :

- l'énergie ;
- les sciences du vivant (biologie, médical, pharmacie, environnement) ;
- les technologies de l'information et de la communication ;
- le secteur industriel « classique ».

Notons à ce stade que les projets de R&D militaires ainsi que les projets de R&D « mixtes », c'est-à-dire militaires avec des répercussions dans le domaine civil (et inversement) ne seront pas financés.

1.3. Entreprises concernées

Les financements au titre du MFPR sont accessibles aux organismes et entreprises à forte intensité de recherche, quelle que soit leur taille : grandes entreprises, ETI, PME, partenariats public-privé, instituts de recherche, universités, technopoles ou parcs scientifiques, partenaires dans le cadre des plateformes technologiques européennes et du programme EURÊKA...

Dans un premier temps, le MFPR devrait servir principalement aux grandes et moyennes entreprises innovantes et aux entreprises ayant des activités de recherche à grande échelle, comme les infrastructures européennes ou nationales de recherche.

2. DESCRIPTION DU DISPOSITIF

2.1. Comment fonctionne le dispositif ?

La BEI met en œuvre le MFPR en étroite collaboration avec toutes les principales banques nationales et régionales de l'UE qui apportent un appui au développement de sociétés européennes. Cela renforce la capacité des banques et des autres intermédiaires financiers à financer les activités de recherche et développement et d'innovation.

Le MFPR consiste essentiellement en concours financiers assimilables à des dettes, à savoir des prêts et des garanties incluant des solutions de financement innovantes, tels que les financements mezzanine et autres produits structurés qui répondent à des besoins de financement spécifiques.

La vérification préalable à laquelle procède la BEI comprend une évaluation de l'éligibilité du projet, de sa viabilité technique et économique, ainsi que de la situation et des perspectives financières du promoteur du projet.

La BEI procédera ensuite à un véritable audit de la société et de sa R&I : analyse de la composante technologique du ou des projets, mais aussi analyse des modes de financement. Cet audit comprendra une analyse de risque très poussée au niveau de la stratégie de l'entreprise ainsi qu'au niveau de chaque projet de R&I. Les perspectives de retour sur investissement seront un élément déterminant pris en compte.

Selon le degré d'exhaustivité du dossier fourni et la nature du financement sollicité, le délai à prévoir entre le premier contact avec la BEI et la signature d'un possible contrat de financement pourra s'échelonner, en moyenne, entre quatre et six mois.

Un dispositif spécifique a été conçu pour les PME, s'appuyant sur le mécanisme MFPR : l'instrument de partage des risques (IPR), géré par le fonds européen d'investissement (FEI), filiale de la BEI. Le FEI a pour vocation de mettre à disposition des PME des capitaux à risque sous la forme de prises de participation et de garanties de prêts. Un montant supplémentaire de 1,2 milliard d'euros dédié aux PME sera débloqué d'ici à fin 2013.

2.2. Combien peut-on obtenir de financement ?

Les prêts accordés par la BEI peuvent aller jusqu'à 300 millions d'euros. De tels montants sont évidemment accordés à des grandes entreprises.

Indépendamment de la taille du projet, la part du concours de la BEI est limitée à 50 % du coût total admissible du projet, c'est-à-dire des investissements en R&I ou en infrastructures de recherche entrant dans les catégories précédemment citées.

Le champ des activités admissibles est vaste et va des investissements matériels classiques et des équipements aux investissements immatériels tels que le coût d'exploitation de la recherche et développement, les salaires des chercheurs, le personnel de gestion et d'appui, les services collectifs, les fournitures de bureau, les frais d'acquisition et de protection de droits de propriété intellectuelle et, dans certaines conditions, le crédit-bail et l'amortissement.

Les dépenses prises en compte sont définies sur la base d'un prévisionnel, en général établi sur trois années.

En ce qui concerne l'IPR, celui-ci encourage les banques (intermédiaires financiers) à accorder des prêts et des crédits-bails pour des montants compris entre 25 000 et 7,5 millions d'euros, à condition de conduire des activités de recherche, de développement ou d'innovation.

2.3. Modalités pratiques d'obtention de financement

Pour solliciter un appui au titre du MFPR, il faut contacter la BEI directement, via l'un des liens fournis vers son site web. La demande de financement au titre du MFPR auprès de la BEI n'est liée à aucun formulaire ou délai particulier. Pour les financements d'un montant égal ou supérieur à 7,5 millions d'euros, il faut contacter directement la BEI, via son siège au Luxembourg ou son bureau de Paris. Pour le financement de projets ou d'entreprises de R&I de petite et moyenne dimension, les lignes seront consenties directement aux banques et autres intermédiaires intéressés. La BEI collabore avec un grand nombre d'intermédiaires financiers auxquels elle accorde des lignes de crédit et à travers lesquels sont mis à disposition des financements de taille plus limitée en dehors du cadre du MFPR. Dans ce cas, il est recommandé de s'adresser directement à la banque de l'entreprise.

Le promoteur du projet devra fournir suffisamment d'éléments pour permettre aux services de la BEI d'évaluer la conformité du projet avec ses objectifs en matière de prêt, ainsi que la cohérence du plan d'activité et sa capacité à rembourser, c'est-à-dire sa capacité à générer suffisamment de *cash-flow* une fois le produit (ou le service) mis sur le marché.

La vérification préalable à laquelle procède la BEI comprend une évaluation de l'admissibilité du projet, de sa viabilité technique et économique, ainsi que de la situation et des perspectives financières du promoteur. Selon le degré d'exhaustivité des informations et du dossier fournis et la nature du financement sollicité, le délai à prévoir entre le premier contact avec la BEI et la signature d'un contrat de financement varie habituellement entre trois à six mois.

En ce qui concerne l'IPR, un appel à manifestations d'intérêt sera lancé en 2012 pour établir la liste des intermédiaires financiers.

2.4. Modes de financement

2.4.1. Financement par emprunt (prêts de premier rang subordonnés)

- Durée en général sur dix ans.
- Montant minimum 7,5 millions d'euros (en dessous, les prêts sont traités par les banques partenaires de la BEI).

- Formules souples : profils de remboursement variés, taux d'intérêts fixes, variables, révisables, différé d'amortissement possible...

2.4.2. Financement sur projet

Ce type de financement est destiné à des lourds projets de R&I (en tout état de cause, le financement sera supérieur à 7,5 millions d'euros), mis en œuvre par des sociétés de projet indépendantes juridiquement et créées spécifiquement dans le cadre du projet. Souvent, le financement sur projet prendra la forme d'un prêt de premier rang de longue durée. Ce mode de financement sera adapté aux projets internationaux reposant sur la collaboration entre plusieurs partenaires publics et privés, menés dans le cadre des programmes de la Commission européenne (PCRD par exemple).

2.4.3. Financement « mezzanine »

Sous forme de prêts de subordonnés mais pouvant être assimilés à des quasi-fonds propres, ce mode de financement est destiné à des sociétés à forte composante de R&I, cherchant à optimiser leurs fonds propres sans diluer les actionnaires en place. Le montant minimum est aussi de 7,5 millions d'euros.

2.4.4. Instrument de partage des risques

- Durée des prêts échelonnée entre deux et sept années.
- Financement des risques couvrant des investissements en actifs et/ou en capital d'exploitation.
- Mécanisme de garantie auprès d'intermédiaires financiers.

2.5. Quels sont les principaux avantages du dispositif ?

Puisque le principe de fonctionnement du dispositif repose sur le partage des risques de crédit entre la Communauté européenne et la BEI, il permet avant tout à la banque d'accorder des prêts ou des garanties en faveur de sociétés porteuses de projets à profil plus risqué, mais à espérance de gains plus élevés. Parce que les opérations du MFPR peuvent donc être conclues en faveur d'emprunteurs dont la note de crédit est faible ou inférieure à « valeur d'investissement » (note BB ou B des grandes agences de notation), ce dispositif permet donc, avant tout, de financer potentiellement de nombreuses PME sur des projets de recherche à un stade où l'obtention de financement classique bancaire aurait été beaucoup plus difficile ou coûteuse.

Le dispositif offre aussi un « label » BEI assurant une crédibilité à l'entreprise vis-à-vis des banques classiques, mais aussi vis-à-vis de ses fournisseurs et clients.

La BEI peut aussi accorder des garanties aux banques commerciales ou autres institutions financières qui prêtent aux porteurs de projet, facilitant de fait l'accès au crédit.

Le processus d'obtention du prêt consiste en un audit complet de la R&D comportant une analyse de risque détaillée. Cette démarche est finalement assez proche de celle d'un financement bancaire classique. En cela, elle sera moins lourde et beaucoup moins longue que celle liée par exemple à une démarche du type 7e PCRD.

3. POINTS D'ATTENTION AU DISPOSITIF

3.1. Obligations à respecter

Les projets admissibles à un financement au titre du MFPR peuvent être situés dans les États membres de l'UE et dans les pays associés suivants : Islande, Liechtenstein, Norvège, Suisse, Israël, Turquie, Croatie et Serbie. Les projets portant sur des infrastructures de recherche peuvent être financés dans tout pays, à condition que leur structure de propriété ou d'exploitation fasse intervenir des entités juridiques établies dans au moins trois États membres ou pays associés, ou que les services qu'ils proposent soient utilisés ou demandés par des communautés de chercheurs dans au moins trois États membres ou pays associés.

4. POUR ALLER PLUS LOIN

4.1. Sources d'information

Site Internet de la BEI : http://www.bei.org/products/loans/special/rsff/index.htm
Site Internet du FEI : http://www.eif.org/what_we_do/guarantees/RSI/index.htm

4.2. Contacts : organismes référents, prescripteurs pour se lancer

Banques et intermédiaires financiers pour l'octroi de lignes de crédit (MFPR) : http://www.eib.org/attachments/lending/inter_fr.pdf

FICHE N°17.2

MÉCANISME EUROPÉEN POUR DES TRANSPORTS PROPRES (ECTF)

1. PRÉSENTATION GÉNÉRALE DU DISPOSITIF

1.1. Raison d'être et finalité du dispositif et budget annuel alloué aux financements

Le mécanisme européen pour des transports propres (*European Clean Transport Facility* – ECTF) est un programme de financement mis en place par la BEI pour soutenir des investissements en R&I portant sur l'efficacité énergétique et la réduction des émissions dans le secteur des transports.

L'ECTF est doté d'une enveloppe annuelle de 4 milliards d'euros et s'intéresse aux industries de l'automobile (constructeurs et équipementiers), du rail, de l'aéronautique et de la construction navale.

Il a pour vocation de renforcer la capacité d'investissement des entreprises recourant à l'emprunt pour réaliser des projets admissibles.

1.2. Projets de recherche et développement ou d'innovation concernés

Les projets admissibles portent sur :
- des investissements en R&I visant la réduction des émissions polluantes ;
- des projets d'innovation, de réalisation de prototypes et le rééquipement, la modernisation d'installations de production existantes, ou la construction de nouvelles installations n'entraînant pas d'augmentation de la capacité nette et respectant les objectifs 2012 et 2020 de l'UE en matière d'émissions de CO_2 pour les véhicules de tourisme ou les objectifs d'émissions et de rendement énergétique spécifiques aux autres secteurs du transport.

1.3. Entreprises concernées

Les entreprises concernées sont les entreprises, quelles que soient leur taille et leur structure capitalistique, dont la qualité de crédit les situe dans les catégories « valeur d'investissement » ou « spéculative » et qui sont engagées dans un programme d'investissement admissible relevant du secteur européen des transports.

2. DESCRIPTION DU DISPOSITIF

2.1. Comment fonctionne le dispositif ?

La BEI met en œuvre ce dispositif soit directement, soit en étroite collaboration avec toutes les principales banques nationales et régionales de l'UE qui apportent un appui au développement de sociétés européennes. Cela renforce la capacité des banques et des autres intermédiaires financiers à financer les activités de R&I.

La vérification préalable à laquelle procède la BEI comprend une évaluation de l'éligibilité du projet, de sa viabilité technique et économique, ainsi que de la situation et des perspectives financières du promoteur du projet.

La BEI procédera ensuite à un véritable audit de la société et de sa R&I : analyse de la composante technologique du ou des projets, mais aussi analyse des modes de financement. Cet audit comprendra une analyse de risque très poussée au niveau de la stratégie de l'entreprise ainsi qu'au niveau de chaque projet de R&I. Les perspectives de retour sur investissement seront un élément déterminant pris en compte.

Selon le degré d'exhaustivité du dossier fourni et la nature du financement sollicité, le délai à prévoir entre le premier contact avec la BEI et la signature d'un possible contrat de financement pourra s'échelonner, en règle générale, sur quatre à six mois.

2.2. Combien peut-on obtenir de financement ?

Les prêts accordés par la BEI peuvent aller jusqu'à 300 millions d'euros. De tels montants sont évidemment accordés à des grandes entreprises.

Indépendamment de la taille du projet, la part du concours de la BEI est limitée à 50 % du coût total admissible du projet, c'est-à-dire des investissements en R&I.

Le champ des activités admissibles est vaste et va des investissements matériels classiques et des équipements aux investissements immatériels tels que le coût d'exploitation de la recherche et développement, les salaires des chercheurs, le personnel de gestion et d'appui, les services collectifs, les fournitures de bureau, les frais d'acquisition et de protection de droits de propriété intellectuelle et, dans certaines conditions, le crédit-bail et l'amortissement.

2.3. Modalités pratiques d'obtention de financement

Pour solliciter un financement, il faut contacter la BEI directement.

2.4. Modes de financement

De façon générale, la BEI a recours à différentes structures en cofinancement ou en intermédiation avec les banques attitrées des entreprises concernées. Il s'agit principalement :
- de prêts directs ;
- de cofinancements ;
- de financements intermédiés ;
- de garanties de prêts syndiqués.

2.5. Quels sont les principaux avantages du dispositif ?

Les modalités proposées par la BEI sont intéressantes, notamment grâce à la notation AAA dont la BEI bénéficie et à sa vocation d'institution à but non lucratif. En pratique, le taux d'intérêt fixé par la BEI comprend une prime de risque calculée en fonction du profil de risque de l'opération.

3. POUR ALLER PLUS LOIN

3.1. Sources d'information

Site Internet de la BEI : http://www.eib.org/products/loans/special/ectf/index.htm

3.2. Contacts : organismes référents, prescripteurs pour se lancer

Site Internet de la BEI : http://www.eib.org/products/index.htm

FICHE N° 18

CONCESSIONS DE LICENCES ET CESSIONS DE BREVETS

1. PRÉSENTATION GÉNÉRALE DU DISPOSITIF

1.1. Finalité du dispositif

Longtemps gérés comme un simple outil de protection, les droits de propriété intellectuelle (DPI) sont désormais utilisés, non plus seulement de manière défensive, mais aussi, et de plus en plus, comme un outil de valorisation au sens large. En effet, ils sont à présent considérés comme une source de revenus à part entière et un moyen d'afficher la valeur des actifs immatériels d'une société[1]. Les DPI sont également un levier crucial pour parvenir à financer de nouvelles activités de R&D[2], surtout dans le cas des jeunes entreprises innovantes.

Le rôle du brevet est devenu plus offensif, d'autres outils tels que les marques ont pris un essor considérable et les entreprises ressentent de plus en plus le besoin de mettre en avant leurs actifs intellectuels dans leur communication financière.

La connaissance et le savoir-faire recèlent un réel pouvoir économique : la valeur des entreprises traditionnelles cotées en Bourse repose en moyenne à 15-20 % sur le capital savoir et à plus de 60 % dans certains secteurs d'activités tels que les biotechnologies ou l'industrie pharmaceutique.

Le modèle de l'*Open Innovation*[3] (OI) à proprement parler, qui consiste à « *intégrer des idées externes et/ou à valoriser des idées internes à l'extérieur* », pousse encore plus loin la logique d'utilisation des DPI. Le management des DPI doit alors se trouver au cœur de la stratégie générale de l'entreprise. La propriété intellectuelle (PI) ne doit plus être considérée uniquement comme

---

1. Au sein de l'Union européenne, depuis le 1er janvier 2005, les sociétés cotées doivent, en application des normes comptables IFRS-IAS, comptabiliser les droits de propriété intellectuelle, en transposition de la directive européenne applicable aux actifs incorporels.
2. *Cf. Economist Intelligence Unit* (2007), principalement d'après une série d'entretiens approfondis et une enquête réalisée auprès de 405 cadres supérieurs d'entreprises situées dans 39 pays européens.
3. CHESBROUGH H. (2006), « Innovation : a new paradigm for understanding industrial innovation », in *Open Innovation/ Resarching a new Paradigm*, Oxford University Press ; H. AYERBE C. et CHANAL V. (2010), « Quel management des droits de propriété intellectuelle dans les *business models* ouverts ? » Colloque *Open Innovation*, Caen, mars 2010.

un outil de défense, ou au mieux comme un moyen de générer des revenus par des politiques d'octroi de licences. Elle devient aussi un moyen d'accéder à des technologies développées permettant de réduire les coûts et/ou délais de développement et vient alimenter la propre R&D de l'entreprise.

De fait, l'entreprise doit se penser non seulement vendeuse (*out-licensing*), mais aussi acheteuse (*in-licensing*) de DPI. Comme le précisait Benoît Battistelli, directeur général de l'INPI en 2008 : « *Un brevet n'est plus seulement une protection liée à un produit ou une technologie, c'est devenu aussi un produit qui s'achète et se vend, même aux enchères.* »

Cette évolution s'accompagne de l'apparition de nouveaux métiers ou instruments financiers axés sur la PI.

1.2. Projets de recherche et développement concernés

Tout type de projet, à condition de générer ou de nécessiter de la PI, que ce soit des brevets, des certificats d'obtention végétale (COV), mais également du savoir-faire[1].

1.3. Entreprises concernées

Tous les DPI peuvent faire l'objet de licences ou de cession, donc tout type d'entreprise ayant des activités innovantes et générant des DPI ou en exploitant, est concerné[2].

Quel que soit le secteur et au-delà des seuls grands groupes, ces phénomènes sont aussi le fait d'un nombre croissant de PME. Avec l'essor de ces marchés ou de ces filières, de nouveaux acteurs ou instruments montent ainsi en puissance, dans une optique d'intermédiation technologique et d'amélioration des performances financières.

---

1. Le savoir-faire est composé de l'ensemble de connaissances, détenues par une personne ou une entreprise, non brevetées et non accessibles à des tiers. Il n'est pas susceptible de dépôt et ne fait pas naître de droit de propriété intellectuelle mais il peut se négocier et faire l'objet de contrats de cession ou de concession, qu'il vienne ou non en complément d'une invention brevetée.
2. R. LALLEMENT (Centre d'analyse stratégique) Groupe de travail « Développement des marchés de la connaissance » organisé par le CAE et l'OCDE. Séance du 27 novembre 2009 au Centre d'analyse stratégique.

2. FONCTIONNEMENT DU DISPOSITIF

Pour des questions de simplification de cette fiche, nous traiterons le « dispositif » uniquement du point de vue du titulaire de DPI souhaitant les licencier ou les céder.

2.1. Cadre légal et fonctionnement du dispositif

L'exploitation des DPI par des tiers peut suivre des modalités variables en fonction du degré de transfert des droits et des *business models* envisagés, donnant lieu à la rédaction de contrats appropriés.

2.1.1. Les concessions de licences (ou octrois)

Par celles-ci le titulaire du brevet autorise un tiers, le licencié, à exploiter le brevet ou son savoir-faire en tout ou partie, pendant une durée limitée et sur un territoire donné, en contrepartie d'une rémunération appelée « redevances » ou *royalties*. Ce contrat de concession est assimilable à la location, ce qui permet de se référer aux articles 1709 et suivants du Code civil (et L. 613-8 s. du Code de la propriété intellectuelle [CPI]) ; en cas de licence à titre gratuit, on se référera aux règles du commodat, art. 1874 et suivants du Code civil. On peut immédiatement relever que ce contrat sera marqué d'un fort *intuitu personae*, interdisant donc en principe les sous-licences.

La licence d'un brevet ou d'une demande de brevet peut être notamment :
- exclusive ou non exclusive, l'exclusivité supposant que la licence n'est accordée qu'à une seule personne sur un territoire donné et pour des applications déterminées ;
- et/ou limitée dans l'espace comme dans le cas d'une cession ;
- et/ou limitée à certains actes d'exploitation de l'invention objet du brevet, tels que la fabrication ou la commercialisation.

2.1.2. La cession de brevet ou de savoir-faire

Par celle-ci le titulaire du brevet vend à une entreprise (éventuellement sur un territoire donné) la propriété de sa technique, ainsi que les connaissances (techniques, commerciales et managériales) et l'expérience de fabrication qui lui permettront de fabriquer elle-même le produit, dans les mêmes conditions. Le cédant s'engage également à communiquer au cessionnaire les perfectionnements qu'il apportera à l'invention, objet du brevet. Le contrat de cession (ou contrat de vente) devra être fait par écrit et publié au registre national des brevets. Le cédant s'engage également à communiquer au cessionnaire tous les documents qui lui permettront de le maintenir en vigueur. Ce contrat respecte la législation relative aux brevets et notamment l'article L. 613-8 du CPI, ainsi que les dispositions générales relatives aux ventes des articles 1582 à 1585 du Code civil.

2.1.3. Les licences croisées

Par ce mécanisme, le titulaire d'un premier brevet accorde une licence de son brevet au titulaire d'un second brevet, le titulaire du second brevet accordant lui aussi une licence de son propre brevet au titulaire du premier brevet. Ce mécanisme se rencontre fréquemment dans le cadre de brevets dépendants ou dans le cas d'un produit ou d'un procédé pouvant être couvert par plusieurs brevets. Les deux titulaires obtiennent ainsi chacun le droit d'exploiter l'invention couverte par les deux brevets. Des licences croisées entre plus de deux titulaires pour l'exploitation d'un produit ou d'un procédé peuvent également se rencontrer.

2.1.4. Les *patents pools*

Ce mécanisme permet à plusieurs entreprises travaillant dans des domaines technologiques connexes de grouper leurs brevets afin de créer un système d'échange des droits de brevet. Un exemple célèbre est la communauté de brevets créée par Sony, Philips et Pioneer, s'agissant d'inventions essentielles pour respecter certaines spécifications types en matière de DVD vidéo et de DVD-ROM.

2.1.5. Les *joint-ventures*

Elles peuvent consister en l'exploitation commune d'une technologie, d'un produit ou d'une marque et impliquent souvent des accords de coopération technique.

2.2. Modalités pratiques d'obtention des retours financiers

Souvent, les parties conviennent que la contrepartie de la cession ou la licence sera sous forme :
* de redevances (*royalties*) : un pourcentage donné des recettes découlant de l'utilisation de l'invention par licencié ;
* et/ou de droit d'entrée ou d'un paiement forfaitaire initial lors de la signature du contrat (*up-front payment* ou *lump sum*) et du transfert du corps principal de la technologie, ou à l'occasion d'étapes importantes de développement (*milestone*[1] *payment*).

---

1. Les *milestones* sont, par exemple, utilisées dans le secteur pharmaceutique car les temps de développement sont très longs et les retours financiers se font attendre…

La négociation des *royalties* et des *milestones* est un exercice difficile qui doit refléter le potentiel commercial de la technologie, mais également le degré d'avancement du projet, les risques et les coûts liés à son développement et les contributions financières ayant prévalu à la genèse de l'idée.

En cas de licence exclusive ou de cession, le concédant demande au licencié le remboursement des frais de protection (brevet) encourus et la prise en charge des frais à venir.

Afin d'inciter le licencié à vraiment mettre en exploitation ce qui fait l'objet de la concession ou de la licence, le concédant peut imposer au licencié le paiement de redevances minimales. Dans le cas où le licencié n'atteindrait pas ces redevances minimales, le concédant aurait alors le choix, soit de considérer le contrat comme annulé, soit de réclamer les redevances dues en vertu de ces minima, soit encore de supprimer, le cas échéant, l'exclusivité accordée au licencié.

À noter que dans le cadre de licences accordées à des *start-up*, il se peut que le concédant souhaite devenir acteur de la *start-up* en prenant des participations (options, actions) à la place d'un paiement initial pour éviter de grever les liquidités de la jeune société.

Les revenus réalisés à partir de la cession de brevets ou de la concession de licences de titres de propriété industrielle (brevets, marques, modèles) sont soumis à l'impôt direct. Le taux réduit des plus-values à long terme est parfois applicable. Le prix de la cession et la redevance de la licence sont soumis à la TVA. Les cessions de brevets et les concessions de licences doivent faire l'objet d'un enregistrement fiscal soumis à un droit fixe ou proportionnel.

En France, dans la lignée du Grand Emprunt qui doit favoriser la relance de l'innovation française, les conclusions des états généraux de l'industrie constituent une première étape vers l'intégration de la propriété industrielle dans la nouvelle politique en faveur de l'industrie, par l'intermédiaire d'une fiscalité incitative à l'exploitation des brevets en France et la création d'un fonds d'investissement France Brevets.

2.3.   Quels sont les principaux avantages du dispositif ?

Les avantages liés à la concession de licences sont de plusieurs ordres (du point de vue du concédant de licences).

- **Rentabiliser rapidement un effort de recherche**

  Par exemple, la vente d'une technique de fabrication permet de rentabiliser et de valoriser les efforts de R&D investis par l'entreprise. La concession de licences sur les DPI qu'une entreprise détient, mais dont elle n'a pas besoin dans le cadre de ses activités, peut être une excellente source de revenus complémentaires qui permet d'accroître directement la valeur nette de l'entreprise. Il s'agit d'une des principales raisons de faire régulièrement vérifier le portefeuille d'actifs de PI d'une entreprise. Une entreprise peut avoir les moyens d'exploiter sa PI au travers d'un seul produit mais la PI peut être applicable à d'autres domaines d'utilisation, produits ou services connexes ou non. La licence est un moyen pour le donneur de licence d'obtenir des droits sur les améliorations, le savoir-faire et les produits connexes créés par le preneur de licence pendant la durée du contrat ; cependant, le donneur de licence ne peut pas toujours exiger un tel droit.

- **Accéder aux marchés fermés ou difficiles d'accès**

   Certains pays, notamment les pays en voie de développement, sont fréquemment inaccessibles aux entreprises étrangères s'il n'y a pas de transfert de technologie permettant la fabrication sur place. En effet, ces pays manquent souvent de devises étrangères pour importer des produits finis et veulent favoriser le développement de leurs industries locales. Lorsque, dans ces conditions, ils interdisent par ailleurs les investissements étrangers, le transfert de technologie devient le seul moyen d'accéder à ces marchés. La licence est aussi un instrument utile pour atteindre un marché pour lequel les moyens de production et de commercialisation du donneur de licence sont insuffisants. Il est parfois préférable de trouver un partenaire local plutôt que de créer une nouvelle entité dans un pays étranger pour accélérer l'entrée sur un nouveau marché avant les concurrents.

- **Limiter les investissements et les risques commerciaux**

   Généralement, c'est l'entreprise locale qui est responsable de la commercialisation. Il faut cependant prendre en compte les coûts non négligeables induits par la traduction dans la langue locale de la documentation technique et des manuels, ainsi que la disponibilité en temps pour enseigner le savoir-faire et développer des outils pédagogiques.

- **Transformer l'auteur d'une atteinte ou un concurrent en allié** ou en partenaire, en évitant ou en réglant un litige de PI à l'issue parfois incertaine, ou qui peut être long et coûteux.

3. POINTS D'ATTENTION AU DISPOSITIF

3.1. Pièges à éviter

- **Risque financier et fiscal**

   Le donneur de licence compte sur les compétences, les moyens et les ressources du preneur de licence comme source de revenus. Ce lien de dépendance est encore plus fort dans une licence exclusive, car un preneur de licence inefficace peut entraîner l'absence de recettes provenant des redevances pour le donneur de licence. Il est possible de se prémunir contre ce type de situation par des dispositions contractuelles prévoyant des redevances minimales et d'autres conditions, mais il s'agit toujours d'une question préoccupante. Il existe un risque de non-paiement des redevances. Il faut donc essayer de maximiser le montant initial payé comptant en début de contrat et prévoir des clauses contractuelles rendant possible le contrôle des paiements. L'entreprise s'expose également au risque que la fiscalité locale prélève une « retenue à la source » qui ne peut pas toujours être récupérée intégralement, malgré les conventions contre la double imposition.

- **Risque de dépossession des DPI et de contrefaçon**

  En cédant sa technologie et son savoir-faire, l'entreprise risque de former des concurrents potentiels. Il se pourrait également qu'une fois l'acquéreur formé, celui-ci refuse de payer les redevances prévues. Il est possible de se protéger en partie en fixant très précisément le territoire des ventes et en prévoyant de pouvoir profiter des améliorations éventuelles apportées par l'acheteur. De plus, les renseignements transmis lors de la phase précontractuelle doivent être assez importants pour que le futur acquéreur reste motivé à l'achat, mais insuffisants pour que celui-ci maîtrise la technologie.

- **Risque lié à la garantie d'efficacité**

  L'acheteur exige dans la plupart des cas une garantie de productivité ou d'efficacité liée au transfert de technologie. Or, le cédant ne maîtrise souvent ni les conditions d'exploitation, ni la compétence du personnel, ni l'organisation interne de l'entreprise étrangère. Il faut donc idéalement assortir cet engagement de réserves ou d'obligations pour l'acheteur, concernant, par exemple, la formation du personnel, son niveau de qualification, les fournitures et les équipements nécessaires, l'assistance technique requise...

- **Risque lié à l'exclusivité territoriale**

  Ce genre de contrat étant généralement assorti d'une exclusivité territoriale pour l'acheteur, le concédant est complètement dépendant de celui-ci. Il s'expose donc à ne pas percevoir les redevances prévues si le licencié ne tient pas ses engagements de production, s'il arrête son activité ou tombe en faillite. Le contrat doit prévoir une clause de résolution anticipée dans de telles circonstances.

3.2. Nos conseils et recommandations

Les étapes indispensables à toute action de *licensing*, qu'il soit *in* ou *out* :
- **analyser** de façon exhaustive **son portefeuille de DPI** pour permettre une cartographie structurée où chaque DPI a été évalué (forces et faiblesses, éventuelles limitations en matière de liberté d'exploitation, segmentation, avantages concurrentiels pour chacune des applications, estimation de la taille des marchés accessibles, principaux acteurs du domaine) ;
- établir le tableau de bord de son portefeuille brevet **pour recenser ses brevets utilisés et ceux que l'on peut céder.** De plus en plus d'intermédiaires développent des services de gestion de la PI (*cf.* 5 ci-après). De même, des outils logiciels ont été développés et permettent un suivi des contrats et licences ;
- **définir la nature des droits qui seront concédés :** licence ou cession, exclusif ou non exclusif, droit de sous-licencier ou non, mondial ou limité à une zone géographique, sur tout domaine et tout type d'exploitation ou limité à un domaine particulier ;
- **identifier les acteurs à cibler en priorité**, trouver le bon partenaire est un des points les plus difficiles du *licensing*. Le partenaire devra avoir les moyens de développer la technologie pour l'amener sur le marché, avec un niveau de risque acceptable et à des conditions financières intéressantes.

De nombreuses sociétés développant l'*out-licensing* présentent les technologies qu'elles souhaitent licencier sur leur site web. De même, sans entrer dans trop de détails, elles affichent clairement les domaines technologiques qui pourraient les intéresser et pour lesquels elles seraient prêtes à investir.

4. POUR ALLER PLUS LOIN

4.1. Focus sur le régime applicable en matière d'impôt sur les bénéfices aux concessions de DPI

- Actuellement, en application de l'article 39 *terdecies* du Code général des impôts, les redevances tirées de l'exploitation de brevets et droits assimilés sont imposables au taux réduit des plus-values à long terme (PVLT) chez l'entreprise concédante, qu'elle soit soumise à l'IS ou à l'IR.
- Le régime des PVLT est applicable immédiatement si le brevet a été créé par l'entreprise qui le concède ou après l'expiration d'un délai de deux ans, si l'entreprise qui le concède l'a acquis à titre onéreux.

- Le taux d'imposition est de 15 %. Il s'applique même s'il existe des liens de dépendance au sens de l'article 39-12° du CGI entre le concédant et le concessionnaire.
- Au niveau du concessionnaire, les redevances sont en principe déductibles de son résultat imposable. Pour les exercices ouverts à compter du 1er janvier 2011, cette déduction n'est plus limitée en cas de lien de dépendance entre l'entreprise concédante et l'entreprise concessionnaire, à la condition que cette dernière exploite effectivement les droits concédés.
- Lorsque le caractère effectif de l'exploitation ne peut être établi, la fraction déductible est égale au rapport entre le taux réduit de 15 % et le taux normal de l'IS (15/33,1/3). Cette règle ne s'applique pas si le concédant n'est pas imposé en France.

Le régime des PVLT s'applique également au résultat net des sous-concessions pour les exercices ouverts à compter du 1er janvier 2011.

L'article 39 *terdecies* I-2°-b du CGI conditionne l'application de ce régime à la double condition que l'entreprise concédante n'ait pas bénéficié du régime des PVLT pour les redevances de concession qu'elle a perçues et que l'entreprise sous-concédante puisse établir, à l'appui d'une documentation, la **réalité** et la **rentabilité** de l'opération de sous-concession.

Lorsque ces conditions ne sont pas remplies, l'entreprise sous-concédante doit intégrer les redevances qu'elle perçoit dans son résultat taxable au taux normal. Ces conditions constituent un dispositif « anti-abus » destiné à éviter un montage artificiel dont le but serait de contourner la législation fiscale française.

L'article 11 de la loi de finances pour 2012 n° 2011-1977 du 28 décembre 2011 a étendu ce dispositif « anti-abus » aux concessions entre entreprises liées pour les exercices ouverts à compter du 13 octobre 2011.

Il ne s'applique pas en cas de concession à une entreprise tierce et la condition de rentabilité s'apprécie sur la durée de la concession. La charge de la preuve incombe à l'entreprise concessionnaire qui doit établir une documentation. Lorsque ces conditions ne sont pas remplies, l'entreprise concessionnaire ne peut déduire que 15/33,1/3 du montant de redevances versées à l'entreprise liée.

De plus, l'article 11 de la loi de finances précité modifie également le régime applicable en cas de sous-concession. Pour les exercices ouverts à compter du 13 octobre 2011, en application des articles 39-12°*bis* du CGI et 39 *terdecies* dudit code, lorsque les droits font l'objet d'une sous-concession bénéficiant du régime des PVLT, les redevances versées à l'entreprise concédante sont déductibles, non plus du résultat imposable au taux normal, mais du résultat net de la sous-concession.

Si la redevance versée est supérieure au résultat net de la sous-concession, la différence est déduite du résultat imposable au taux normal du sous-concédant à hauteur des 15/33,1/3 de son montant. Par ailleurs, lorsqu'une entreprise concessionnaire sous-concède ces droits lors d'un exercice ultérieur et qu'elle ne peut établir la réalité et la rentabilité de la sous-concession, elle doit réintégrer dans le résultat imposable au taux normal à hauteur de [18,1/3] / [33,1/3] les redevances déduites du résultat imposable au taux normal des trois années précédentes.

4.2. Sources d'information

- Sites des offices de PI :
  - INPI (Institut national de la propriété intellectuelle) : www.inpi.fr
  - OEB (Office européen des brevets) : www.epo.org
  - OMPI (Organisation mondiale de la propriété intellectuelle) : www.wipo.int
- Guide de la propriété intellectuelle dans les pôles de compétitivité : www.industrie.gouv.fr/guidepropintel/index.htm
- OCDE : www.oecd.org
- Site juridique sur le droit de la PI : http://fr.jurispedia.org/index.php/Droit_de_la_propriété_intellectuelle_(fr)
- *Licensing executives society* : www.les-france.org
- Institut européen entreprise et propriété intellectuelle (IEEPI) : http://www.ieepi.org (formations)

4.3. Fiscalité

- Code général des impôts :
  - article 39 *terdecies* ;
  - article 39-12° ;
  - article 219.
- Loi de finances :
  - article 126 de la loi de finances pour 2011 n° 2010-1657 du 29 décembre 2010 ;
  - article 11 de la loi de finances pour 2012 n° 2011-1977 du 28 décembre 2011.
- Publication :
  - Feuillet rapide Francis Lefebvre 51/11.

4.4. Contacts : organismes référents, prescripteurs pour se lancer

- Compagnie nationale des conseils en propriété intellectuelle (CNCPI) : www.cncpi.fr/
- OSEO : www.oseo.fr

5. PANORAMA DES NOUVEAUX TYPES DE MÉTIERS OU INSTRUMENTS FINANCIERS AXÉS SUR LA PI

L'affirmation de la PI comme vecteur de la création de valeur s'accompagne de l'apparition, du développement ou de la professionnalisation d'un certain nombre d'acteurs, de divers métiers et structures d'intermédiation[1] [2].

Des courtiers (*brokers*) en technologies s'attachent à faciliter des transactions portant sur des brevets, en recherchant des vendeurs ou acheteurs potentiels. Un exemple en est fourni par la société britannique BTG, depuis 1995. Des agents de gestion de licences aident des détenteurs de DPI à trouver des preneurs de licences.

Sur Internet, des **plateformes d'échange** en ligne contribuent à ce « marché du transfert technologique » : yet2.com, pl-x.com, innovationsmarkt.de, etc. En France, une plateforme d'offres de technologies de l'ensemble des acteurs de la recherche publique (universités, écoles d'ingénieur, organismes de recherche, France Transfert Technologies [www.f2t.fr]) a été créée à l'initiative du Réseau CURIE, en partenariat avec OSEO.

Des maisons de **vente aux enchères** mettent à l'encan des lots de brevets, notamment à Taiwan (via l'institut ITRI), au Japon depuis 2003, aux États-Unis (avec le leader mondial Ocean Tomo Auctions) depuis 2006 et en Allemagne (avec IP Auctions) depuis 2007. Ces ventes aux enchères ont connu plus ou moins de succès, le marché est encore immature[3].

Certaines sociétés de conseil sont spécialisées dans les opérations de fusion-acquisition focalisées sur les actifs de PI.

---

1. LALLEMENT R., *Évaluation et valorisation financière de la propriété intellectuelle : nouveaux enjeux, nouveaux mécanismes*, Centre d'analyse stratégique, Note de veille 111, octobre 2008. GUELLEC D., MADIES T., PRAGER J.-C., *Les Marchés de brevets dans l'économie de la connaissance*, Centre d'analyse stratégique, juillet 2010, 193 p.
2. OCDE DSTI/DOC (2009) 9 « *The emerging patent marketplace* ».
3. À Paris, report de l'opération Icap Ocean Tomo *Live IP auction*, prévue initialement en octobre 2009.

Des **fonds de capital investissement** (*private equity*) spécialisés dans les DPI lèvent des capitaux auprès de grandes entreprises de haute technologie ou auprès des marchés financiers et promettent des taux de rendement élevés, sur la base d'achats de brevets, de programmes de gestion de licences ou de différentes techniques d'arbitrage. Il s'agit par exemple d'Intellectual Ventures (États-Unis), société créée en 2000, qui détient plus d'un millier de brevets et dans laquelle des firmes telles que Microsoft, Intel, Sony, Nokia, Apple, Google et Ebay sont réputées avoir investi au total plus d'un milliard de dollars.

De façon similaire, des **banques** rachètent aux entreprises des brevets sur la base desquels elles constituent des fonds de brevets destinés à des investisseurs en quête de placements à fort rendement. En Allemagne, par exemple, les pionniers en la matière sont le Crédit suisse Deutschland depuis 2005 et la Deutsche Bank depuis 2006.

Des banques, notamment au Japon (cas de l'Intellectual Property Bank Corporation [IPB]) et en Allemagne, acceptent, dorénavant, de considérer un brevet ou un portefeuille de brevets comme couverture de garantie, pour l'octroi d'un prêt.

Les brevets font l'objet d'opérations de cession-bail (*lease-back*), devenant par ce biais l'équivalent de titres hypothécaires ou de titrisation.

FICHE N° 19

FINANCEMENTS BANCAIRES

1.   PRÉSENTATION GÉNÉRALE DU DISPOSITIF

1.1.   Finalité du dispositif

Cette fiche complète notamment les éléments fournis dans la fiche n° 3.5 « La garantie et les prêts pour l'innovation d'OSEO ». En effet, la plupart des dispositifs cités se basent sur des partenariats entre, d'un côté, les établissements bancaires et, de l'autre, OSEO ou d'autres organismes de cautionnement.

Les établissements bancaires proposent différents instruments de financement à destination des entreprises, selon l'objet :

- investissements matériels : finançables sous forme de crédit bancaire ou solutions locatives (crédit-bail, location financière…). La banque pourra intervenir seule ou en pool, avec ou sans contre-garant (exemple : OSEO). La durée d'amortissement (généralement de 3 à 7 ans) et la nature des garanties prises dépendront de l'objet du financement et de la qualité de l'emprunteur ;
- investissements immobiliers : finançables sous forme de crédit bancaire ou crédit-bail immobilier ;
- investissements immatériels, finançant notamment les dépenses de R&D : hors techniques dites de haut de bilan (capital développement, financements structurés…), la banque peut intervenir, sous conditions, en financement par crédit à moyen terme ;
- compte tenu de la nature immatérielle de l'investissement, le financement bancaire sera un accessoire au projet de financement global. De plus, le financement de l'investissement ne saurait reposer seul sur le (les) partenaire(s) bancaire(s) de l'entreprise innovante.

Dès lors, la banque interviendra en cofinancement ou en garantie aux côtés d'OSEO. À condition que l'entreprise soit une PME créée depuis au moins trois ans, et sous réserve de l'analyse risque menée conjointement par OSEO et la banque, cette dernière pourra intervenir en complément d'un Contrat de développement innovation (*cf.* fiches OSEO) selon les modalités suivantes, si l'objet du financement est lié à des investissements immatériels et au besoin en fonds de roulement (BFR) du programme d'innovation.

Dans ce cadre, les banques sont à même de financer des projets de R&I, à condition de se prémunir d'une défaillance de l'entreprise. Celle-ci doit en effet présenter des garanties et il est en général impératif de recourir à des structures de cautionnement publiques ou privées comme OSEO, la SIAGI, la Compagnie européenne de garanties et cautions…

1.2. Dépenses concernées

Les financements généralement proposés aux entreprises ont pour finalité de financer ses besoins à long terme et à court terme (cycle d'exploitation).

1.2.1. Besoins structurels

Les besoins structurels sont liés à un programme d'investissement, sous la forme de financements à moyen ou long terme. Il s'agira de financer des investissements matériels, des opérations de haut de bilan (croissance externe, sortie de minoritaire…), des investissements immatériels (acquisition de brevet, dépenses de R&D, prospection…).

Les taux d'intérêt pratiqués par la banque seront le fruit d'une combinaison de différents facteurs :

- risque lié à l'opération (à durée équivalente, le taux appliqué à une acquisition de locaux sera inférieur à celui d'une opération de R&D) ;
- conditions de marché au moment de la mise en place du financement, dans la mesure où la banque est contrainte de se refinancer sur les marchés ;
- contraintes réglementaires (taux minimum sur certains prêts cofinancés ou garantis par OSEO, réglementation Bâle 3…) ;
- garanties proposées par l'emprunteur ;
- contreparties négociées avec la banque (part de flux commerciaux confiés, de placements…).

Plus la durée de financement est courte, plus le plan d'amortissement d'un crédit-bail est dégressif, moindre sera l'impact du taux d'intérêt sur le coût du crédit. Dans le cadre du financement d'une croissance externe ou d'un programme de R&D (où l'intervention de la banque relève souvent du partenariat), l'entreprise devra privilégier les formules proposées par les banques qui satisferont le plus ses besoins, et ne pas se focaliser uniquement sur le taux d'intérêt (même si *in fine* cet élément sera également pris en compte).

1.2.2. Besoins de financement du cycle d'exploitation

Les besoins conjoncturels de l'entreprise sont liés à son niveau d'activité, de stocks, à ses délais d'encaissement et de règlement. Il s'agit généralement de financer le BFR.

Si une partie du BFR peut être financée dans le cadre d'un Contrat de développement innovation (CDI) – voir ci-après et fiche n° 3.5 –, cette solution ne saurait couvrir l'ensemble des besoins de l'entreprise innovante. Une fois que la commercialisation du produit aura démarré, de nouveaux besoins risquent fort de voir le jour dès lors que l'entreprise affichera un BFR positif et une croissance d'activité. Plus elle réalisera de ventes, plus importants seront ses besoins de financement à court terme. Sous réserve d'éligibilité du dossier, la banque pourra accompagner l'entreprise sous la forme de mobilisations de créances (France ou international), voire de découverts, mais ces techniques de financement seront vite plafonnées en montant et ne répondront que ponctuellement aux besoins croissants de l'entreprise.

L'entreprise innovante peut avoir intérêt à mettre en place une solution d'affacturage avec sa banque, ce qui aura trois avantages immédiats : répondre à ses besoins de manière déplafonnée, bénéficier d'une assurance-crédit sur ses encours clients, externaliser la gestion de l'encaissement et du recouvrement des factures.

Pour l'entreprise avec un cycle de production long, lorsque les fonds propres ne suffiront plus à satisfaire ses besoins, celle-ci pourra demander un ou plusieurs acomptes à ses clients. Ils pourront lui demander en échange une caution bancaire de restitution d'acompte, qui sera alors émise par la banque sous réserve d'éligibilité du dossier. Les techniques de mobilisation du poste clients (comme l'affacturage ou la cession Dailly) n'interviendront qu'en relais, une fois la facture définitive émise.

2. DESCRIPTION DES DISPOSITIFS

2.1. Prêt bancaire ou solutions locatives

L'entreprise présente son projet directement auprès de son banquier, qui examinera la demande de financement à l'appui des éléments fournis et orientera l'entreprise vers la solution la plus adaptée à son besoin.

L'objet du financement peut être varié :

• matériel : véhicules, machines, terrains, constructions… ;
• immatériel : dépenses de R&D, croissance externe…

Les techniques de solutions locatives (crédit-bail, location financière, location longue durée…) ne pourront concerner que des investissements matériels.

L'intervention en financement du banquier permettra d'étaler sur plusieurs années les dépenses d'investissement et de valider la faisabilité économique du projet.

2.2. Prêt d'accompagnement du CDI d'OSEO

L'entreprise présente son projet directement auprès de son banquier et d'OSEO, qui examinent la demande de financement.

Le CDI s'intéresse aux investissements immatériels et BFR du programme d'innovation. Ces caractéristiques sont les suivantes :

- **prêt réalisé par OSEO** : de 40 à 300 000 euros sur six ans, dont une franchise en capital de douze mois :
  - le prêt OSEO ne saurait excéder le montant des fonds propres et quasi-fonds propres de l'emprunteur,
  - il existe une possibilité de monter à 600 000 euros si la Région intervient en garantie ;
- **participation de la banque**, sous deux formes possibles :
  - prêt bancaire complémentaire d'une durée minimale de quatre ans, avec possibilité de contre-garantie OSEO. Le montant est variable selon l'objet. En tout état de cause, le montant du prêt bancaire est au minimum égal à celui du prêt OSEO,
  - contre-garantie apportée par la banque à OSEO, à hauteur de 20 % (ou 2 x 10 % si deux banques sont parties prenantes).

Le prêt complémentaire permet aux entreprises innovantes de bénéficier du CDI proposé par OSEO et ainsi de financer une partie de leur programme d'innovation par emprunt bancaire, tout en réduisant le risque pris par la banque. Il permet également de valider avec la banque et OSEO la pérennité du montage financier.

2.3. Mobilisation de créance de CIR

La mobilisation de la créance CIR constitue un remboursement partiel du CIR moyennant une commission de risque. La mobilisation permet ainsi de disposer d'une réserve d'argent, par le biais d'un crédit bancaire, contribuant à renforcer la trésorerie de la société.

Cette mobilisation de créance dans le cadre du crédit d'impôt recherche n'a d'intérêt que pour les sociétés non éligibles au remboursement immédiat, notamment les ETI et filiales de groupes.

Cependant, plusieurs conditions doivent être réunies afin qu'une entreprise puisse être éligible à la mobilisation de créance. Cette mesure s'accompagne également d'un ensemble de modalités qui sont, dans les grandes lignes, décrites ci-après :

- la mobilisation représente en général un montant maximum de 80 % du CIR ;

- le coût total de la mobilisation dépend de l'organisme auprès duquel l'entreprise mobilise cette créance. Dans le cas d'OSEO, un taux d'intérêt est appliqué sur la durée de la mobilisation à partir de l'Euribor et d'une majoration spécifique à l'entreprise ;
- les délais de traitement sont généralement de l'ordre de trois mois ;
- les dossiers traités par OSEO sont expertisés par le ministère de la Recherche. Si l'expert remet en cause les dépenses de R&D de plus de 10 %, il faudra refaire une nouvelle déclaration 2069 A avec le montant validé par l'expert. Si la correction est inférieure à 10 %, OSEO financera 80 % du montant validé par l'expert sans demander une nouvelle déclaration ;
- il existe une possibilité de mobiliser un pourcentage plus faible du CIR en fonction du besoin de la société, ce qui permet de réduire le coût du crédit.

2.4. Affacturage

L'entreprise peut céder au *factor* (affactureur) tout ou partie de ses factures dès leur émission, sous forme papier ou dématérialisée.

L'intervention du *factor* couvrira trois aspects :
- externalisation de la gestion et du recouvrement des factures cédées ;
- financement des factures cédées, selon les besoins de trésorerie de l'entreprise et les modalités du contrat, la quotité de financement est généralement limitée à 90 % du montant TTC des factures. L'entreprise n'est pas obligée de demander le financement de l'ensemble des factures cédées ;
- règlement garanti : un mécanisme d'assurance-crédit permet de garantir l'entreprise en cas de défaillance financière ou d'insolvabilité des clients cédés.

L'affacturage est une solution souple qui permet à l'entreprise d'externaliser la gestion de son poste clients, de bénéficier de financements déplafonnés et de sécuriser son développement en France et/ou à l'export en se prémunissant du risque d'impayés.

3. POINTS D'ATTENTION AU DISPOSITIF

Les banques n'apporteront pas toutes les mêmes réponses au besoin de l'entreprise. C'est pourquoi il est recommandé d'en consulter plusieurs, en veillant à privilégier les banques réellement présentes sur le marché des PME.

4. POUR ALLER PLUS LOIN

4.1. Sources d'information

OSEO : http://www.oseo.fr/

4.2. Contacts : organismes référents, prescripteurs pour se lancer

- Directions régionales OSEO :
  http://www.oseo.fr/notre_mission/nos_equipes_en_region
- Fédération bancaire française : http://www.fbf.fr
- Association des sociétés financières : http://www.asf-france.com
- Sites Internet des banques concernées.

Chapitre 4

Perspectives

1. PROGRAMME « HORIZON 2020 »

1.1. Propositions de la Commission européenne

La Commission européenne a publié en novembre 2011 un ensemble de propositions de nature législative visant à définir les contours de l'action communautaire en matière de R&I pour la période 2014-2020 (« Horizon 2020 »). Ces différentes propositions doivent être adoptées par le Conseil (États membres) et le Parlement européen d'ici à la fin 2013.

La Commission, sur la base du retour d'expérience du 7e programme-cadre et de la consultation des parties prenantes organisée en 2011, a souhaité augmenter la lisibilité et l'étendue du dispositif, tout en le rendant plus simple à mettre en œuvre.

En particulier, le nouveau programme rassemble trois programmes existants :
* programme-cadre de la recherche et du développement (PCRD) ;
* programme-cadre de l'innovation et de la compétitivité (PIC) ;
* contribution européenne à l'Institut européen d'innovation et de technologie (IET).

Il s'intéresse à l'ensemble de la chaîne de la R&I, de la recherche jusqu'à la commercialisation, avec une attention particulière sur les défis sociétaux (santé, énergie…). Par ailleurs, il doit offrir un accès simplifié à l'ensemble des parties prenantes, des entreprises – notamment les PME – aux universités et autres organismes de recherche.

Une évolution juridique importante est à signaler. La proposition de règlement du Parlement européen et du Conseil portant établissement du programme-cadre pour la recherche et l'innovation « Horizon 2020 » (2014-2020) se base sur les articles 182 premier alinéa (titre XIX Recherche et développement technologique et espace) et 173 alinéa 3 (titre XVII Industrie) du Traité sur le fonctionnement de l'Union européenne, contrairement au 7e PCRD qui s'appuyait uniquement sur le titre Recherche et développement technologique et espace.

Cette proposition législative doit ainsi contribuer aux objectifs suivants :
- accélérer l'adaptation de l'industrie aux changements structurels ;
- encourager un environnement favorable à l'initiative et au développement des entreprises de l'ensemble de l'Union et notamment des petites et moyennes entreprises ;
- encourager un environnement favorable à la coopération entre entreprises ;
- favoriser une meilleure exploitation du potentiel industriel des politiques d'innovation, de recherche et de développement technologique.

En pratique, cette disposition permet de financer des activités en aval de la R&D.

1.2. Grandes priorités

En termes de contenu, la Commission européenne a choisi de définir trois grandes priorités complémentaires.

1.2.1. Excellence scientifique

Cette priorité vise à renforcer et à développer l'excellence de la base scientifique de l'Union et à consolider l'Espace européen de la recherche, afin d'accroître la compétitivité du système européen de recherche et d'innovation sur la scène mondiale. Elle se compose de quatre objectifs spécifiques :
- **Conseil européen de la recherche (CER)** : financement permettant aux chercheurs et à leur équipe d'explorer les voies les plus prometteuses à la frontière de la science ;
- **technologies futures émergentes** : soutien à la recherche collaborative, de façon à accroître la capacité de l'Europe à développer des innovations de pointe ;
- **actions Marie Curie** : formation d'excellence dans le domaine de la recherche et possibilités de carrière attractives, en encourageant la mobilité transfrontière et intersectorielle des chercheurs ;
- **infrastructures de recherche** : développement d'infrastructures européennes de recherche pour 2020 et promotion de leur potentiel d'innovation et de leur capital humain.

1.2.2. Primauté industrielle

L'objectif de cette priorité est de renforcer le caractère attractif de l'Europe pour les investissements dans la recherche et l'innovation (y compris l'éco-innovation), en promouvant les activités qui sont en phase avec la réalité des entreprises.

Elle se compose de trois objectifs spécifiques :
- **primauté dans le domaine des technologies génériques et industrielles :** soutien aux activités de recherche, de développement et de démonstration dans le domaine des TIC, des nanotechnologies, des matériaux avancés, des biotechnologies, des systèmes de fabrication et de transformation avancés et de l'espace ;
- **accès au financement à risque (en association avec l'instrument de capitaux propres du programme pour la compétitivité des entreprises et les PME) :** développement du capital-risque, devant permettre de remédier aux difficultés d'accès au financement par l'emprunt et les capitaux propres rencontrées par les entreprises et les projets axés sur la R&D et sur l'innovation à tous les stades de leur développement ;
- **innovation dans les PME :** encouragement de l'innovation sous toutes ses formes dans les PME, en ciblant celles qui disposent du potentiel pour croître et s'étendre à l'international.

1.2.3. Défis de société

L'objectif est de résoudre les principaux problèmes qui préoccupent la population, en Europe et ailleurs. Cette priorité consiste à mettre en œuvre une approche axée sur les défis à relever, en mobilisant des ressources et des connaissances couvrant plusieurs domaines, technologies et disciplines scientifiques, y compris les sciences sociales et humaines. Le financement se concentre sur les objectifs spécifiques suivants :
- santé, évolution démographique et bien-être ;
- sécurité alimentaire, agriculture durable, recherche marine et maritime et bioéconomie ;
- énergies sûres, propres et efficaces ;
- transports intelligents, verts et intégrés ;
- lutte contre le changement climatique, utilisation efficace des ressources et des matières premières ;
- sociétés inclusives, innovantes et sûres.

1.3. Place des PME

Les PME continueront de bénéficier d'un régime spécifique et favorable, eu égard à leur difficulté d'accès aux financements.

En particulier, elles devraient capter 15 % des budgets du volet « Défis de société » et de la priorité spécifique « Primauté dans le domaine des technologies génériques et industrielles ». Par ailleurs, sera créé un point d'accès unique pour les PME souhaitant participer au programme Horizon 2020.

De plus, trois dispositifs spécifiques seront mis en œuvre, dont deux dans le cadre d'innovation dans les PME.

1.3.1. Innovation dans les PME (voir Priorité « Primauté industrielle »)

Seules les PME pourront déposer une demande de financement. Elles pourront être accompagnées par d'autres partenaires, mais l'une des grandes nouveautés de cet instrument est d'autoriser les projets avec un seul participant. L'aide sera octroyée en plusieurs phases. Le potentiel du projet sera évalué lors d'une phase de faisabilité. Une subvention principale permettra à la PME de se lancer dans le projet, de conserver la propriété des droits de propriété intellectuelle et de sous-traiter certaines tâches. Une assistance de suivi sera fournie indirectement sous la forme de services pouvant notamment porter sur l'aide à l'accès au capital-risque, sur le soutien à l'innovation ou sur les marchés publics.

Par ailleurs, ce dispositif prévoit une activité spécifique de soutien aux PME à forte intensité de recherche. Cela contribuera au soutien du programme conjoint EUROSTARS mis en œuvre en partenariat avec les États membres. Des mesures d'accompagnement seront prévues en vue de renforcer la capacité d'innovation des PME. Il s'agira d'actions dans le domaine de la mise en réseau ou des activités d'intermédiaire, et aussi d'aider les PME à entrer en relation avec des partenaires de recherche et d'innovation dans toute l'Union.

1.3.2. Accès au financement à risque (voir Priorité « Primauté industrielle »)

Ce dispositif accordera une place importante aux PME. Pour le mécanisme d'emprunt, le support aux PME sera renforcé par une collaboration avec des intermédiaires financiers aux niveaux national et régional. Le mécanisme de fonds propres soutiendra en particulier les investissements au cours des premières phases de la vie de la PME, tandis qu'un soutien aux investissements d'expansion et aux investissements en phase de croissance sera possible en combinaison avec le mécanisme de fonds propres du programme pour la compétitivité des entreprises et des PME.

1.4. Budget

Le budget total alloué à « Horizon 2020 » représente plus de 87 milliards d'euros, ventilés de la façon suivante.

Priorité	Budget indicatif (en Md€)
Excellence scientifique	**27,8**
Conseil européen de la recherche	15,0
Technologies futures et émergentes	3,5
Actions Marie Curie	6,5
Infrastructures de recherche	2,8
Primauté industrielle	**20,3**
Primauté dans le domaine des technologies génériques et industrielles	15,6
Accès au financement à risque	4,0
Innovation dans les PME	0,7
Défis de société	**35,9**
Santé, évolution démographique et bien-être	9,1
Sécurité alimentaire, agriculture durable, recherche marine et maritime et bioéconomie	4,7
Énergies sûres, propres et efficaces	6,5
Transports intelligents, verts et intégrés	7,7
Lutte contre le changement climatique, utilisation efficace des ressources et des matières premières	3,6
Sociétés inclusives, novatrices et sûres	4,3
Institut européen d'innovation et de technologie	**1,5**
Centre commun de recherche (actions directes)	**2,2**

1.5. Calendrier et prochaines étapes

- **Novembre 2011** : publication par la Commission du paquet « Horizon 2020 ».
- **En cours** : négociations entre le Parlement européen et le Conseil.
- **Mi-2012** : derniers appels à propositions du 7e PCRDT.
- **Fin 2013** : adoption des actes législatifs « Horizon 2020 » par le Parlement européen et le Conseil.
- **Début 2014** : publication du premier appel.

Annexes

ÉCHELLE DES TRL

L'échelle des TRL couvre l'ensemble des étapes de développement, de la recherche fondamentale à l'industrialisation[1].

TRL	Définition	Description	Justification
1	Principes de base observés et décrits	– Plus bas niveau de maturité technologique – La recherche scientifique commence à être traduite en une R&D appliquée – Les exemples peuvent inclure des études papier portant sur les propriétés de base d'une technologie	– Publications de travaux de recherche identifiant les principes de base de la technologie – Références relatives à ces travaux : qui, où et quand ?
2	Concept technologique et/ou application formulés	– L'invention commence – Les principes de base ayant été observés, des applications peuvent être envisagées – Ces applications sont spéculatives et il n'existe pas de preuve ou d'analyse détaillée pour étayer les hypothèses – Les exemples sont limités à des études analytiques	– Publications ou autres références qui esquissent l'application considérée et fournissent une analyse appuyant le concept
3	Preuve analytique ou expérimentale des principales fonctions et/ou caractéristiques du concept	– Une R&D active est initiée – Elle comprend des études analytiques et des études en laboratoire destinées à valider physiquement les prédictions analytiques faites pour les différents éléments de la technologie – Les exemples impliquent des composants non encore intégrés ou représentatifs	– Résultats de mesures en laboratoire portant sur les paramètres essentiels des sous-systèmes critiques et comparaison de ces résultats aux prédictions analytiques – Références relatives à la réalisation de ces tests et de ces comparaisons : qui, où et quand ?
			.../...

---

1. D'après le Plan stratégique de recherche et technologie de défense et de sécurité – Direction générale de l'armement, 2009

TRL	Définition	Description	Justification
4	Validation de composants et/ou de maquettes en laboratoire	– Des composants technologiques de base sont intégrés de façon à vérifier leur aptitude à fonctionner ensemble – La représentativité est relativement faible si l'on se réfère au système final – Les exemples incluent l'intégration en laboratoire d'éléments *ad hoc*	– Concepts envisagés du système et résultats d'essais de maquettes de laboratoire – Références relatives à la réalisation des travaux (qui, où et quand ?) – Estimation des différences entre la maquette du matériel, les résultats des essais et les objectifs du système envisagé
5	Validation de composants et/ou de maquettes en environnement représentatif	– La représentativité de la maquette technologique augmente significativement – Les composants technologiques de base sont intégrés à des éléments supports raisonnablement réalistes, de façon à être testés en environnement simulé – Les exemples incluent l'intégration hautement représentative de composants en laboratoire	– Résultats d'essais d'une maquette de laboratoire du système, intégrée à des éléments supports, dans un environnement opérationnel simulé – Écarts entre environnement représentatif et environnement opérationnel visés – Comparaison entre les résultats des essais et les résultats attendus – Problèmes éventuellement rencontrés – La maquette du système a-t-elle été affinée pour mieux correspondre aux objectifs du système envisagé ?
6	Démonstration d'un prototype ou d'un modèle de système/sous-système dans un environnement représentatif	– Un modèle représentatif ou un système prototype, allant bien au-delà de celui du TRL 5, est testé dans un environnement représentatif – Cela représente une étape majeure dans la démonstration de la maturité d'une technologie – Les exemples incluent les essais d'un prototype dans un environnement de laboratoire reproduisant fidèlement des conditions réelles ou les essais dans un environnement opérationnel simulé	– Résultats d'essais en laboratoire d'un système prototype très proche de la configuration désirée en termes de performance, masse et volume – Écarts entre l'environnement d'essai et l'environnement opérationnel – Comparaison entre les résultats des essais et les résultats attendus – Problèmes éventuellement rencontrés – Plans, options ou actions envisagés pour résoudre les problèmes rencontrés avant de passer au niveau suivant

…/…

TRL	Définition	Description	Justification
7	**Démonstration d'un prototype du système dans un environnement opérationnel**	– Prototype conforme au système opérationnel, ou très proche – Ce TRL représente un saut important par rapport au TRL 6, exigeant la démonstration d'un prototype du système réel dans son environnement opérationnel (par exemple dans un avion, dans un véhicule, dans l'espace) – À titre d'exemple, on peut citer le test d'un prototype dans un avion banc d'essai	– Résultats d'essais d'un système prototype en environnement opérationnel – Identification des entités ayant réalisé les essais – Comparaison entre les résultats des essais et les résultats attendus – Problèmes éventuellement rencontrés – Plans, options ou actions envisagés pour résoudre les problèmes rencontrés avant de passer au niveau suivant
8	**Système réel achevé et qualifié par des tests et des démonstrations**	– La preuve est faite que la technologie fonctionne dans sa forme finale, et dans les conditions d'emploi prévues – Dans la plupart des cas, ce niveau de TRL marque la fin du développement du système réel – Les exemples incluent les tests et évaluations du système dans le système d'armes auquel il est destiné, afin de déterminer s'il satisfait aux spécifications	– Résultats d'essai du système dans sa configuration finale confronté à des conditions d'environnement couvrant l'ensemble du domaine d'utilisation – Évaluation de ses capacités à satisfaire les exigences opérationnelles – Problèmes éventuellement rencontrés – Plans, options ou actions envisagés pour résoudre les problèmes rencontrés avant de finaliser la conception
9	**Système réel qualifié par des missions opérationnelles réussies**	– Application réelle de la technologie sous sa forme finale et dans des conditions de missions telles que celles rencontrées lors des tests et évaluations opérationnels – Les exemples incluent l'utilisation du système dans des conditions de mission opérationnelle	– Rapports de tests et d'évaluations opérationnels

ANNEXE II

SIGLES ET ACRONYMES

- **ADEME** : Agence pour le développement et la maîtrise de l'énergie.
- **AFG** : Association française de la gestion financière.
- **AFIC** : Association française des investisseurs en capital.
- **AMF** : Autorité des marchés financiers.
- **APCE** : Association pour la création d'entreprise.
- **AII** : Agence de l'innovation industrielle (agence dissoute le 1er janvier 2008 pour être intégrée à OSEO).
- **ANR** : Agence nationale pour la recherche.
- **BEI** : Banque européenne d'investissement.
- **CIP** : *Competitiveness and Innovation Framework Programme*.
- **CIR** : crédit d'impôt recherche.
- **CTRS** : centres thématiques de recherche et de soins.
- **DGCIS** : Direction générale de la compétitivité, de l'industrie et des services (ministère de l'Économie, des Finances et de l'Industrie).
- **ERA-NET** : *European Research Area – Net*.
- **ETI** : entreprise de taille intermédiaire.
- **FEDER** : Fonds européen de développement régional.
- **FCPI** : Fonds commun de placement dans l'innovation.
- **FCPR** : Fonds commun de placement à risque.
- **FEI** : Fonds européen d'investissement.
- **FFCI** : Fédération française des clubs d'investissement.
- **FIP** : Fonds d'investissement de proximité.
- **FP7** : *7th Framework Programme* (voir 7e PCRD).
- **FUI** : Fonds unique interministériel.
- **INPI** : Institut national de la propriété intellectuelle.
- **IPR** : instrument de partage des risques.
- **ISI** : Programme d'innovation stratégique industrielle (ISI) d'OSEO.
- **ITC** : initiatives technologiques conjointes (*Joint Technology Initiatives – JTI*).
- **JEI** : jeune entreprise innovante.
- **JEU** : jeune entreprise universitaire.
- **MESR** : ministère de l'Enseignement supérieur et de la Recherche.
- **OEB** : Office européen des brevets.

- **OMPI** : Organisation mondiale de la propriété intellectuelle.
- **OCDE** : Organisation de coopération et de développement économiques.
- **PCN** : points de contact nationaux (dans le cadre du PCRDT).
- **PCRDT** (7e) : programme-cadre de recherche et de développement technologique. En abrégé, nous retrouverons l'appellation 7e PC.
- **PIA** : programme d'investissements d'avenir.
- **PIC** : programme-cadre pour la compétitivité et l'innovation.
- **PRES** : pôles de recherche et d'enseignement supérieur.
- **PSPC** : projets de R&D structurants des pôles de compétitivité.
- **ROI** : *Return On Investment* (mesure du rendement des investissements).
- **RSFF** : *Risk Sharing Finance Facility*.
- **RTRA** : réseaux thématiques de recherche avancée.
- **SCR** : sociétés de capital-risque.
- **TRL** : *Technology Readiness Level* (niveau de maturité technologique).

ANNEXE III

BIBLIOGRAPHIE

- AFIC/OSEO, *Étude « Activité d'investissement des FCPI dans les entreprises innovantes 1997-2008 »*.
- BETBEZE J.-P., *Financer la R&D*, Conseil d'analyse économique et social, 2005.
- BOOZ & COMPANY, *Global Innovation 1000 : The Customer Connection*, 2007.
- CADRE DE RÉFÉRENCE STRATÉGIQUE NATIONAL, *Programmes de la politique européenne de cohésion économique et sociale 2007-2013*, ministère de l'Écologie, du Développement et de l'Aménagement durables, ministère du Travail, des Relations sociales et de la Solidarité, ministère de l'Intérieur, de l'Outre-mer et des Collectivités territoriales.
- CHESBROUGH H., *Open Business Models*, Harvard Business School Press, 2006.
- CONSEIL DES PRÉLÈVEMENTS OBLIGATOIRES, Cour des comptes, *Entreprises et « niches » fiscales et sociales*, octobre 2010.
- GODET Michel (rapport présidé par), *Créativité et innovation dans les territoires*, Conseil d'analyse économique, 2010.
- ERNST & YOUNG, *Étude annuelle réalisée sur la performance des FCPI*.
- EUROPEAN COMMISSION, *A more research-intensive and integrated European Research Area: Science, Technology and Competitiveness key figures report 2008/2009*, 2008.
- EUROPEAN COMMISSION, *Guide pratique des opportunités de financement de l'UE de la recherche et de l'innovation*, 2009.
- FUTURIS 2010, J. LESOUNE et D. RANDET (dir.), *La Recherche et l'innovation en France*, 2010.
- GRANT THORNTON, *Étude sur l'activité des acteurs français du capital investissement en 2009*, 2010.
- GUELLEC D., MADIES T., PRAGER J.-C., *Les Marchés de brevets dans l'économie de la connaissance*, Centre d'analyse stratégique, juillet 2010.
- IGF, *Mission d'évaluation sur le crédit d'impôt recherche*, septembre 2010.
- *INSEE Première*, n° 1314, octobre 2010.
- LALLEMENT R., *Évaluation et valorisation financière de la propriété intellectuelle : nouveaux enjeux, nouveaux mécanismes*, Centre d'analyse stratégique, note de veille 111, octobre 2008.

- LALLEMENT R., *L'Aide publique aux entreprises en matière de R&D et d'innovation : quelle efficacité ?*, Centre d'analyse stratégique, janvier 2011.
- Livre blanc du Medef, *Le Crédit d'impôt recherche : « Parole aux acteurs de la recherche »*, décembre 2009.
- LOGICA, INSEAD, *Êtes-vous prêt pour l'Innovation ?*, 2009.
- MORAND P., MANCEAU D., *Pour une nouvelle vision de l'innovation*, avril 2009.
- OCDE, Commission européenne, *Manuel d'Oslo : principes directeurs pour le recueil et l'interprétation des données sur l'innovation*, 3ᵉ édition, Eurostat, 2006.
- OCDE, *Manuel de Frascati : méthode type proposée pour les enquêtes sur la recherche et le développement expérimental*, 2002.
- Rapport public de la Cour des comptes, *Les Aides des collectivités territoriales au développement économique*, 2007.

ANNEXE IV

DOCUMENTS DE RÉFÉRENCE

- Encadrement communautaire des aides d'État à la recherche, au développement et à l'innovation (communication de la Commission européenne [JOUE 2006/C 321/01]).
- Conventions entre l'État et l'ADEME relatives au programme d'investissements d'avenir.
- Règlement 800/2008/CE de la Commission du 6 août 2008, déclarant certaines catégories d'aide compatibles avec le marché commun (RGEC).
- Aide d'État n° N 408/2007 – France Régime d'intervention d'OSEO Innovation en faveur de la recherche, du développement et de l'innovation (JOCE C(2008)279).
- Aide d'État n° SA.33617, extension du Régime N121/2006 aux projets de R&D structurants des pôles de compétitivité dans le cadre des investissements d'avenir.
- Règlement 1998/2006/CE de la Commission du 15 décembre 2006, concernant l'application des articles 87 et 88 du traité aux aides *de minimis*.
- Recommandation 2003/361/CE de la Commission du 6 mai 2003, concernant la définition des micro, petites et moyennes entreprises.
- Décret 2008-1354 du 18 décembre 2008 relatif aux critères permettant de déterminer la catégorie d'appartenance d'une entreprise pour les besoins de l'analyse statistique et économique.
- Décision n° 1982/2006/CE du Parlement européen et du Conseil du 18 décembre 2006, relative au 7e programme-cadre de la Communauté européenne pour des actions de recherche, de développement technologique et de démonstration (2007-2013).
- Proposition de règlement du Parlement européen et du Conseil portant établissement du programme-cadre pour la recherche et l'innovation « Horizon 2020 » (2014-2020) (COM(2011) 809 final).
- Règlement 614/2007/CE du Parlement européen et du Conseil du 23 mai 2007, concernant l'instrument financier pour l'environnement (LIFE+).
- Décision 1639/2006/CE du Parlement européen et du Conseil du 24 octobre 2006, établissant un programme-cadre pour l'innovation et la compétitivité (PCI).
- Règlement 1080/2006/CE du Parlement européen et du Conseil du 5 juillet 2006, relatif au Fonds européen de développement régional.

ANNEXE V

PROGRAMME D'INVESTISSEMENTS D'AVENIR

1.   PRÉSENTATION GÉNÉRALE DU PROGRAMME

1.1.   35 milliards d'euros pour préparer la France aux enjeux économiques et sociétaux de demain

Financé par le Grand Emprunt, le programme des investissements regroupe un vaste ensemble de mesures d'investissements sur le long terme, destinées à accélérer la transformation du système français de recherche et innovation (SFRI). Lancée en 2010, la quasi-totalité des appels à projets sera clôturée à la fin du 1er semestre 2012 et financera à travers ses lauréats :
- de nouvelles structures de R&I collaboratives et de valorisation de la recherche ;
- des équipements de recherche et de nouvelles infrastructures dans le numérique ;
- des thématiques et technologies stratégiques ;
- de nouveaux outils destinés à favoriser l'éclosion de PME innovantes (*via* OSEO et CDC).

D'une ampleur inégalée malgré une conjoncture de crise et de restriction budgétaire, le PIA totalise 35 milliards d'euros ventilés autour de cinq priorités stratégiques d'investissement :
- l'enseignement supérieur et la formation (11 Md€) ;
- la recherche (7,9 Md€) ;
- les filières industrielles et les PME (6,5 Md€) ;
- le développement durable (5,1 Md€) ;
- le numérique (4,5 Md€).

Les cinq priorités stratégiques ont été déclinées en 35 « actions » sous la houlette du Commissariat général à l'investissement (CGI), faisant chacune l'objet d'une convention de l'État avec un opérateur (ANAH, ANR, ADEME, CDC, OSEO, CEA, ANRU, ANDRA, ONERA, CNES). Ouvrant la voie, l'État attend de cet effort stratégique un effet de levier de 25 à 30 milliards d'euros pour un investissement total de l'ordre de 60 à 65 milliards d'euros. 20 à 25 milliards d'euros proviendront de cofinancements des entreprises et 5 à 10 milliards d'euros des collectivités locales, de l'Europe et d'autres acteurs publics.

Par ailleurs, les nouvelles grandes infrastructures de recherche ou de valorisation initiées par le PIA (les Idex, IRT, IEED, IHU, SATT) sont pensées pour marquer profondément le paysage de la recherche française et structurer de façon pérenne de nouveaux écosystèmes de la R&I.

1.2. Fonctionnement et modes d'emploi

1.2.1. Priorité à l'excellence

La philosophie du PIA met clairement l'accent sur l'excellence et l'innovation, déconnectant les investissements (dans un premier temps du moins) de tous critères d'aménagement du territoire et de politique régionale. De plus, la sélection de la plupart des projets suite à appels à projets (AAP) ou appels à manifestations d'intérêt (AMI) par des jurys internationaux en est une autre illustration.

1.2.2. Des fonds de nature variable pour soutenir les nouvelles structures dans la durée

La nature des fonds investis est variable et reflète la volonté des pouvoirs publics de soutenir les nouvelles infrastructures sur la durée (dix ans). 15 milliards d'euros, sur les presque 35 milliards d'euros transférés aux opérateurs en 2010, sont ainsi des dotations dites non consommables. Il s'agit de fonds placés sur des comptes du Trésor, dont les seuls revenus pourront être investis. Ils devraient produire environ 470 millions d'euros par an, soit 4,7 milliards d'euros sur dix ans. Par opposition, les 20 milliards d'euros restants sont des dotations consommables qui seront investies en fonction des programmes sous forme de subventions, d'avances remboursables, de prêts ou de prises de participation.

1.2.3. Un processus de sélection des projets sous la forme d'appel à projets (AAP)

Lancé en milieu d'année 2010 pour les premiers programmes, le processus de sélection des projets du PIA sera terminé pour l'essentiel à la fin du premier trimestre 2012. Ce processus s'est fait par AAP (programmes gérés par l'ANR, ainsi que les programmes « numériques » gérés par la CDC) ou AMI (programmes gérés par l'ADEME), ceci généralement dans le cadre de deux vagues successives. D'autres projets ont également fait l'objet d'une sélection, mais sans AAP formalisé, parfois de gré à gré (espace, aéronautique, fonds d'amorçage) ou ont même parfois été identifiés *ex-ante*. Seuls les programmes gérés par OSEO (prêts, aides aux PME, contrat de développement participatif) sont dans une logique de guichet ou d'AAP permanents, parfois sur une période plus longue allant jusqu'à fin 2012 ou 2013.

1.2.4. À qui s'adresse le programme d'investissements d'avenir ?

Le spectre du PIA est vaste. Certains programmes ciblent la recherche publique. C'est le cas des programmes laboratoires d'excellence (Labex), équipement d'excellence (Equipex), initiative d'excellence (Idex) ou des sociétés d'accélération de transfert technologique (SATT). Sans exclure *a priori* les entreprises, leur participation restera pourtant limitée. D'autres visent la mise en place de partenariats de recherche public-privé : les Instituts de recherche technologique (IRT), les Instituts d'excellence en énergie décarbonée (IEED), les plateformes mutualisées d'innovation pour les pôles de compétitivité (PMI) ou encore les projets de R&D structurants pour les pôles de compétitivité (PSPC). Les projets de R&D thématiques santé-biotechnologie, économie numérique, développement durable, nucléaire, aéronautique ou espace s'inscrivent aussi dans cette dynamique. Néanmoins, en fonction des projets, la composante privée ou publique sera plus ou moins importante. Par exemple, la recherche publique est plus importante sur les projets santé et biotechnologie, alors que les AMI de l'ADEME en « développement durable » ou les projets de recherche dans les domaines de l'aéronautique et de l'espace sont plus spécifiquement adressés aux entreprises. Enfin, les programmes gérés par OSEO s'adressent d'abord aux PME.

2. PRINCIPAUX PROGRAMMES

L'architecture du PIA est complexe. Les cinq grandes thématiques du PIA ont été déclinées en « programmes » mis en œuvre à travers 35 « actions », donnant elles-mêmes lieu dans de nombreux cas à plusieurs appels à projets ou appels à manifestations d'intérêt (*cf.* tableau Panorama du programme des investissements d'avenir, p. 326). Ces dispositifs peuvent être globalement répartis en trois grandes catégories de financement de projets :

- le financement de projets structurant la R&I et la valorisation de la recherche. Ces projets sont parfois regroupés sous l'appellation « pôles d'excellence » et ont pour objectif de « *doter la France de quelques campus à forte visibilité internationale, à la gouvernance rénovée, et ouverts sur leur écosystème d'Innovation*[1] ». Ils ont entre autres pour vocation de faire naître de nouveaux instituts de recherche collaboratifs (IRT, IEED, IHU), qui impacteront durablement le paysage de la recherche française ;
- le financement d'équipements de R&I et d'infrastructures de R&I ;

---

1. Loi de finances rectificative pour 2010.

- le financement de projets de R&D. Ils sont généralement regroupés au sein de grandes thématiques technologiques ou ciblent des catégories d'entreprises particulières (les PME et ETI, les entreprises membres des pôles de compétitivité).

2.1. Les pôles d'excellence : de nouvelles structures collaboratives de R&I et de valorisation

- **Instituts de recherche technologique (IRT)**

  Dotation : 2 milliards d'euros (25 % consommables, 75 % non consommables), AMI suivi d'un AAP.

  Opérateur : ANR.

  Bénéficiaires : IRT (partenariat public-privé).

  Création de huit instituts regroupant des établissements de formation, des laboratoires publics et privés, des moyens de prototypage et de démonstration industrielle et des acteurs industriels, dans une logique de co-investissements au cœur de campus d'innovation technologique de dimension mondiale (adossés aux pôles de compétitivité).

- **Instituts d'excellence en matière d'énergies décarbonées (IEED)**

  Dotation : 1 milliard d'euros (25 % consommables, 75 % non consommables), 2 AAP.

  Opérateur : ANR.

  Bénéficiaires : IEED (partenariat public-privé).

  Création de dix instituts sur le modèle des IRT (mais de plus petite taille *a priori*) sur de nouvelles filières énergétiques et climatiques à fort potentiel : énergies renouvelables, efficacité énergétique des bâtiments et des transports, hydrogène et piles à combustible, chimie du végétal et biotechnologies industrielles, stockage de l'énergie et réseaux intelligents, captage-stockage et valorisation du CO_2...

- **Instituts hospitalo-universitaires (IHU)**

  Dotation : 850 millions d'euros (20 % consommables, 80 % non consommables), 1 AAP.

  Opérateur : ANR.

  Bénéficiaires : universités et établissements de santé regroupés au sein des IHU.

  Création de sept pôles d'excellence en matière de recherche, de soin, de formation et de transfert de technologies dans le domaine de la santé.

- Laboratoires d'excellence (Labex)

  Dotation : 1 milliard d'euros (non consommables), 2 AAP.

  Opérateur : ANR.

  Bénéficiaires : établissements d'enseignement supérieur et de recherche, organismes de recherche.

  Renforcement du rôle et de la visibilité internationale des meilleurs laboratoires français.

- Sociétés d'accélération de transfert technologique (SATT)

  Dotation : 900 millions d'euros (consommables – dotation attribuée en trois temps tous les trois ans), 2 AAP.

  Opérateur : ANR.

  Bénéficiaires : SATT (groupement d'établissements et organismes de recherche).

  Création de structures régionales de valorisation de la recherche essentiellement publique chargées de remédier au morcellement actuel de la valorisation et d'améliorer significativement la maturation économique de projets de recherche les plus prometteurs et le transfert de technologies de la recherche publique vers le marché. Leur action sera complétée au niveau national par la mise en place d'un fonds de brevets (France Brevet) et de consortiums de valorisation thématique.

- Initiatives d'excellence (Idex)

  Dotation : 7,7 milliards d'euros (non consommables), 2 AAP.

  Opérateur : ANR.

  Bénéficiaires : groupements d'établissements d'enseignement supérieur et de recherche.

  Doter la France de huit sites d'excellence capables de rivaliser avec les meilleures universités du monde en regroupant, selon une logique de territoire, des établissements d'enseignement supérieur et de recherche et des organismes déjà reconnus pour leur excellence scientifique et de formation.

2.2. Le financement d'équipements de recherche et d'infrastructures

- Équipements d'excellence (Equipex)

  Dotation : 1 milliard d'euros (40 % subventions, 60 % non consommables), 2 AAP.

  Opérateur : ANR.

Bénéficiaires : organismes d'enseignement supérieur et de recherche.

Financement d'équipements de recherche de niveau international de taille moyenne (entre 1 et 20 millions d'euros) pour remédier au sous-équipement de la France en la matière.

- **Infrastructures nationales en biologie et santé (action santé et biotechnologies)**

  Dotation : 600 millions d'euros (50 % consommables, 50 % non consommables), 2 AAP.

  Opérateur : ANR.

  Bénéficiaires : organismes d'enseignement supérieur et de recherche industriels.

  AAP spécifique de l'action « Santé et Biotechnologie » ayant une finalité similaire aux Equipex dans le domaine de la santé.

- **COHORTES (action santé et biotechnologies)**

  Dotation : 200 millions d'euros (non consommables), 1 AAP.

  Opérateur : ANR.

  Bénéficiaires : organismes d'enseignement supérieur et de recherche industriels.

  AAP de l'action « Santé et Biotechnologie » finançant de grands instruments épidémiologiques venant notamment en complément des IHU.

- **Développement des réseaux numériques à très haut débit**

  Dotation : 2 milliards d'euros (consommables : subventions, avances remboursables, prises de participations prêts), 2 AAP.

  Opérateur : CDC.

  Bénéficiaires : opérateurs déployant des réseaux très haut débit et les collectivités territoriales.

  Les montants investis seront gérés par la CDC dans le cadre d'un nouveau Fonds national pour la société numérique (FSN) regroupant également les investissements pour le développement d'« usages, services et contenus numériques innovants ». AAP ouvert jusqu'en juillet 2017 complété par un AMI « Prêts aux opérateurs déployant un réseau à très haut débit hors des zones très denses » ouvert jusqu'en janvier 2015.

- **plateformes mutualisées d'innovation pour les pôles de compétitivité (PMI)**

  Dotation : 200 millions d'euros (consommables : subventions et prises de participations minoritaires), AMI suivi d'un AAP clôturé en décembre 2011.

  Opérateur : CDC.

Bénéficiaires : entreprises et laboratoires de recherche.

Les PMI sont destinées à offrir des ressources (équipements, personnels et services associés) en accès ouvert aux membres des pôles de compétitivité « labellisateurs » et tout particulièrement aux PME. Ils doivent permettre de mener à bien des projets innovants dans les phases finales de R&D jusqu'à l'industrialisation et la mise sur le marché (essais, tests, développement de prototypes et/ou des préséries, *living labs*).

2.3. Le financement de projets de R&D

Ces projets sont pour la plupart déclinés par thématiques et technologies stratégiques. Leur nature varie néanmoins fortement en juxtaposant des projets de R&D amont et des projets de démonstrateurs faisant le lien entre la recherche et la préindustrialisation. C'est le cas des programmes gérés par l'ADEME sur la thématique « développement durable » et de l'action « démonstrateurs préindustriels en biotechnologies » de l'ANR. L'outil des projets de R&D structurants des pôles de compétitivité (PSPC) se place dans une logique différente. Sans thématique imposée, si ce n'est celle du pôle de compétitivité labellisateur, il vise le développement de projets de R&D de grande envergure structurant un écosystème régional de recherche ou une nouvelle filière industrielle.

- **Projets biotechnologies, nanobiotechnologies, bioressources et bio-informatiques**

  Dotation : 350 millions d'euros[1] (consommables : subventions).

  Opérateur : ANR.

  Bénéficiaires : organismes d'enseignement supérieur et de recherche industriels.

  Financement d'une trentaine de projets de R&D choisis selon deux vagues d'AAP dans les domaines des biotechnologies et bioressources, des nanobiotechnologies et de la bio-informatique.

- **Démonstrateurs préindustriels en biotechnologies (action santé et biotechnologies)**

  Dotation : 160 millions d'euros (25 % consommables, 75 % non consommables), 2 AAP.

  Opérateur : ANR.

  Bénéficiaires : organismes d'enseignement supérieur et de recherche industriels.

---

1. Estimation au 7 février 2012 basée sur les résultats de la première vague d'AAP (115 M€).

Financer la création de prototypes et de démonstrateurs préindustriels, en cofinancement avec les entreprises et les collectivités locales. Quatre projets ont été retenus à février 2012.

- **Démonstrateurs et plateformes en énergies renouvelables et décarbonées et chimie verte**

  Dotation : 1,35 milliard d'euros (consommables : subventions, avances remboursables, prises de participation, redevances…), 10 AMI thématiques (les derniers seront clôturés à la fin du premier semestre 2012).

  Opérateur : ADEME.

  Bénéficiaires : entreprises et établissements de recherche.

  AMI portant sur les bâtiments et îlots à énergie positive, le solaire, le photo-voltaïque, les biocarburants avancés, la chimie du végétal, le stockage d'énergie, l'hydrogène et la pile à combustible, le captage et la séquestration du CO_2, le grand éolien et la géothermie.

- **Économie circulaire**

  Dotation : 250 millions d'euros (consommables : subventions, prises de participation, droits sur la propriété intellectuelle générée, prêts, avances remboursables), 3 AMI.

  Opérateur : ADEME.

  Bénéficiaires : consortiums industriels.

  Soutien de projets de démonstrateurs de recherche et des plateformes technologiques public-privé afin d'accélérer l'innovation et le déploiement des technologies vertes dans les domaines de la collecte, du tri, du recyclage et de la valorisation des déchets et de l'ensemble des technologies permettant des modes de production moins consommateurs en matières premières.

- *Smart Grids* **(réseaux électriques intelligents)**

  Dotation : 250 millions d'euros (consommables : subventions, prises de participation, avances remboursables, redevances…), 1 AMI.

  Opérateur : ADEME.

  Bénéficiaires : consortiums présentant des projets de démonstrateurs et de plateformes.

  Tester à des échelles représentatives des démonstrations technologiques de réseaux électriques intelligents, sources majeures d'économie d'énergie.

- **Véhicules du futur**

  Dotation : 1 milliard d'euros (consommables : 1/3 subventions, 1/3 avances remboursables, 1/3 prêts à l'industrialisation ou interventions en capital), 10 AMI de l'ADEME.

Opérateur : ADEME.

Bénéficiaires : entreprises et laboratoires des industries concernées.

Cofinancement de projets de démonstrateurs et de plateformes technologiques pour accélérer l'innovation et le déploiement de technologies et usage de mobilité terrestre et maritime sobre (750 M€ pour l'automobile, 150 M€ pour le ferroviaire et 100 M€ pour le maritime).

- **Recherche en matière de stockage des déchets nucléaires**

  Dotation : 100 millions d'euros (consommables : subventions, avances remboursables, prises de participation, prêts).

  Opérateur : ANDRA.

  Bénéficiaires : entreprises de la filière du recyclage nucléaire.

  Action du programme « Nucléaire de demain ». Les projets de la filière du nucléaire ont été construits directement par l'ANDRA en collaboration avec quelques acteurs du secteur tels qu'EDF et AREVA.

- **Aéronautique**

  Dotation : 1,5 milliard d'euros (consommables : subventions et avances remboursables), pas d'AAP.

  Opérateur : ONERA.

  Bénéficiaires : entreprises du secteur de l'aéronautique.

  Programme décliné en deux actions : « démonstrateurs technologiques » (une dizaine) et « aéronef du futur » (par exemple, l'Airbus 350). L'ONERA, opérateur du projet, n'a pas mis en place d'AAP formalisé, mais un processus de gré à gré après évaluation par la DGA et la DGAC.

- **Espace**

  Dotation : 500 millions d'euros (consommables : subventions et prises de participation), pas d'AAP.

  Opérateur : CNES.

  Bénéficiaires : entreprises du secteur.

  Modus operandi semblable au programme aéronautique (projet de R&D Ariane 6 et développement de satellites à forts enjeux applicatifs évalués par le CNES).

- **Usages, services et contenus numériques innovants**

  Dotation : 2,25 milliards d'euros (consommables : fonds propres, quasi-fonds propres, prêts, subventions, avances remboursables, le cas échéant, avec intéressement de l'État aux résultats), plus de 20 AAP en plusieurs vagues + 1 AMI.

Opérateur : CDC à travers le Fonds national pour la société numérique (FSN).

Bénéficiaires : acteurs de l'économie numérique.

Programme regroupant une vingtaine d'AAP pour des projets de R&D portant sur des thématiques très diverses, telles que la nanoélectronique, les technologies de numérisation et de valorisation des contenus, les briques génériques du logiciel embarqué, l'e-santé, le *cloud computing*, les technologies des contenus numériques… Un AMI pour « les investissements en soutien du développement des services, contenus et usages numériques innovants » reste ouvert jusqu'au 30 mars 2016.

- **Projets structurants de recherche et développement des pôles de compétitivité (PSPC)**

  Dotation : 300 millions d'euros (consommables : subventions et avances remboursables), AAP en continu jusqu'au 15 janvier 2012.

  Opérateur : OSEO.

  Bénéficiaires : entreprises et laboratoires de recherche.

  Les PSPC viennent renforcer l'arsenal des mesures déjà existantes pour les projets de R&D des pôles de compétitivité, tel le FUI. Ils permettront de monter des projets de beaucoup plus grande envergure d'un montant global entre 8 et 50 millions d'euros, contrairement aux projets FUI, par exemple, qui ne disposent généralement que d'une enveloppe de 1 à 3 millions d'euros (*cf.* fiche PSPC 9).

3. RÉSULTATS ET IMPACT DU PIA

Il est aujourd'hui trop tôt pour statuer sur les résultats du programme d'investissements d'avenir. La très grande majorité des appels à projets (AAP) et appels à manifestations d'intérêt (AMI) sera clôturée à la fin du 1er semestre 2012. Les lauréats des premières vagues sont dès à présent connus, ceux des deuxièmes vagues commencent à être nommés. Les nouvelles structures de recherche ou projets retenus sont en revanche loin d'être déployés. Les premiers contrats opérateur-lauréat viennent seulement d'être signés et les premières tranches de financement ont commencé à être versées aux lauréats, processus qui devrait s'étendre sur plusieurs années. Les nouvelles infrastructures créées (IRT, IEED, Idex, IHU, SATT) seront financées au minimum sur dix ans.

Dès à présent, la réussite du PIA s'est traduite par une très forte mobilisation jusqu'alors inconnue des équipes de chercheurs de la recherche publique et des entreprises. Toutes les grandes entreprises françaises et un grand nombre de PME et ETI innovantes, souvent via les pôles de compétitivité, ont répondu présents et sont aujourd'hui engagés à un titre ou un autre dans un des programmes d'investissements d'avenir.

Fin août 2011, à peu près à mi-parcours des AAP et AMI, 1 600 projets, dont 50 % pour la mission Enseignement supérieur et Recherche, avaient ainsi été déposés pour 400 lauréats. Le succès a été particulièrement important pour les Equipex avec 339 projets reçus lors de la première vague, les Labex (242 projets) ou encore les AAP « Numérique » avec 332 projets. 2 000 entreprises (hors IRT/IEED) avaient également déjà bénéficié de financement (programmes d'OSEO, de la CDC et de l'ADEME pour l'essentiel…).

La future carte de la recherche française commence à se dessiner avec la nomination progressive des grands projets structurants que sont les Idex, IRT, IEED, IHU ou SATT, mais aussi les Labex ou les Equipex. La dynamique lancée et ces nouvelles infrastructures impacteront assurément profondément le paysage de la recherche française en augmentant les synergies entre la recherche publique et les entreprises. Ils contribueront également à structurer les écosystèmes de la recherche et de l'innovation et les nouvelles filières industrielles de demain.

Panorama du programme d'investissements d'avenir

Thématiques	Programmes	Actions	Actions donnant lieu à plusieurs conventions ou AAP	Montants (Md€)	Opérateurs
Développement durable (5,1 Md€)	Démonstrateurs et plateformes technologiques en énergies renouvelables et décarbonnées et chimie verte (1,6 Md€)	Démonstrateurs en énergies renouvelables et chimie verte	AAP : énergies marines, bâtiment et îlot à énergie positive, solaire thermodynamique, solaire PV, biocarburants, stockage de l'énergie, chimie du végétal, captage-stockage et valorisation du CO_2, pile à combustibles et vecteur H2, gand éolien	1,35	ADEME
		Tri et valorisation des déchets, dépollution, écoconception de produits	AAP économie circulaire : solution innovante de dépollution, collecte, tri, recyclage et valorisation des déchets	0,25	
	Véhicule du futur	Recherche dans le domaine des transports	Plusieurs AMI : construction automobile, ferroviaire et navale	1,00	
	Transport et urbanisme durable	Ville de demain		1,00	CDC
	Rénovation thermique des logements privés			0,50	ANAH
	Instituts d'excellence en matière d'énergies décarbonnées (IEED)			1,00	ANR

.../...

Thématiques	Programmes	Actions	Actions donnant lieu à plusieurs conventions ou AAP	Montants (Md€)	Opérateurs
	Croissance de PME (2,14 Md€)	Financement de l'économie sociale et solidaire		0,10	CDC
		Financement des entreprises innovantes	Fonds d'amorçage	0,40	CDC
			Plateformes mutualisées d'innovation pour les pôles de compétitivité (PMI)	0,20	CDC
			Projets structurants de R&D pour les pôles de compétitivité (PSPC)	0,30	OSEO
			Prêts verts	0,50	OSEO
			Aide à la réindustrialisation	0,20	OSEO
			Renforcement de la compétitivité des PMI et des filières industrielles stratégiques	0,30	OSEO
			Recapitalisation OSEO	0,14	OSEO
Filières industrielles et PME (6,5 Md€)	Refinancement activité de prêts aux PME (et ETI)			1,00	
	Recapitalisation d'OSEO			0,36	
	Nucléaire de demain (1 Md€)	Réacteur de 4e génération ASTRID et réaction Jules Horowitz		0,90	CEA
		Recherche en matière de traitement et de stockage des déchets		0,10	ANDRA
	Recherche dans le domaine de l'aéronautique (1,5 Md€)	Démonstrateurs technologiques aéronautiques		0,90	ONERA
		Aéronefs du futur		0,60	ONERA
	Projets thématiques d'excellence	Espace		0,50	CNES
Numérique (4,5 Md€)	Développement de l'économie numérique	Développement des réseaux à très haut débit	Développement de l'économie (Fonds national pour la société numérique/FSN) décliné en plusieurs AAP et AMI	2,00	CDC
		Soutien aux usages, services et contenus numériques innovants		2,25	CDC
		Réseaux électriques intelligents		0,25	ADEME

.../...

Thématiques	Programmes	Actions	Actions donnant lieu à plusieurs conventions ou AAP	Montants (Md€)	Opérateurs
Enseignement supérieur et formation (11 Md€)	Internats d'excellence			0,50	ANRU
	Investissements dans la formation en alternance			0,50	CDC
	Pôles d'excellence	Campus d'excellence	Initiatives d'excellence (IDEX)	7,70	ANR
		Opération campus		1,30	
		Opération Plateau Saclay		1,00	
	Projets thématiques d'excellence	Équipements d'excellence (Equipex)		1,00	
			COHORTES	0,20	
		Santé et Biotechnologies (1,55 Md€)	Infrastructures nationales en biologie et santé		
			Démonstrateurs préindustriels en biotechnologies	1,35	
			Biotechnologies et bioressources		
			Bioinformatique		
			Nanobiotechnologies		
Recherche (7,9 Md€)	Pôles d'excellence	Valorisation (3,5 Md€)	Fonds national de valorisation (SATT, Consortium de valorisation thématique/CVT)	0,95	CCC
			France Brevets	0,05	
			Instituts Carnot	0,50	
			Instituts de recherche technologique (IRT)	2,00	ANR
		Laboratoires d'excellence (Labex)		1,00	
		Instituts hospitalo-universitaires (IHU)		0,85	

Index

COLLECTION FINANCE

DFCG

Franck **Debauge**
Directeur associé ACIES

Guide pratique
du crédit d'impôt
recherche

2e édition

Financez votre
recherche et
développement

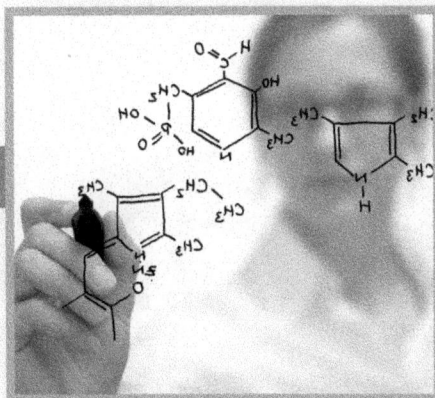

EYROLLES
Éditions d'Organisation